全域运营增长 12G 模型

从0到1构建增长体系，实现可持续增长

曾翔◎著

机械工业出版社
CHINA MACHINE PRESS

图书在版编目（CIP）数据

全域运营增长 12G 模型：从 0 到 1 构建增长体系，实现可持续增长 / 曾翔著 . —北京：机械工业出版社，2024.4
ISBN 978-7-111-75270-7

I. ①全… II. ①曾… III. ①中小企业 – 企业管理 – 研究 – 中国 IV. ① F279.243

中国国家版本馆 CIP 数据核字（2024）第 049958 号

机械工业出版社（北京市百万庄大街 22 号　邮政编码 100037）
策划编辑：孙海亮　　　　　　　责任编辑：孙海亮　　赵晓峰
责任校对：孙明慧　　张亚楠　　责任印制：刘　媛
涿州市京南印刷厂印刷
2024 年 5 月第 1 版第 1 次印刷
170mm×230mm・18.5 印张・1 插页・300 千字
标准书号：ISBN 978-7-111-75270-7
定价：99.00 元

电话服务　　　　　　　　　网络服务
客服电话：010-88361066　　机 工 官 网：www.cmpbook.com
　　　　　010-88379833　　机 工 官 博：weibo.com/cmp1952
　　　　　010-68326294　　金 书 网：www.golden-book.com
封底无防伪标均为盗版　　　机工教育服务网：www.cmpedu.com

| 前言 |

笔者自2014年开始接触互联网，那时还在上大学，尝试通过互联网创业，自己做增长。大学毕业后加入北京直客通、58到家、京东拍拍及58同城等公司专门从事互联网运营增长类工作。笔者曾从0到1搭建10万级私域社群、百万自媒体账号并实现了每月百万GMV（商品交易总额）的转化业绩，在这个过程中解决过很多增长难题，积累了很多经验、方法和技巧。同时，为了完善本书的方法论体系，笔者还采访了100多位来自不同领域的成功企业家、从业者以及创业达人，梳理并发掘出互联网发展的脉络和本质规律。因此，可以说本书是一本从根本上解决增长问题的实践指导书。

与增长相关的、急待解决的问题的本质都是"如何突破原有的规律"，本书的目的就是尝试给出这个问题的答案。在面对增长问题的时候，笔者一直遵循这样的理念：**突破既有规律，寻求简单、高效的方法满足市场需求**。这个理念让笔者在面对增长难题时一直游刃有余，而这个理念也是本书要介绍的增长12G模型的基础。

本书以"授人以渔"为宗旨，从增长规律到实操细节全面分享增长12G模型的原理和落地实践。本书从定位、用户、产品、传播、私域、电商、自媒体、投放、数据、团队、战略、项目12个维度对企业构建可持续的增长体系进行深度解读，帮助读者实现根据战略目标规划不同领域、不同策略之间的组合，形成持续增长布局的目标。例如将搜索引擎的关键词优化思维应用于电商运营和自媒体运营，能够吸引更多的平台流量用户；自媒体的内容思维可以成为社群和网站价值激励的工具；电商思维与营销策略可以应用于社群和网站推广，提升变现效果。这些增长维度之间是可以相互促进的，理解这一特点才可以构建一个全域增长的运营体系。

本书与同类书籍的区别主要体现在两个方面：做全局与做整合。

做全局意味着商业市场的竞争通常不是靠单一职能取胜的。虽然很多时候某一职能会表现出突出效果，让许多从业者和企业家偏爱这一职能，但是这种情况会导致发展的不平衡，甚至会导致不良状况频发，进而产生危机。比如某些企业会把大部分精力和资源放在品牌、团队、平台构建、产品、用户、数据或者其他局部职能上，这样的做法其实是不可取的。很多企业遇到增长问题时，会病急乱投医，进行多种分析和尝试，但是依然无法解决问题。这是因为这类企业不知道自己到底患上了什么类型的"增长病"，因而错过了最佳改善时机，并最终走向衰落。这类企业大部分是在"做全局"方面出了问题。本书从增长的发展规律、底层思维、运营实践、管理方式等维度构建互联网增长全貌，帮助企业从上至下、从内至外诊断和锁定问题，在全局的视角下做出正确、有效的决策，对症下药治好"增长病"。

运营增长的重点在于构建各个元素之间的有效连接。一个增长运营体系，构建的有效连接越多，就会拥有越高的势能，这就是"做整合"。本书从互联网全局的视角构建增长12G模型，对增长的四个底层思维、四个运营领域、四个管理机制进行系统性整合，通过多单元、多元素的整合，激发出无限的策略空间。这不仅能使增长实现1+1＞2的迭代效果，打破原有增长瓶颈，还能解决单个工作模块下无法自我突破的困境。许多增长问题实际上是由工作岗位模块化所导致的，却很少有企业重视这个问题，以至于许多需要突破岗位局限才能实现增长的企业，陷入"重复造车轮"的困境，整个业务体系僵化、卡壳，业绩一降再降。

本书适合受互联网影响、需要在互联网中实现突破的用户阅读。

1）互联网增长相关从业者，他们能够通过本书找到职业晋升和专业成长的方向。

2）互联网企业管理者，他们能够通过本书获得业务发展的解决方案和突破现状的方法。

3）互联网创业者和中小企业老板，他们能够通过本书获得更多的视角和布局长期价值的思路。

4）互联网新手，他们能够通过本书找到在互联网领域发展的方向。

笔者认为，增长可以被视为一门重要的学科，与金融和经济学科同等重要。通过对前人的营销、人性、市场、经济、文化等专业知识和经验的整合，可以在原有规律的基础上探索效率与增长和谐共存的边界。

欢迎读者搜索"大光运营"关注笔者的公众号，提出对本书内容的建议，以便笔者对其进行持续优化和完善。另外，为了回馈广大读者，通过该公众号发送私信，还可得到与本书相关的全域增长地图。

目录

前言

基本认知篇

第一章　深入理解增长 …… 002
第一节　运营增长的三大规律 …… 002
　　一、周期更替 …… 003
　　二、市场升级 …… 005
　　三、生产力变革 …… 005
第二节　运营增长的三大逻辑 …… 006
　　一、无效增长 …… 006
　　二、增长乏力 …… 007
　　三、增长不可持续 …… 008
第三节　运营增长的要素 …… 009
第四节　运营增长的本质是获取信任 …… 011
　　一、信任层级划分 …… 012
　　二、信任价值缔造 …… 013
第五节　关于运营增长的三个理解误区 …… 014

第二章　增长方法论——增长 12G 模型　　016

第一节　增长12G模型的作用　　016
　　一、找到突破口　　017
　　二、从0到1落地　　017
　　三、长线管控　　018

第二节　增长12G模型的使用方法　　020
　　一、策略摆正　　020
　　二、模型闭环　　021

第三节　增长12G模型的思维准则　　022
　　一、归零心态　　023
　　二、极致主义　　023
　　三、循环体系　　024

第四节　模型使用者的五个成长阶段　　027
　　一、积累"点"　　027
　　二、连成"线"　　028
　　三、进阶"面"　　028
　　四、打造"势"　　029
　　五、确定"使命"　　030

底层思维篇

第三章　定位思维圈对范围　　034

第一节　定位思维工具——三圈定位法　　034
　　一、什么是三圈定位法　　034
　　二、三圈定位法实施案例　　037

第二节　定位思维的使用方法——分类排序第一　　037
　　一、供需一致　　038
　　二、习惯认知　　039
　　三、口碑管理　　040

第三节　使用定位思维的注意事项　　　041

　　一、定位壁垒　　　042

　　二、定位时效　　　043

　　三、定位蔓延　　　044

第四节　企业如何用定位思维保持竞争力　　　046

　　一、定位升级　　　046

　　二、重新定位　　　046

　　三、多品牌定位　　　048

第四章　用户思维洞察共性　　　050

第一节　用户思维工具——4D用户画像　　　050

　　一、什么是4D用户画像　　　051

　　二、4D用户画像实施案例　　　051

第二节　用户思维的使用方法——精准调研　　　053

　　一、调研目标　　　054

　　二、调研方法　　　054

　　三、调研结果　　　057

第三节　使用用户思维的注意事项　　　059

　　一、策略免疫　　　060

　　二、用户生命周期　　　061

　　三、用户分层管理　　　062

第四节　企业如何用用户思维实现增长　　　063

　　一、用户心理　　　064

　　二、用户信任　　　065

　　三、技术提升　　　067

第五章　产品思维塑造价值　　　069

第一节　产品思维工具——开火车模型　　　069

　　一、什么是开火车模型　　　070

　　二、开火车模型实施案例　　　070

第二节　产品思维的使用方法——产品矩阵　　　071

		一、打造爆款产品	072
		二、构建变现产品矩阵	077
		三、建立连接	078
	第三节	使用产品思维的注意事项	080
		一、产品生命周期	081
		二、产品竞争关系	082
	第四节	企业如何用产品思维创造价值	083
		一、产品价值	084
		二、商业模式	089
		三、知识产权	093
第六章	传播思维统一认识		095
	第一节	传播思维工具——六级传播法	096
		一、什么是六级传播法	096
		二、六级传播法实施案例	097
	第二节	传播思维的使用方法	097
	第三节	使用传播思维的注意事项	101
		一、传播效率	102
		二、传播效果	103
	第四节	企业如何用传播思维增强竞争力	105
		一、用户情绪	105
		二、品牌意识	105

运营领域篇　　　　　　　　　　　　　　　　　　　　　　109

第七章	私域运营积蓄力量		110
	第一节	什么是私域运营	111
	第二节	私域运营增长模型	113
		一、拉新	114
		二、留存	117
		三、激活	117

　　　　　四、转化　　　　　　　　　　　　　　　　121
　　　　　五、裂变　　　　　　　　　　　　　　　　122
　　第三节　构建人脉是私域运营增长的核心　　　　124
　　　　　一、打造人设　　　　　　　　　　　　　125
　　　　　二、形成人脉　　　　　　　　　　　　　126

第八章　电商运营提高转化　　　　　　　　　　　128
　　第一节　什么是电商运营　　　　　　　　　　　128
　　第二节　电商运营增长模型　　　　　　　　　　131
　　　　　一、爆款　　　　　　　　　　　　　　　131
　　　　　二、矩阵　　　　　　　　　　　　　　　133
　　　　　三、成交　　　　　　　　　　　　　　　134
　　　　　四、渠道　　　　　　　　　　　　　　　139
　　　　　五、截流　　　　　　　　　　　　　　　140
　　第三节　打造品牌是电商运营增长的关键　　　　141
　　　　　一、品牌的重要性　　　　　　　　　　　142
　　　　　二、打造品牌的方法　　　　　　　　　　143

第九章　自媒体运营借力整合　　　　　　　　　　147
　　第一节　什么是自媒体运营　　　　　　　　　　147
　　第二节　自媒体运营增长模型　　　　　　　　　150
　　　　　一、平台　　　　　　　　　　　　　　　150
　　　　　二、内容　　　　　　　　　　　　　　　152
　　　　　三、粉丝　　　　　　　　　　　　　　　154
　　　　　四、变现　　　　　　　　　　　　　　　155
　　　　　五、聚合　　　　　　　　　　　　　　　157
　　第三节　塑造IP是自媒体运营增长的重点　　　　158
　　　　　一、最强自媒体是IP　　　　　　　　　　158
　　　　　二、如何利用IP　　　　　　　　　　　　159
　　　　　三、如何创建IP　　　　　　　　　　　　160

第十章　投放运营放大特权　　162
第一节　什么是投放运营　　162
第二节　投放运营增长模型　　165
　　一、关键词　　166
　　二、资源　　168
　　三、广告　　170
　　四、ROI　　172
　　五、商务　　174
第三节　着力"特权"价值是投放运营增长的捷径　　176

管理机制篇

第十一章　数据管理事务诊断　　180
第一节　数据过程管理　　181
　　一、业务价值　　183
　　二、资产价值　　184
　　三、成本支出　　188
　　四、数据图表　　189
第二节　数据分析管理　　195
　　一、问题定位　　195
　　二、分析工具　　197
　　三、策略输出　　199
　　四、监督反馈　　201

第十二章　团队管理人才培养　　205
第一节　优秀团队的三个目标　　205
　　一、对内：获得成就感　　206
　　二、对外：实现业务目标　　207
　　三、对自己：提升管理者的管控能力　　208
第二节　建立团队的三个步骤　　209
　　一、找项目　　210

		二、找伙伴	212
		三、定规矩	215
	第三节	发展团队的三个方法	218
		一、配备工具	219
		二、开展培训	221
		三、发展2°团队	222
第十三章	战略管理形势掌控		224
	第一节	战略分层	227
		一、整体战略层	228
		二、竞争战略层	230
		三、资源战略层	231
	第二节	战略决策	233
		一、战略分析	233
		二、战略选择	242
	第三节	战略布局	245
第十四章	项目管理活动落地		248
	第一节	项目和运营的迭代关系	249
		一、项目和运营的区别	250
		二、项目和运营的关系	250
	第二节	项目管理的五个阶段	254
		一、启动阶段	254
		二、规划阶段	255
		三、执行阶段	257
		四、控制阶段	259
		五、收尾阶段	260
	第三节	项目经理的能力构建	261
		一、连接能力	261
		二、纠错能力	262
		三、成长能力	262

总结融合篇

第十五章　增长 12G 模型总结　　266
第一节　增长12G模型整体运用　　266
一、四个底层思维的策略工具　　268
二、四个运营领域的落地模型　　268
三、四个管理机制的管理思路　　270
第二节　增长12G模型与互联网发展规律　　272
一、创造性生产力得到释放　　272
二、互联网创业容易守业难　　273
三、未来每个人都要会运营　　275

后记　对增长的探索和理解　　277

基本认知篇

本篇介绍笔者在互联网全域增长运营方面的经验与探索。通过对市场、经济、社会背景的分析和企业运营增长历程的研究，笔者总结出了运营增长的三大规律，并提供了系统性的解决方案——增长12G模型方法论。该方法论可以帮助企业找到突破口，实现从0到1的落地以及长线管控。这套方法论也为运营增长从业者提供了成长路径和思维准则。本篇的目的是为企业和个人提供全面、系统、可使用的方法论，帮助企业实现有效的运营增长。

第一章

深入理解增长

企业一旦陷入"零增长"或"负增长"的状态，就很难再获得融资，进而出现经营困境。增长是企业正常运营的基石，也是企业效益的直接体现。解决增长难题后，许多其他问题也会随之解决。然而，增长并非无止境，因为市场需求是有限的。当市场饱和后，增长将停滞，逐渐形成市场危机。多个市场的危机可能进一步引发经济危机，危及社会稳定。站在运营增长的专业视角，如何应对市场危机、经济危机，是注重当前以及长远发展的企业需要了解的知识。本章通过讲解运营增长的规律、逻辑、要素和本质，帮助读者寻找自身突破点，明确如何在危机中生存。

第一节　运营增长的三大规律

掌握规律，在规律中生存，在规律中突破，是企业深入理解增长、实现增长的前提，也是本书的核心。本书用增长 12G 模型引导读者通过对互联网全局的认知，了解规律、掌握规律，并通过对规律的深入认知实现突破，这是真正有效的企业增长之路。增长的规律主要分为三类：周期更替、市场升级和生产力变革。通过对这三类规律的认知、掌握，企业可以突破现有增长路径，开辟新的增长周期，实现有效增长。

一、周期更替

周期更替是运营增长活动中的一种基本规律。根据社会形态的迁移和能量守恒的原理，市场经济活动呈现周期性变化。商业增长活动在社会中活跃，促使人文环境变迁，在人文环境变迁过程中会出现局部能量失衡，多寡分布不均导致不满或抵抗情绪累积，当这种情绪达到一定程度时，通过一个时机引爆即可激发市场经济的自我调节动能，使得最终的市场能量趋于平衡，这就是周期更替规律的特点。

周期现象可分为两类：新旧周期和生命周期。通过深入理解周期更替的规律，运营增长类从业人员或相关企业家可以更好地把握增长的脉搏，有效应对不同阶段、不同状况下的增长挑战。

1. 新旧周期

新旧周期规律具有更替规律性，即企业运营增长和市场发展呈现出一定的周期性循环规律。周期更替具有复杂性，受到多种因素的影响，包括经济形势、市场需求、竞争态势和人文环境等。最终表现为由新的方案或产品更替旧的方案或产品，一段时间后旧的方案或产品又被视为新的方案或产品，更换之前以为的新产品或方案，这样的循环就是新旧周期的规律。

随着互联网和消费升级的影响，原来本分经营的烧烤店无法承担互联网营销成本，最终被更重视营销的新型烧烤店取代。这些新型烧烤店为了在网上打造低价倾销和"精致"的营销概念，将精力和资源更多地投入到互联网营销活动中，而忽视了产品本身。一些不合规的烧烤店为了降低成本，在做营销活动时甚至用鸭肉、合成肉代替牛羊肉，用一口一签的精致概念代替原来大口吃肉的乐趣。随着重视营销的烧烤店日益增多，原本更重视产品质量的烧烤店则变得稀缺。在经受大量营销模式的倾销后，用户对营销行为逐渐免疫甚至产生反感，而对以往重视产品、能大口吃肉的烧烤店心生向往。

这时，淄博这个非一线城市、互联网覆盖较低的地方，被部分用户挖掘出来并推广。一时间，食材新鲜、物美价廉的烧烤在网上引起了众多用户的共鸣。同时，淄博当地政府也抓住这次机会，通过优化公交车路线，规范烧烤店经营，进一步让用户体会到在淄博吃烧烤和旅游的便利与乐趣，从而让这座城市的烧烤"破圈"传播到全国各地。

上述案例其实是一次大众因不满而对原来的营销模式发起的反击。这是由社会形态分布失衡导致的，随后通过大众的反抗情绪累积让市场经济产生能量守恒的修复，这就是新旧周期规律。

类似的案例还有很多，在重产品还是重营销之间反复更替，在重用户还是重利益之间反复更替，在重美观和重实用之间反复更替，在重安全还是重便捷之间反复更替……这些市场力量的对抗是市场经济自我调节、修复的动力。由于这种对抗和市场竞争关系的存在，导致只有既能满足企业利润目标，又能更好地满足用户需求的创新，才能让企业在新旧周期更替中获得竞争优势。

2.生命周期

生命周期的增长相对稳定，虽然不同阶段的周期变化可能存在差异，但总体上会经历发展、繁荣、衰退和萧条四个阶段。部分掌握新旧周期规律或市场升级规律的企业将进入第二增长周期，从复苏中重启新一轮的生命周期增长。企业可根据自身所处环境或不同的生命更替阶段，提前布局应对策略，从整个生命周期的时间维度出发，制定全面的增长战略，以更好地推动自身发展。

Uber是一家成立于2009年的科技公司，专注于提供打车服务。自创立以来，Uber历经不同的生命周期阶段，包括发展、繁荣、衰退和萧条。

初创阶段，Uber通过创新商业模式迅速引起市场关注。它利用智能手机应用程序连接乘客与司机，提供便捷高效的打车服务。受提升传统出租车服务需求的驱动，Uber的影响力在全球范围内快速扩张，为其发展奠定了坚实基础。

随着用户数量和市场份额的快速增长，Uber进入繁荣阶段。在此阶段，Uber逐步成为乘车服务的主要品牌，并在全球范围内实现持续盈利。

然而，随着规模扩大，Uber也面临诸多挑战和困难。部分原因在于扩张过快，未能完全满足市场需求。此外，在某些市场受到地方政府和传统出租车行业的强烈反对，因而逐渐陷入衰退阶段。之后，由于激烈竞争、经济衰退或内部管理等，出现市场份额下降、用户流失和盈利能力下降等问题，Uber陷入萧条阶段。

若Uber采取符合周期规律的措施和策略，有可能从萧条中复苏，恢复到繁荣阶段。复苏意味着Uber重新找到增长机会，重塑市场地位，呈现出新的周期循环增长规律。

新旧周期和生命周期都是基于经济市场活动的客观规律总结得出的。企业家或增长从业者可通过理解这些规律，制定符合当下情况的有效策略，以求主动适应周期循环和更迭，在周期内更好地生存和发展。具体策略输出和落地步骤将在后文详细阐述。

二、市场升级

市场升级是在原有市场周期规律的基础上，通过局部应用突破，提升效率，或增加产品、可供选择的方案的数量，满足需求的多样性，并突破原有周期规律，形成更大周期循环规律。

市场升级规律示意如图 1-1 所示。市场升级规律是在周期更替规律的基础上，通过应用技术的推广实现市场升级，从而突破原有周期循环规律，得到更大的空间循环。市场升级规律具有突发性，无法准确判断出现的时间，但能够通过新技术的出现和经济环境的变化进行趋势判断。市场升级规律通过技术和知识为原有市场创造出新的应用产品或解决方案，增加市场的丰富度和多样性，提高整体增长空间。

图 1-1　市场升级规律示意

由于小型充电震动技术的应用，原有牙刷市场出现了新的产品——电动牙刷。由于电动牙刷的便利性，部分消费者选择购买，导致牙刷市场虽然需求量级没有发生变化，但消费金额获得了更大的提升空间（电动牙刷价格更高），从而实现了对原有市场周期规律增长空间的突破。

要突破周期更替规律实现市场升级，需要依靠运营增长人员或市场资深从业者对原有市场周期形成全面认知，然后在此基础上进行应用创新。这是运营增长从业人员不断追求专业能力的结果，也是企业竞争博弈的重要竞争力。**企业通过产品或方案的创新来丰富市场用户的选择，或提升原有用户的需求效率**（这里的需求效率是指需求产品使用效率或解决问题的能力）。

三、生产力变革

生产力变革的规律主要受到科学技术和市场经济发展两方面的影响。只有在新的科学技术得到突破的基础上，才能实现应用技术的发明。同时，随着市场经济繁荣发展，需求趋于饱和，这就会产生足够的竞争动力促使应用技术在市场中落地普及，进而促进大面积市场升级活动出现，实现社会生产力的变革。生产力变革规律示意如图1-2所示。

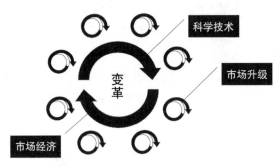

图1-2　生产力变革规律示意

有生命力的经济社会不是强者恒强，而是通过周期更替、市场升级和生产力变革这三类规律，将重视科技发展、促进社会进步、为人民谋福利的企业筛选出来。 这些企业会获得增长的红利。比如一些企业通过输出符合当下规律的商业产品或解决方案抓住了短期机遇，但在之后的运营中过分关注利益，忽略社会效益，就会被周期更替、市场升级和生产力变革所带来的变化淘汰。这就打破了原有的利益阶层，让坚持做正确增长价值的企业有机会抓住机遇并实现发展。这才是真正的企业运营增长之路。因此我们需要时刻保持促进社会发展的初心实现增长，认知规律、尊重规律并利用规律，实现社会、企业和自我的进步。

第二节　运营增长的三大逻辑

目前，国内互联网行业经历了前半段的野蛮发展，随着移动互联网的普及，已经进入有序阶段，也就是互联网发展的后半场。在这个阶段，许多企业面临着三个增长问题：无效增长、增长乏力和增长不可持续。只有正确理解这三个问题背后的逻辑，才能做出正确的判断，输出正确的发展策略。

一、无效增长

无效增长表现为企业盲目追求数据指标的增长，而没有考虑增长的实际效果，导致最终陷入了数据泡沫的陷阱。有效的增长必须能够持续产出实际的价值，这种长期有效的价值对企业、用户和国家都是有利的。企业不能仅追求短期的数据和利益。为了更好地说明这一点，可以参考两家电商企业在双十一期间销量的增长曲线变化，如图 1-3 所示。

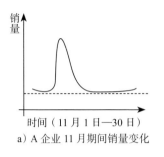
a）A 企业 11 月期间销量变化

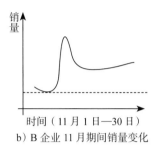
b）B 企业 11 月期间销量变化

图 1-3　销量增长曲线变化

在双十一期间，A 企业和 B 企业的销量都出现了明显增长，但它们有一个不同：A 企业的销量在活动当天增长明显，之后没有保持增长，销量回落到活动之前的水平；B 企业的销量在活动当天也获得了明显增长，而在活动之后销量依然高于活动之前的水平。由此可以推断出这次增长活动没有让 A 企业留住用户，而是帮助 B 企业成功留住了部分用户。

无效增长问题的根源在于缺乏有效的增长思维。在追求增长时，必须思考什么才是真正有效的增长。本书从四个方面总结出了有效增长的底层思维（**定位、用户、产品和传播**），并详细介绍了这四个增长底层思维及其应用方法，旨在帮助从业者快速找到增长的突破口，从而解决"无效增长"的问题。通过正确的增长思维，企业能够更好地定位目标市场、理解用户需求、优化产品和实施有效的传播策略，从而实现可持续的增长。

二、增长乏力

市场竞争的内卷化是导致增长乏力的一个重要原因。在这个信息泛滥的时代，用户的注意力越来越分散，企业竞争也变得越来越激烈，这使得企业难以实现持续增长。尽管企业投入的广告费用不断增加，但广告效果却逐渐变差。很多企业为了追求用户复购，不惜冒亏本的风险进行广告投放，从而迫使其他市场参与者也加入这场竞争中。

两家企业的互联网流量价值增长对比如图 1-4 所示。其中，A 企业没有建立起自己的流量增长矩阵，仅依靠单一的推广渠道或主流投放渠道。面对投放成本不断攀升的现状，利润逐渐被推广成本抵消，最终陷入了增长瓶颈。相比之下，B 企业搭建了由自媒体、电商、私域和投放渠道等组成的流量矩阵。通过流量矩阵，不仅可以逐步降低投放成本，还可以通过培育流量矩阵中的活跃用户来提高复购率，从而获得更高的利润。同时，B 企业通过输出多元价值不断缩减成本，提升整体利润，获得更多的增长空间。

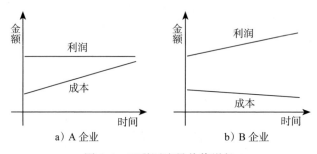

图 1-4　互联网流量价值增长

从某种意义上说，实现增长需要不断挖掘新的增长渠道。然而，要挖掘和搭建新的增长渠道需要花费很长时间去试错和学习。如果没有掌握正确的搭建方法，很可能会浪费投入的时间和成本，最终收效甚微。一些公司雇用专家搭建增长团队的例子比比皆是，结果是高薪员工花费一年时间只获得两三千个私域用户，甚至无法实现变现。这些案例的共同点在于缺乏正确的方法和技巧。

如今，互联网已经进入成熟阶段，许多领域的增长都已经有了可以直接参考的模型。本书就提供了部分增长模型和相关技巧，以解决企业当前增长乏力和内卷的问题。本书将指导读者从互联网全体系运营的视角，准确把握增长方向和关键点，一步步搭建新的增长渠道，从而降低试错成本，实现突破。之后，再在成功搭建每一个渠道的基础上，逐步构建适应自身情况的全域增长体系。

三、增长不可持续

用户会逐渐产生策略免疫性，这导致每一个增长策略都有生命周期。为了在生命周期内为未来的增长积蓄力量，就需要正确选择配合策略了。在前置的生命周期结束时，需要有可替代的增长策略接替。如果没有长远的增长规划和管理，增长很容易经历起伏或陷入低谷难以恢复。两家企业的增长策略趋势对比如图1-5所示。A企业没有采用合适的管理方法导致增长趋势呈现整体下滑趋势，直至零增长；B企业采用合适的管理方法，不断铺垫、蓄力，让一次次增长都有向上攀升的力量。

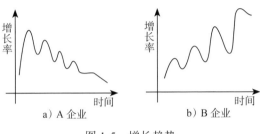

图1-5 增长趋势

管理是创造统战价值的过程，需要从长远、整体的视角出发，实时监控增长过程，并确立增长战略和价值判断的标准。要做好管理工作，就需要建立优秀的团队来保持整体运转顺畅，确保每个项目都能成功落地。同时，还需要进行战略规划，以获得整体、长期的增长趋势，并最终通过项目管理的方式落地。

本书将从数据管理、团队管理、战略管理和项目管理这四个主要管控环节介绍统战规划和落地的方法，以指导读者搭建适合的管理机制，弥补增长策略生命周期的缺陷，解决增长不可持续的问题。

第三节 运营增长的要素

我国互联网的迅速发展，催生了百度、阿里巴巴、腾讯等一批互联网企业巨头。这些巨头之所以成功，不仅是因为它们具有先进的思维，更是因为它们精准地满足了用户的各种核心需求。

1）**人与物之间的连接**：阿里巴巴的电商和物流，使商品能够快速传递到买家手中。

2）人与人之间的连接：腾讯的游戏和社交平台，使人们的社交联系变得便捷且多样化。

3）人与信息之间的连接：百度的百科和搜索平台，能够迅速提供用户所需的答案和内容。

4）人与资源之间的连接：千图网这个设计素材平台，使用户能够在网站中找到所需的设计资源。

然而，行业的发展趋向成熟并逐渐退去热度是不可避免的。电商兴起之初，大小卖家多数都能获得利润，但随着时间的推移，运营电商所需要的已不仅仅是廉价优质的商品，还需要店铺装修、组织活动、控制物流成本与售价等。自媒体兴起之初，涌现了许多"大V"，但随着行业的变化和发展，内容需求变得越来越丰富，现在已经呈现出百花齐放的局面。在这个竞争激烈的环境中脱颖而出的人，不仅需要提供高质量内容，还需要懂得打造IP（知识产权，是指在特定领域中具有一定知名度和影响力的个人、品牌或者公司）、构建用户生命周期，并学会通过趋势转型来维持增长。

1. 百度为什么能成功

百度之所以能够取得成功，是因为它与用户建立了一种人与信息的连接关系，帮助用户解决获取信息的需求。例如，百度百科和百度词典为用户提供了真实有效的信息价值，这两款产品曾使百度的市场份额迅速增长。当用户在生活中遇到问题、需要获取信息时，他们会想到使用百度搜索。同时，百度提供的信息真实有效，久而久之，用户便形成了"有问题上百度（查找）"的意识。

然而，随着互联网的日益成熟，用户的需求从"吃饱"逐渐升级为"吃好"，他们需要更多产品来满足自身在信息方面的需求。于是，在信息需求市场上涌现出了知乎、抖音等更多内容平台，这些平台可以输出更细分、更丰富的内容，使用户能够以多样化的方式接收更多信息。

2. 阿里巴巴为什么能成功

阿里巴巴之所以能够取得成功，是因为它与用户建立了一种人与物的连接关系，旨在满足用户获取商品的需求。当用户想要购买某一商品时，往往会想到淘宝这个综合电商平台。淘宝、天猫、阿里巴巴等平台为用户提供了真实的购物便利，使得阿里旗下的淘宝平台迅速崛起，一度成为国内电商平台的领导者，阿里巴巴也成为商家进货的重要渠道。平台能够保障买家和卖家在交易中的权益，这进一步增强了消费者对它的信任程度。

然而，现在的用户已不再满足于在一个平台上购物。从用户需求的角度来看，当用户想要购买与关键词"手套"相关的商品时，他们的需求不限于手套这个泛类商品，还包括对手套价格、外观、实用性等方面的精准需求。此外，对于价格、品质、品牌等方面有不同需求的用户，也可能选择其他购买渠道，如拼多多、京东、唯品会等。因此，当一个市场饱和之后，细分市场将出现新的机会。

3. 腾讯为什么能成功

腾讯之所以能够取得成功，是因为它与用户建立了一种人与人的连接关系，满足了用户社交互动的需求。腾讯开发的 QQ 和微信已经成为目前国内主流的通信工具，用户形成了"联系沟通用微信/QQ"的意识。腾讯非常敏锐地意识到，有些用户反感 QQ 中包含过多干扰社交的功能，于是它推出了更加注重交流功能的微信。这种创新精神帮助腾讯保住了市场的领先地位。

从百度、阿里巴巴和腾讯的成功案例中可以看出，当一个产品取得成功时，敢于纠错并提出新的解决方案，以及主动规划下一步的发展，是实现持续增长的关键。在追求增长的过程中，需要有恒心。增长不是一劳永逸的事情。通过国内三大互联网企业的增长经历，可以总结出运营增长的要素：连接、细分和恒心。

第四节　运营增长的本质是获取信任

有一种营销策略经受住了时间的考验，不管是线上还是线下、自媒体还是电商，它都百试百灵，那就是"人与人之间的信任"。在做决策时，用户最重要的考虑因素就是信任，这是非常关键也无法替代的环节。例如，电商中的微商就是一种信任升级的产物，而自媒体中的 IP 人设也是一种信任升级的产物。它们都抓住了营销增长的本质：获取信任。

获取信任有两个方向，一个是广度（获得更多人的信任），另一个是深度（获得每个人更深层次的信任）。信任层级如图 1-6 所示。

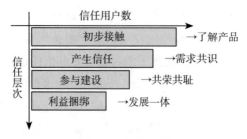

图 1-6 信任层级

一、信任层级划分

基于用户对产品的支持程度,笔者将信任划分为四个层级:初步接触、产生信任、参与建设和利益捆绑。

1. 初步接触

用户初次接触产品或产品内容时,产品与用户之间的关系仅是"认识"。在这个阶段,用户与产品之间形成的价值产出为零,用户还没有为产品贡献有效的价值。因此,在初次接触阶段,产品需要通过一个有效的自我介绍来推广自己,其中包括优点、功能价值和预期效果。

2. 产生信任

信任的建立基于一次合作的成功,让双方相信对方能够做到彼此所期望的。在这个层次,产品与用户之间已合作过一次,并且取得了符合预期的效果,因此用户更有可能继续与产品进行合作。一次满意的交易、符合用户预期的活动或有用的内容接触,都是建立信任的前提行为。这些行为能够获得用户的信任,促进复购和再次合作的可能性。

3. 参与建设

在这个层次,用户参与到产品或服务的运营机制中,形成一个小型生态圈。用户愿意提供建议、创作相关内容来帮助产品更好、更快地发展。在这个信任层级中,产品与用户建立了伙伴的关系。通过裂变活动和社群运营等方式,让用户参与活动推广,推动用户对产品付出更多,进一步拉拢用户,形成更高层次的信任。

在参与建设阶段,用户能够提供多元的价值产出,他们不仅会消费和使用产品,还会为产品代言,提供创意和想法。企业需要鼓励和引导用户产生多元的价值行为,并及时给予奖励,使用户明白自己的行为是正确的,从而实现自己的行为意义。这时的用户会调动对产品或服务的主观价值导向行为,在生活中时不时提及产品,从而让企业得到更好的增长效果。

4. 利益捆绑

在这个阶段,用户完全信任产品,并看好它的未来发展。用户愿意将自己的资源与产品发展相互绑定,分享产品发展带来的红利,并承担产品发展可能带来的不利风险,比如成为代理商、分销商或入资伙伴。用户在这个阶段保持高度的使用习惯和忠诚度,与产品形成"一家人"的关系。这种利益捆绑带来的信任也会影响企业的其他产品,从而更好地推动企业的其他产品的孵化,创造潜力巨大的商业价值。

以上四个层次的信任关系可以体现不同阶段不同关系所带来的增长效果。仅仅是"认识"的关系不会带来有效增长。许多企业在进行增长活动时,过分关注"多少人看""多少人关注""多少人加群"等数据,往往会陷入"无效增长"的陷阱。虽然企业可能接触到很多人,但如果没有实际合作和建立信任,最终无法留住"活跃用户"。因此,企业在增长活动中需要注重建立信任,而不仅仅是追求表面的关注度。信任循环催动增长如图1-7所示,它可以帮助我们理解信任在增长中的作用。

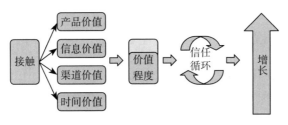

图1-7 信任循环催动增长

二、信任价值缔造

任何交易或合作都需要以"价值"为基础。只有当预期的价值得到满足时,交易和合作才会发生。成功的合作可以加深双方之间的信任,构建信任循环，最终使增长具有自己的势能，形成滚雪球效应。

如果企业未能按照预期解决用户问题，却收取了用户的钱、时间、精力或其他资源，那么这种商业行为是不可持续的；相反，如果企业能够按照预期解决用户问题并收取合理费用，就是"等价交换"。**企业是在等价交换的前提下生存的**，因为只有这样才能建立信任循环，长期推动增长。

只有建立信任，才有可能产生复购和进一步发展。根据产品的性质，信任关系有强弱之分，信任的建立有快慢之别。高频产品（如食品、化妆品）能够加快信任建立。由于用户的决策成本较低，他们不会为了"正确决策"而进一步了解产品。因此，这种信任关系往往较弱，需要通过培养用户的持续消费习惯来维持。而对于高客单但低频的产品，由于决策成本较高，用户需要谨慎决策，并自发地进行对比和挖掘更多选择理由。这无形中加深了对产品的认知，从而形成更强的信任关系。这也解释了为什么一些没有实际使用价值的产品仍能保持品牌溢价，例如钻石等高端产品。

在信任关系中，产品的价值非常重要，它是满足用户预期、建立信任和实现增长的关键。因此，增长的最终着力点会回到产品本身。只有产品不断创新和进步，才能满足用户对价值的预期，保持增长的可持续性。如果产品创新不及时，用户对原有产品的价值会逐渐免疫，不再产生额外的预期。这将导致原有的价值信任逐渐丧失，增长也会停滞甚至倒退。因此，营销增长的本质在于"获取信任"。（这里的产品创新不仅体现在产品的功能价值上，还可能体现在所有有助于提升产品价值的因素上，比如品牌效应、包装效果等。）

第五节　关于运营增长的三个理解误区

在当今的商业环境中，运营增长（Operations Growth）已经成了企业不可或缺的一部分。然而，对于许多人来说，运营增长仍然是一个相对模糊的概念，容易让人产生各种误解。本节将对目前常见的对运营增长类相关工作的误解进行解释。

（1）误解 1：运营增长就是做销售　这是一种非常狭隘的理解。运营增长不仅关乎销售，更关乎整个企业的效率和效益，需要连接多方面的信息，例如关注科学技术的发展，关注市场经济的发展，联动多方资源。在保证产品质量和用户体验的前提下，通过各种方法提高企业的生产力和市场竞争力。

这包括但不限于优化供应链管理、提高生产效率、降低成本、拓展新市场等。因此，优秀的运营增长团队需要具备全面的能力和视野，而不仅仅是销售技能。

（2）误解2：运营增长工作没有门槛　有人认为运营增长工作没有门槛。事实上，要想成为一名优秀的运营增长从业者，需要具备一定的基础知识和技能。首先，需要对行业趋势、市场经济状况、市场竞争程度等关乎增长的规律有深入了解。其次，需要具备一定的运营能力，如数据分析、项目管理、沟通协调、设计、文章创作等。此外，还需要具备策略分析和输出能力，具备增长底层思维和布局能力。只有具备了这些，才能在竞争激烈的市场环境中取得成功，做出正确有效的增长决策，而不是浪费资源和陷入无效工作中。

（3）误解3：运营增长就是做裂变　有人认为运营增长就是做裂变。这种观点是对运营增长的极大误解。虽然现在有很多企业在运营增长过程中采用了一些激进的手段，如活动裂变、低价倾销等，但这并不意味着运营增长本身就是裂变、倾销这类以损害社会信任为代价的增长活动。事实上，真正的运营增长是建立在科学技术的发展和社会文明的进步基础上的。通过运用先进的技术和管理方法，提升社会和市场的运作效率，从而实现企业的可持续发展。所以我们可以更开放地看待运营增长，它是社会进步和发展的重要环节之一。

总之，运营增长是一项复杂且关键的工作，是通过思维工具将对公司、市场、行业及传播的认知转化为可落地的增长策略的过程。它涉及企业的方方面面。要想在这个领域取得成功，我们需要摒弃错误的观念，树立正确的认识，努力提高自己的综合素质和专业能力。只有这样，才能在这个挑战与机遇并存的时代中找到自己可以为之努力的一亩三分地。

第二章

增长方法论——增长 12G 模型

增长 12G 模型是一套由四个底层思维、四个运营领域和四个管理机制组成，以建立"信任循环"为前提，以增加"交换价值"为目标，可指导企业开展一系列有效活动的方法论。其中，12G 是 12 个增长落地单元的缩写，如图 2-1 所示。增长 12G 模型不仅能用于从 0 到 1 构建增长业务体系，解决企业无效增长、增长乏力和增长不可持续的问题，还能帮助企业形成对互联网增长的系统化认知。

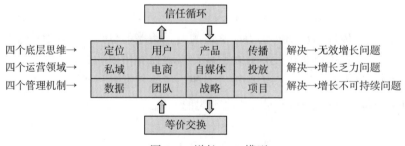

图 2-1 增长 12G 模型

第一节 增长 12G 模型的作用

企业要想实现持续稳定增长，其实是有套路可循的，笔者将这个套路简单分为三个步骤——找到突破口、从 0 到 1 落地，以及长线管控，这三个步骤分别对应着增长 12G 模型中的 12 个增长落地单元。

一、找到突破口

为了实现有效增长，我们需要利用以下四个基本思维来找到增长的突破口。

1）定位思维：**找到竞争对手弱势、需求多的细分市场**。例如，唯品会主打大牌折扣，避免与京东、淘宝这类强敌直接竞争，在电商领域获得突破。

2）用户思维：**找到受众之间的共性，以此作为支点来推动增长**。例如，某机构发现家长群体普遍对"创意手抄报"有需求，于是利用这一共性需求来实现裂变增长，从而获得突破。

3）产品思维：**对标竞品，突出整体价值优势**。例如，卖手绘板的商家赠送相关教程（这就是一种体现整体价值的产品），比不赠送教程的竞品更受新手欢迎。

4）传播思维：**营造意识文化环境，用环境引导转化**。例如，"送礼只送脑白金"通过大规模广告宣传，营造出选择"脑白金"作为送给长辈的礼物的营销环境。

这四个基本思维是找到增长突破口的关键。如果增长活动没有效果，那么肯定是这四个思维中的某些出现了问题。

二、从 0 到 1 落地

互联网的大部分增长活动都发生在"私域""电商""自媒体""投放"这四个领域。掌握这四个领域从 0 到 1 的搭建过程，基本上就可以形成互联网全域增长的视角。本书旨在帮助企业构建起针对这四个领域的增长模型，并完成策略填充，最终形成有效的运营体系。

1）**私域是企业的流量池**。从 0 到 1 构建私域的难点是，前期企业的私域流量池是空的，所以前期工作的关键是长期积累和维护有效用户。该模型通过拉新→留存→激活→转化→裂变五个环节实现。

2）**电商是企业的聚宝盆**。从 0 到 1 构建电商系统的难点在于成交信任最初为 0，需要创造一个爆款产品作为增长的"火车头"，帮助企业提高整个"聚宝盆"的订单量（信任数）。该模型通过爆款→矩阵→成交→渠道→截流五个环节实现。

3）**自媒体是企业的联络站**。从 0 到 1 构建自媒体的难点在于"持续供给高质量内容"。关键是找到素材来源，建立循环、有效的内容创作流程，持续输出具有影响力的内容，以获得更高的曝光。该模型通过平台→内容→粉丝→变现→聚合五个环节实现。

4）投放是企业的摇钱树。从 0 到 1 构建投放系统的难点在于提升投资回报率（ROI）。通过构建高转化的投放内容迭代库，提高广告转化效果，获得高价值的回报。该模型通过关键词→资源→广告→ROI→商务五个环节实现。

三、长线管控

企业内部管理运营的效率主要体现在以下四个方面：数据管理、团队管理、战略管理和项目管理。这四个管理维度维持了整体运营的增长活动，使资源可以被充分利用，使工作任务可以分工给合适的人。

1）**数据管理是诊断增长的医生**。可用于实时监控和反馈企业运营情况，并有效调动各种资源解决问题。通过相关数据统计、资源库管理、项目增长看板等方式，把控关键问题，做到实时诊断，及时调整和对外沟通展示的效果。

2）**团队管理是增长的风火轮**。团结稳定、充分协作的团队才能让增长快速并持续。通过树立正确目标、搭建成员架构、提升领导力、制定规则和挖掘 2° 团队等方法，减少运营过程中的摩擦，增强凝聚力，让所有人都朝正确的方向努力。

3）**战略管理是增长的指挥官**。结合自身优劣势，根据市场竞争情况制定能取得绝对优势的博弈策略，是竞争取胜的关键。从市场分析、情报挖掘、战略决策、战略部署等维度规划战略布局。

4）**项目管理是增长的统筹工具**。将战略目标拆分成主要项目，再将主要项目拆解为具体动作指标，最终将每个任务分配给相应的人员。通过规定质量、成本、时间等对整体活动进行统筹把控。

如果这四个管理机制没有到位，就会造成现在或未来出现各种问题和麻烦，最终陷入无穷的问题中。长线管控是三个步骤中的最后一步，即整体管控。这部分比较复杂，需要具备较高的整合能力。

增长 12G 模型下互联网全域增长视角如图 2-2 所示。该图完整地呈现了互联网整体视角的雏形。当然，要使增长 12G 模型运转起来，还需要配合正确的策略填充和实际布局规划。

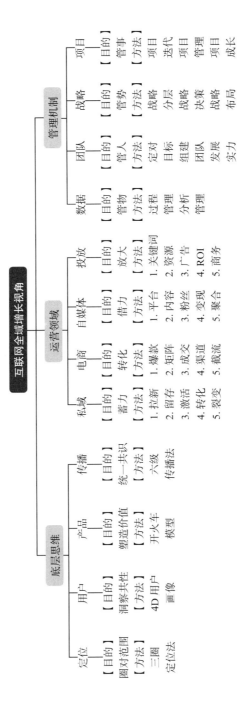

图 2-2　互联网全域增长视角

第二节 增长 12G 模型的使用方法

要想正确使用增长 12G 模型，需要牢记以下原则：**模型要闭环，策略要摆正**。这句话的含义是，企业构建的模型框架从流量到转化的各个环节应该形成闭环，以实现整体的自负盈亏；而制定的策略应该聚焦于关键点，与增长目标（即等价交换价值）保持一致。如图 2-3 所示，增长 12G 模型中的四个运营领域需要能够独立运转，通过四个底层思维进行策略填充，结合四个管理机制实现配合、协调。

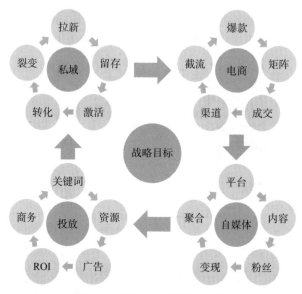

图 2-3　增长 12G 模型的运转

一、策略摆正

策略摆正是模型成功运转的关键。好的策略能够使模型的运转更加高效，而糟糕或不正确的策略会让模型陷入困境。每个环节可以采用单一策略或多个策略叠加。在一个模型中，效率最低的环节决定了整体模型的效果。

举个例子，一些企业错误地认为公众号的发展主要依赖于推文内容。它们认为只要推文内容写得好，就能够实现推广。然而，它们招募了一批又一批运营公众号的人员，却始终未达到预期效果。这种情况表明它们的策略没有摆正。它们错误地认为推广仅依靠优秀的文章内容就可以实现，因此重点招募擅长写文章的员工，并以推文的阅读量作为绩效衡量标准。这是一个典型的偏离正确方向的例子。事实上，任何增长都是以"交换价值"为目标的。为了实现这一目标，公众号运营应该以有效且精准的用户数作为考核指标。以下是一些针对公众号发展的策略示例。

策略1：进行公众号搜索关键词优化，提升公众号的排名，吸引更多主动搜索的用户，实现自然增长。例如，某平台通过关键词优化，使自己在"找工作"关键词中排名第一，每天带来10 000多个用户增长，每月实现200余万元的商品交易总额（Gross Merchandise Volume，GMV）的招聘业务价值转化。

策略2：将文章同步分发到其他平台，引导用户添加公众号以领取资料福利。例如，某考公平台通过在其他平台分发内容，并在文章末尾引导用户关注公众号以获取报考资料。该平台高峰期每天获得5000余个精准用户关注，每月实现50余万元的GMV的课程转化。

策略3：开发并使用工具，引导用户进行分享。例如，某桌游助手引导玩家在玩游戏时关注公众号，回复关键词以获取房间号和角色信息。一场游戏就可以获得5～8名用户关注，每月获得100余万元的GMV的游戏广告收益。

上述案例仅是针对自媒体公众号发展模型中的一个环节："引流"。其他四个环节也是如此，都需要围绕自己的主要目标来制定增长策略。可以将具有相同作用的策略叠加，以提升该环节的整体运转水平。

注意，整个运营体系的效率并不是由各个运营环节的平均效率来决定的，而是由五个环节中效率最低的那个环节决定的，因为它是运营体系的效率瓶颈。单个环节的提升对整个运营体系效率的影响是有限的，如果整体效率没有突破，就会导致资源浪费。效率高的环节会占用更多的资源和时间（每个策略都有生命周期，对应的资源也是有限的），最终导致运营模型失衡，进一步降低整个体系的效率。因此，需要从整体出发，注重每个环节的效果，保持相对平衡。策略的输出要摆正的重点是正确投入精力和资源来提升瓶颈环节的效率。

二、模型闭环

让每个运营领域都能独立运营起来，是规避风险、提高效率的必要前提。一个领域出现问题会导致整个体系崩溃。例如，某企业通过自媒体、电商和广告投放等渠道大力推广自己的社群，但是该企业没有让这三个领域形成自己的闭环，只是盲目追求私域用户规模，希望获得更多用户并与其建立强联系，结果微信账号被封禁，导致利润来源被切断，整个体系直接崩塌，不到一个月就破产了。

还有一些企业总觉得单个领域无法形成闭环，在做自媒体推广时只注重粉丝增长，完全不考虑后续的变现闭环。为了掩盖运营问题，过分强调粉丝增长的作用，通过派发现金红包的方式花费大量资金吸引大量用户关注。然而，这些用户只是因为抢红包而关注，对公司产品没有兴趣，导致后期的价值转化极低，企业花费大量资金换来的只是虚假数据。

决策者应该勇于突破，不能被一时的"繁荣"所迷惑，应先做整体再做局部的规划。运营增长模型（以私域模型为例）不是先进行拉新再进行转化，而是先从整体出发，构建拉新、留存、激活、转化、裂变的整体框架，然后再从拉新环节开始填充具体策略。每填充一个策略都需要与其他四个环节进行比较。比如填充拉新环节策略时，需要考虑拉来新的用户是否能够留存、激活、转化、裂变，以及是否为目标用户。如果并非目标客户，就说明填充策略有问题，此时就要思考如何吸引符合要求的用户。也就是说，公司从调研用户开始就需要确保自己一直走"正路"。

只有能够独立运转、自我闭环的增长模型才能稳定有效地支持整体目标战略，否则一遇到问题各个部门就会互相推卸责任，最终导致全盘崩溃。

本书所介绍的模型闭环并不是指私域增长模型闭环、电商增长模型闭环、自媒体增长模型闭环或投放增长模型闭环，这些只是分类的方式。具体的模型可以细分为公众号增长模型、社群增长模型、小程序增长模型、淘宝网店增长模型等。例如，自媒体领域可以包括抖音短视频、快手短视频、微信短视频等，这就是三个闭环的自媒体增长模型。因此，闭环是一个项目完整的表现形式，越细越有利于管理。

为了更好地生存下去，企业需要围绕自己的战略目标对各个模型进行适当调整。这正是使用增长 12G 模型的最后一点：战略目标导向。本书将通过分享四个管理机制，为规划和实施战略目标导向提供方式和方法。

第三节　增长 12G 模型的思维准则

每种方法的使用都有特定的条件、处理细节及思维准则。关于如何更好地运用增长 12G 模型，笔者有三个建议：归零心态、极致主义和循环体系。

一、归零心态

在进行增长活动时，我们很容易相信并依赖过去的成功经验，这种惯性思维使我们忽视了周围不断变化的环境和项目的独特性，最终导致增长活动失败或无法达到预期效果。归零心态可以帮助我们减少这种情况的发生，以更快的速度找到增长突破口，顺利建立增长体系。

归零心态包括三个方面的归零：将当前的失败情绪归零、将过去的成功经验归零，以及将自我归零。

首先，我们要不惧任何失败，勇于尝试和承担责任。当面临失败时，我们应该保持足够的坦然心态，将失败视为寻找另一条成功道路的前提，并用这种心态迅速重新调整方向迎接新的挑战。在增长项目中，试错是很常见的，通过减少因失败而产生的沮丧和不自信情绪，我们能够避免过度消耗精力，让增长活动不会彻底失败。

其次，我们要忘记过去成功项目的增长经验，不要盲目套用先前成功的增长模式。许多增长负责人在规划新的增长项目时，往往会不经思考地采用之前成功的增长体系或经验，结果在没有充分了解新项目的情况下不断试错，浪费了大量的资源和时间。建立增长体系或组织增长活动时，我们需要重新审视项目的定位、用户、产品和传播逻辑。每个项目的目标、环境、资源、用户和产品都存在差异，因此导致增长的基本逻辑也会有所不同。直接照搬过去的增长体系短期内可能会取得一定成效，但也会带来潜在的风险。

最后，将自我归零的心态融入团队中，形成整体力量。在实际的增长项目中，归零心态不仅适用于增长负责人，还需要在团队中普及，将负责人的自我调整融入团队意识中。企业需要领导团队建立归零心态，共同搭建增长体系。

二、极致主义

学习他人的增长过程是快速成长的关键，但是，如果只是盲目学习（比如不断阅读相关书籍，研究更多案例）而缺乏思考，就容易陷入"同质化"的陷阱，然后陷入内卷的困境。事实上，增长思维的核心在于"突破"，通过新的方法和策略实现增长。**实现颠覆性突破所需的精力与追求微小改善所需的精力是相同的**，企业在进行增长时必须明白这一点。

不要限制自己的思维，思维是可以塑造和培养的。当面对一系列同质化的增长方式和策略时，你是思考如何将其吸纳并应用，还是思考如何与它们拉开差距？只是将其吸纳过来用可能会解决当前增长效果差的问题，使自己变得不再落后，但仍然处于整个市场竞争的瓶颈中，无法突破重围取得胜利。如果你开始思考如何颠覆对手，如何拉开差距，那么你会强迫自己思考突破性的方法和策略，而不是简单地学习和模仿。这也是增长操盘人成长的关键。

每次突破都是一次试错，试错意味着有风险，需要承担失败的成本。此时往往会面临环境的阻力，例如周围人厌恶风险，来自职场竞争和市场竞争的压力等，都会给突破带来困难。在这种情况下，可以采用最小可行性产品（Minimum Viable Product，MVP）思维，逐步取得成就，即先构建一个简化的成功模型，获得实际效果后再扩大策划提案，最终主导整个增长项目的落地，让自己从受限制的环境中挣脱出来。虽然这种方式较为缓慢，但可落地性更强。

三、循环体系

互联网增长有一个有趣的特点——联动性。建立一个联动的体系，就可以实现复利、借力和循环的增长效果。因此，**要为增长体系建立有效的联系，有效的联系越多，增长体系最终取得的价值越高**。在项目刚开始或资源有限的情况下，要构建一个全面完整的增长循环体系是非常困难的。因此，可以将增长12G模型的循环体系划分为三个阶段——增长单线突破、增长小循环和增长大循环，根据递进关系来构建符合项目要求的增长体系。

1. 增长单线突破

在增长单线突破阶段，首先要解决一个问题：如何通过单一路径实现稳定可持续的价值转化？增长单线突破过程如图2-4所示，该过程通常由拉新、转化和复购三个环节组成。

图2-4　增长单线突破过程

为了实现拉新效果，可以使用增长12G模型的定位思维来确定需求范围，并使用传播思维进行广告传播和投放。通过产品思维将用户转化为实际经济效益,并建立用户信任,从而实现复购并形成单线循环。

增长单线突破的成功表现在从拉新到复购的有效路径能够顺利运行。是否拥有定位思维、产品思维、用户思维和传播思维决定了增长单线突破能否成功。通过实践验证成功后,才能考虑建立增长小循环体系。增长单线突破能够验证产品的价值,满足用户需求,并最终促使用户产生消费和复购行为。

2. 增长小循环

通过构建增长小循环,增长体系可以产生相互促进的价值效益。增长小循环通常由拉新、转化(经济效益、产品效益和传播效益)、复购和裂变四个环节组成,如图2-5所示。

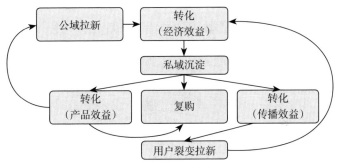

图 2-5　增长小循环

在自媒体、网络推广和电商等增长场景中,可以使用增长12G模型布局进行拉新活动。然后,将目标用户引入私域,通过多维度的价值转化实现经济效益、产品效益和传播效益。传播效益带来的用户裂变拉新进一步回馈到经济效益和产品效益上,而产品效益又进一步促进公域拉新的效果,形成产品效益、经济效益、传播效益之间相互促进和循环的效果。

增长小循环是为了实现用户在多个维度上的转化效益,各个转化效益之间相互促进,形成滚雪球的效应,让最终的转化价值能够循环促进,产生最大的效益。例如,笔者在某平台负责蓝领劳动者社群运营时,通过公众号、小程序和App的广告资源位进行引流拉新,然后将进入社群的用户转化为购买职业课程的付费用户。随后,奖励用户分享自己的职业经验和攻略,提升课程产品的数量和质量。随着产品效益的提升,帮助线上课程获得更多用户认可，进一步提高转化率。然后利用免费课程需求进行用户裂变，让用户主动分享免费课程，实现老用户带来新用户的裂变效果，进一步促进经济效益和产品效益。这是一个循环复利、借力的滚雪球路径。

3.增长大循环

通过建立增长大循环，增长体系可以更好地抓住大环境的机遇、规避风险，实现可持续发展，并产生具有强大穿透力的增长效果，最终获得长期稳定的增长优势。增长大循环如图 2-6 所示。两个以上增长小循环在目标、资源和时间的黄金三角中稳步发展，彼此之间相互促进，让滚雪球效应逐步成熟，形成增长大循环体系。

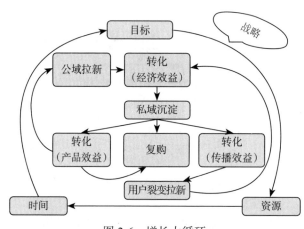

图 2-6 增长大循环

增长大循环适用于增长 12G 模型的四个管理机制，在可执行、有效和有目标的黄金三角范围内规划多个增长小循环之间的协调工作，确保增长循环能够稳步发展成熟。增长处于互联网环境下，互联网处于大经济环境下，大经济处于大社会环境下，每个环节都有不同的形式。除了构建超过 90% 竞争对手的增长体系，还需要利用四个管理机制及时识别风险，甚至将风险转化为机遇。

增长小循环发展到成熟的大循环时，比较考验多个小循环之间的配合水平，也就是管控能力。每个主要小循环都更加细分和具体。举例来说，公域拉新在小循环阶段可能只涉及少数几个比较好运营且成本较低的自媒体账号和抖音等自媒体领域。但是，发展成熟的表现是"增长体系中转化效率不断提升，转化出更多资金作为拉新的资源"。公域拉新的领域逐步扩张到付费推广和电商等更多的增长场景。成功的增长体系让团队更有信心将目光和战略扩大到整体运营领域的边界。

转化效益从小循环发展到大循环，表现为经济效益从单一产品转化变得更多元和丰富。裂变效果也会通过不同的策略进行迭代和补充，促使整个小循环逐步完成，多个成熟的小循环之间相互配合，合力形成从滚雪球到自循环的质变效果。在搭建增长 12G 模型的大循环时，每个运营环节不仅会扩张边界，对应的提效策略之间也会组合成局部小循环，最终形成增长大循环。

通过增长单线突破、增长小循环和增长大循环三个阶段，可以在项目刚开始或资源有限的情况下建立一个逐渐完整的增长循环体系。这样的增长体系能够有效地连接各个环节，实现复利、借力和循环的效果。关键在于建立有效的联系，连接越多，增长的价值就越大。因此，对于想要构建增长体系的项目来说，需要充分理解和运用增长 12G 模型中的四个底层思维、四个运营领域、四个管理机制，根据项目的实际需求和资源情况，有针对性地构建符合项目要求的增长体系，从而实现有效、稳定和持续的增长效果。

第四节　模型使用者的五个成长阶段

增长 12G 模型主要应用于企业项目中，为业务操盘成员和参与成员提供了一种全新的系统化工具，帮助他们在全局视角下进行"局部成长"，从而形成协同一体的能力。这种思维方法也适用于个人职业规划，培养既能专注于具体任务，又能抬头看到整体局势的能力。从局部运营成长为局部负责人，再成长为独立模块负责人，最终成长为整体负责人，逐级提升。这不仅对个人职业规划提供了有益的指导，也有助于企业的人才培养和传承。

只有看到整体局势，才能明确努力的方向。增长从业者的成长可以分为点、线、面、势和使命这五个层级。

一、积累"点"

互联网企业并没有一个叫作"增长"的岗位，通常使用产品、用户、新媒体运营等名称。这是因为增长所需的技能点非常多且多样，很多企业缺乏全面的培养体系，喜欢用零散的方式安排员工，导致全视角的增长型人才稀缺。因此，成为增长型人才的第一步是掌握足够多的运营技能，例如文案编辑、海报设计、私域话术、电商运营、标题优化、各类平台投放经验、数据分析、短视频制作、销售促销、展会活动、项目管理、网站搭建、小程序H5制作，甚至编程语言等基础能力。增长从业者至少要精通几个技能点，并将其连成一条业务线，这样才能找到与互联网增长相关的工作，再在工作中实践学习，接触更多技能。

技能点就像玩游戏中的图标一样，我们需要制订详细的计划，通过网络教程学习或找一个前辈指导，努力实践。每点亮一个技能点，就意味着在职场上获得更多的锻炼机会。例如，掌握文案编辑技能后，再学习线上海报设计，就可以在公司主动参与电商产品详情优化的工作，通过与同事合作积累更多经验，同时也为个人履历上增加了一抹亮点。

二、连成"线"

通过有方向的技能点的累积，将它们串联起来，就形成了能够负责一条业务路径的能力线。例如，具备热点文案写作、数据分析能力以及产品推广意识，这三个能力串联起来就能够进行公众号自媒体业务线的运营，捕捉热点内容进行公众号图文内容运营，并通过推送效果数据进行优缺点分析，同时将流量效果转化成经济效益，这些技能点的串联最终形成自媒体公众号业务的运营能力。

这样，原本单个的技能点就连成了一条业务线，具备了运营和优化能力，进一步提升了职业专业度。通过专业能力取得更好的成绩，又能接触到更高层次的挑战机会。

三、进阶"面"

有意识地搭建多条能力业务线，让它们相互促进，形成业务面的运营增长能力。正如之前介绍的，增长12G模型的使用方法是建立各条业务线之间的循环复利效应，让它们相互促进。在互联网业务增长岗位中，需要具备使用增长12G模型的能力，建立一个增长小循环，让每条业务线相互促进。

例如，将公众号运营路径与私域裂变路径相联系，形成公众号引流用户至私域，私域进行用户裂变，再让裂变后的用户关注公众号。通过优质内容和粉丝增长，进一步提升公众号的搜索排名和用户转发推荐，实现公众号用户回流，私域进一步提升转化，彼此形成增长循环体系。在这个过程中，实现各个模型业务价值转化的闭环。这是业务面增长岗位所需要具备的技能。增长从业者进阶到业务面之后，能够独立负责增长项目，此时专业技能已经达到瓶颈期，需要不断精进和打磨自己的运营体系。

四、打造"势"

在这个阶段，与能力和工作技能水平相比，判断是否具备识别势能和搭建势能的能力更为重要。势能是一种对企业内外形势进行分析的能力。企业常常会遇到看似与工作无关的阻力。许多人将这些阻力归结为人际关系和企业环境问题，然而，问题的根源实际上在于自己对形势的掌控能力。如果只注重工作技能和技巧，忽略了环境的变化，即使增长体系不断扩张和强大，面对外部形势的变化时也会遭受无法抗拒的风险。

如果不具备透过微小事件捕捉潜在问题的能力，最终将会承受潜在问题引发的后果。这时候，从业者可能会感到委屈，或者将失败归咎于其他地方。举个简单的例子，你的搭档在某次会议上说："我们上次测试效果不好的原因是我们的社群都'死了'，所以没有效果。"作为他的搭档，你是否发现了问题所在？

如果不及时纠正他的说法，"某某部门的社群都'死了'"这个说法将在公司内部传播，最终会给你的项目带来严重后果。其他部门可能会潜意识地认为你们团队能力差，直接判定你们的社群已经失去转化能力和价值。但事实上，你们的工作是真的没有效果吗？还是推广策略出了问题？或者是用户不匹配造成的？当你的搭档将问题归咎于社群不活跃时，就已经没有人愿意深入了解失败的真正原因了。这种潜意识会导致未来的跨部门合作出现无形的阻力，而且很难察觉。在这种情况下，应该及时挽回，并与团队协商，以确保对外沟通时有统一的意见和观点。工作中看似微不足道的小事情，比如领导对你的评价、同事们在饭后的闲谈，都可能对项目不利，需要尽早判断并采取预防措施。应对内部威胁的方法就是搭建势能，势能由两个方面组成：影响力和权利。

影响力可以通过你的专业能力、团队规模和能力、他人对你的评价、过去的成就和案例以及人际关系等方面获得。这些影响力会促使更多人为你

"说好话",在别人的潜意识中形成你专业、可靠、值得信赖的形象。这样,在未来的合作中遇到的阻力会减少,你也会有更多机会获得支持。

权利是指在企业内担任的岗位职权,以及手中掌握的资源使用权。这些权利不容忽视,在企业中进行跨部门沟通和合作时,它们能够帮助对方解决关键问题,也是影响外部资源谈判资格的关键因素。中高层领导或增长运营岗位的人都需要具备建立自己势力的能力,这样才能带领团队争取资源,取得重大成就。在入职企业后,笔者喜欢从零开始搭建私域和自媒体,因为这不仅能展示实力,而且这些领域一旦成长起来就能成为不可替代的资源,可以用于将来的资源置换。团队输出的有效资源越多,在企业内部和外部市场中就能拥有越多活动的机会,就像围棋中的"活眼"一样,形成势力。

五、确定"使命"

在增长的过程中,可以不断地问自己一个问题:"增长是否是在掠夺社会资源?"增长是一种高效的联动工具,它像虹吸一样将资源的价值聚集到一个地方。它不仅有利于资源调配和促进经济活力,同时也会影响数以千万计的人的生活。经历过多次职场锻炼后,笔者坚定了自己的选择,继续从事增长工作,继续竞争和努力。因为只有争取,才会有机会,才能让人们有希望去构建自己的蓝图,推动社会繁荣发展。只有"争取",才能不断解决问题、突破界限。如果没有"增长",逐渐"消失"将成为必然的事实。

在坚持一件事的过程中,我们会不断面对来自环境和内心的质疑。面对这些质疑并给出答案最终形成了我们的信念,这是我们坚定走自己所选择的道路的重要保障。一些专家通过研究得出,有短期目标的人比没有短期目标的人在社会中进步更快,而有长期目标的人比只有短期目标的人在社会中前进更快。增长12G模型通过将增长过程分解为多个阶段,最终形成一个全局的视角,这是一种长期规划的工具,将长期目标分解为多个短期目标。坚持使用这个模型需要我们为自己和企业设定一个宏大的目标和愿景,形成自己的信念,这样才能更好地实现这个目标,这就是使命感的体现。

从点到面到使命,笔者回顾过往的成功案例,保持"利他"心理做增长是成功的关键,比如:笔者秉持着想要帮助月嫂用户使他们更自信的理念,才成功输出一个10万+的刷屏案例;秉持着想要帮助蓝领用户赚到更多收入的理念,才输出了有利于企业提升各业务线转化能力的电子资料"58个副业大全";想让用户对某企业的质检水平更放心,于是想到将质检流程做成微信表情包动态,以便完整、便捷地向用户展示;想帮助同事解决增长上的难题,于是经常将他们的问题记录下来,然后回家反复思考,总结出便于理解的答案,这些问题和答案沉淀下来就形成了笔者编写本书的灵感基础。因此,笔者建议增长从业者在解决温饱和生存难题后,能够用"利他"心理来成长,以更高的格局和思想帮助社会进步。

底层思维篇

定位思维、用户思维、产品思维和传播思维是增长12G模型的核心思维。它们相互配合，形成增长的原动力。用户思维和传播思维共同形成增长的基础编码，通过产品思维打造核心价值，让价值在定位思维确定的优势范围内运转。

四个底层思维的关系

在正式学习本篇之前，有一个前提需要强调，那就是"真心去帮助用户"。没有这个前提，后面介绍的四个底层思维就无法发挥全部的作用。"真心去帮助用户"并不是指通过提供公司产品或补贴等方式让利于用户，因为这些都是短视的措施。真正要做的是提供有效的解决方案来满足用户需求，帮助他们解决实际问题。

笔者建议在制定策略之前认真思考为谁做增长，三思而后行。还要认识到实现长期价值需要个人价值、企业价值、用户价值和社会价值达成统一，只有将这些价值统一起来，才能获得长期的成功和持续的增长。

第三章

定位思维圈对范围

定位思维是增长 12G 模型的四个底层思维之一,它能够帮助增长团队明确和圈定一个清晰可辨、具有竞争力的增长范围。本章介绍的三圈定位法可以有依据、有方向地进行范围圈定;有利于我们找到自身具备竞争优势的定位范围,并将其作为实现增长的第一个突破口。同时,我们将介绍三个要规避的陷阱和三种方法来保持企业的竞争力,以指导正确运用定位思维。

通过规避或降低风险,全面且长远地考虑未来的发展方向,我们最终能够规划出正确、有效且能够长久持续的定位范围,为实现增长目标奠定基础。

第一节 定位思维工具——三圈定位法

定位思维是增长 12G 模型的底层思维工具之一,其主要任务是确定并圈定合适的增长范围,找到市场中的突破口,即市场中薄弱的部分。举个例子,如果我们考虑开设一个女鞋网店,在没有任何竞争优势的情况下,我们可以将女鞋市场中的某个细分领域作为突破口,以获得竞争优势。

一、什么是三圈定位法

三圈定位法可以类比为角色扮演类游戏中"练级"时选择合适的地图。当你刚进入一个游戏时,应该选择一些低级别的地图进行练级,如果随意在地图中游荡，很可能会一次又一次被打回起点。市场也是如此，当一个大市场的竞争已经非常激烈时，就像地图上遍布着99级怪物，实现增长需要更加谨慎和仔细地寻找合适的范围，即圈定"对"的范围，这是非常重要的。根据这种思维，我们可以知道该如何进行"范围圈定"（即定位），总体上可以将其分为三个圈：自身优势圈、市场机会圈和发展潜力圈。这三个圈的交集部分就是合适的定位范围。三圈定位法如图3-1所示。

图3-1 三圈定位法

1. 自身优势圈

自身优势圈是对企业相对竞争实力的审视和评估。例如，资金、技术、资源、认知、影响力等方面可以用来确定企业在哪个市场具备较好的竞争基础。同时，通过综合评估可以判断市场开拓的投入水平。如果企业的投入水平较高，可以争夺与其相近水平的企业所在的市场，例如社区团购市场的新兴市场。最开始社区团购市场的领头企业是"兴盛优选"，然而，由于投入水平较高，一些实力更强的企业（如美团、滴滴、拼多多等）也纷纷加入了竞争，占据了一定的市场地位。如果企业的投入水平较低，就需要找到与自身实力相当或较低的竞争企业所在的子市场，缩小开拓范围。例如，在社区团购兴起时，一些投入水平较低但"聪明"的企业进入了品类团购市场，如"百果园团购"（一家水果团购企业）、"智婷好妈妈团购"（一家母婴商品团购企业）以及"蝌蚪亲子团购"（长沙地区的亲子活动团购平台）等。

2. 市场机会圈

市场是指存在满足用户需求的产品并进行交易的总体。只有存在需求但没有相应的产品能够满足时才不属于市场，例如某些癌症没有对应的药物产品。市场等级是根据供需差距所带来的利益争夺程度进行划分的，有完全竞争市场、垄断市场、垄断竞争市场和寡头垄断市场等不同类型。在确定市场时，不仅需要考虑自身的投入水平和综合优势，还需要选择一个与之匹配的市场环境，并评估市场的利润空间。

大多数市场机会是由企业或个人在商业活动中对某一领域的关注和分析

得出的。例如，抖音短视频的兴起，只有那些最早接触和了解抖音短视频的企业或个人才能发现这个机会。因此，市场机会是通过偶然的机遇或者主动的分析调查获得的。如果想获得更多的机会，可以多关注自己擅长或感兴趣的领域，参与更多商业活动，并接触丰富多样的活动和人。

3. 发展潜力圈

自身优势圈和市场机会圈的交集确定了当前的定位范围，也就是当前可以开展业务的市场范围。而发展潜力圈则是对未来进行规划和铺垫的空间范围。用游戏举例，选择合适的练级地图是为了给未来实现长期目标进行铺垫。如果通过赚钱获得竞争优势，那么就选择刷掉落货币更多的怪物；如果通过练级获得优势，那么就选择刷掉落经验值更多的怪物。发展潜力圈是基于未来目标导向的规划，用于指导当前行为并为未来发展提供指引。例如，在某些短期活跃的市场中，当热度消退，新的产品占据市场之后，原先市场的规模会缩减。如果企业没有将发展潜力圈纳入考虑范围，就会面临发展问题。而那些在初期就圈定了发展潜力圈的企业，提前规划好了未来的长期方向，当热潮退去时仍能保持现有基础，并及时抓住下一个发展的机会。因此，发展潜力圈的作用是制定一个空间层面的长期目标，以规范当前的行为。

在这三个圈中，市场机会圈是一个被动的运行环境，需要根据市场的现状进行调整；自身优势圈是随着自身实力的增长而扩大的主动运行圈；而发展潜力圈则是通过企业目标管理逐步实现的主动运行圈。定位思维的任务是将这两个主动运行的圈覆盖到被动运行的市场圈上，从而放大定位的效果，实现最终的增长目标。定位增长过程如图 3-2 所示。

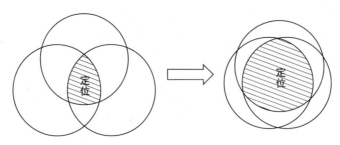

图 3-2　定位增长过程

二、三圈定位法实施案例

在 2010 年之前，国内饮用水行业主要是怡宝这个品牌占据大部分市场份额。然而，农夫山泉凭借其"天然水"的品牌优势，在市场竞争中脱颖而出。当时，怡宝主打"纯净水"的定位，其他同样生产"纯净水"的品牌无法突围。农夫山泉利用自身的优势（凭借"千岛湖"国家一级水资源），进入国内饮用水行业，并划定了第一个"自身优势圈"，其评估方式是根据自身的优势和市场投放水平进行的。

随后，通过市场调研，农夫山泉发现当时的饮用水行业用户主要是 16～30 岁的高校学生和白领，属于知识分子人群，他们需要便携式瓶装饮用水，并且对水的质量和口感更加在意。当时，瓶装饮用水市场主要被怡宝和其他品牌围绕着"便携式瓶装矿泉水"的定位进行竞争。于是，农夫山泉聚焦于"便携式瓶装天然饮用水"的定位，锁定了健康属性的大市场方向。这个定位是通过市场发展空间和发展机会进行评估后确定的第二个定位圈——市场机会圈。

最后，农夫山泉不断推出健康产品，打出"农夫山泉有点甜"的标语，突出口感和水质的优势，以健康领域的优质产品为标准，规范品质管理。农夫山泉不仅在国内瓶装饮用水市场找到了突破口，而且不断提升在"健康"市场中的占有率。这体现了发展潜力圈的作用。最终，自身优势圈、市场机会圈和发展潜力圈三个圈向中间靠拢，形成了一个有竞争优势的定位范围。

通过上述案例可以看出，三圈定位法主要是根据自身优势评估、市场机会分析以及空间维度的发展规划，来制定更准确的战略。这些主题将在本书的后续章节中逐一介绍，以帮助读者实现精准锁定增长定位的突破。

第二节　定位思维的使用方法——分类排序第一

定位思维的目标是找到一个方向、一个突破口。在增长竞争中，我们需要将这种思维应用到市场中。市场由用户需求构成，因此定位思维需要围绕用户的认知进行竞争，争取让企业产品在用户脑海中排列在有用且优先级最高的位置。也就是说，通过运营活动将服务主体（产品、服务或事物）锁定在人类脑海中对事物判断的位置上，即形成人类大脑对某产品、服务或事物的印象，这种印象以分类和排序的方式在人类大脑中呈现。

根据用户对"从无用到有用的程度"和"对目标认知重要性排序的程度"两方面的判断，可以将用户判断结果分为四个象限：第一象限的产品属于"需求产品"，即用户需要的产品，可能会在未来或现在进行交易；第二象限的产品属于"知名产品"，即用户听说过但暂时不使用或不需要的产品；第三象限的产品属于"无感产品"，即用户对该产品没有任何印象，也觉得它没有任何作用；第四象限的产品属于"替代产品"，即用户对该类产品有需求，但对该产品的印象不深。定位象限如图 3-3 所示。

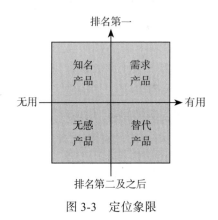

图 3-3　定位象限

要实现增长目标并获得竞争优势，需要运用定位思维在用户心智中打造出产品处于第一象限的印象。只有这样，用户才有可能选择该产品来满足自己的需求，从而实现增长的目标。为了实现这一目标，可以采用供需一致、习惯认知和口碑管理这三种方法。

一、供需一致

在前一节中，我们介绍了如何利用定位思维找到市场的突破口。这个突破口是市场上的一种需求，满足这个需求成为实现增长的关键。为了满足这个需求，需要提供相应的解决方案，通常以产品作为载体。利用定位思维推广产品的目标是将产品与需求解决在用户认知中绑定，使其成为用户分类排序中的第一选择，从而实现产品在市场上的增长。要将产品品牌与需求关联起来，首先需要推出符合定位的产品，并为该产品取一个名字。

举个例子：当你需要打车时（需求词），你会想到滴滴出行，在你的脑海中打车就等同于滴滴出行，因为滴滴出行已经在你的思维中成为满足你打车需求的第一选择（当然，你也可能会想到其他打车方式，它们在某种程度上也能让你想到它们并选择它们）。如果你需要打车，很大可能会选择在你的需求解决方案中排名第一的产品来提供服务。

成功的定位需要让需求词或需求场景与品牌名称、产品名称联系在一起，使产品名称等同于需求词。产品的定位和用户需求是相互联系且统一的存在，定位范围是围绕着需求的重叠而确定的。在明确界定定位范围之前，盲目地进行增长最终可能会以失败告终。因此，在规划相关产品的广告、包装、介绍时，需要将产品名称与需求紧密结合起来。例如，"送礼只送脑白金""怕上火喝王老吉"，这两个例子都将产品名称与需求结合得非常准确，让送礼等同于"送脑白金"，让怕上火等同于"喝王老吉"。要想通过定位实现增长的目标，需要让目标在用户的需求词领域中排在有用且第一位的象限中。因此，精准的广告语在这一过程中显得尤为重要。第六章将会详细介绍这个问题。

二、习惯认知

定位思维是将用户需求与产品名称联系起来的策略。要实现成功的定位，首先要确保用户深刻认知"定位范围"，将其具象化，使其成为用户可以清晰辨识的需求词或需求场景，从而增强用户对定位的感知，并培养用户的需求思维习惯。举例来说，当面临点餐需求时，大脑会自动联想到关键词"口碑"，让用户习惯性地使用"口碑 App"查看附近餐饮店的信息，为点餐决策提供依据。提升用户的认知可以通过两种方式实现：养成习惯和场景洗脑。

1. 养成习惯

我们不禁要问：为什么在有需求时我们会毫不犹豫地想到某些产品呢？例如，想看搞笑视频就想到"抖音"，想叫外卖就想到"美团"，想吃早餐就想到附近的某家店。这种思维习惯往往是企业刻意培养的"需求习惯"的结果。经常使用美团解决外卖需求会让大脑形成"美团"与"点外卖"等同的思维习惯。

吃早餐也是如此。早上起床后，当我们在上班途中思考吃什么早餐时，会不由自主地走进我们经常光顾的早餐店，这就是养成的习惯。这种需求定位与场景之间的联系一旦被刻入用户的认知中，很容易留住用户并实现有效增长。

为了实现这种定位联系的增长效果，美团推出了月卡会员红包活动，以培养用户的使用习惯。同样，附近的早餐店利用地理优势（周围几乎没有其他好的早餐店），通过比较优势来培养用户的行为习惯，并将其转化为思维习惯。

培养需求习惯可以通过打造自身的比较优势来实现，这也是在确定定位范围时建立的优势。一个良好的定位本身就会帮助企业培养用户的需求习惯，同时也可以通过会员活动、下一次使用的优惠券等策略来主动培养用户的使用习惯。你可能经历过这样的情况：在新开张时，奶茶店会推出一种带有10个格子的盖章名片，每次购买一杯奶茶就获得一个盖章，累积获得10个盖章可以免费兑换一杯奶茶，这也是培养用户需求习惯的一种方式。

2. 场景洗脑

"脑白金"是一个广告宣传中十分"洗脑"的案例，至今每当提到"洗脑"广告，它仍然是典型代表。在"脑白金"盛行时，电视、海报、包装、销售等各个与用户接触的渠道都传播着"送礼只送脑白金"这一信息，使许多长辈因收到脑白金的礼物而感到自豪，也让许多晚辈不假思索地购买。建立定位范围的具象化传播矩阵，并贯彻到与用户接触的所有触点，是建立用户对定位范围具象化认知的必要手段，也是定位思维和传播思维的结合。本书介绍的四个底层思维不是单独发挥作用的，而是相互作用、紧密结合的。

需求可以通过创造场景来激发，然后通过大量广告影响用户的认知，使用户在遇到相应的需求场景时不由自主地采取对应的消费行为。例如，当用户感到感冒时，会不由自主地想起"999牌感冒灵"，从而促使他们购买。

如何实现场景习惯？首先，需要创作一个将"需求场景词"与"品牌词"相互关联的广告语，然后将该广告语贯穿于与用户接触的每个触点上，通过更广泛的覆盖和更频繁的传播，不断增强用户对"需求场景词"与"品牌词"之间联系的认知，最终建立用户对定位范围的具象化认知。

三、口碑管理

定位思维在用户脑域需求分类联想中发挥了重要作用，但排名第一并不意味着用户最终会选择该产品。口碑管理在定位管理中具有重要性，许多企业忽视口碑管理而过度依赖宣传推广，导致转化率达不到预期。

以下是提高口碑管理的三个方法：

1. 用户好评

用户对产品的评价对产品的成功至关重要。在电商平台上，好评率高的店铺通常比好评率低的店铺更受用户欢迎。好评不仅在电商平台上有效，还可以在产品详情、私域社群、产品推广和推广视频等内容中使用。这些好评可以证明产品备受用户认可和信赖。例如，某次运营公众号活动将往期用户评价整理到活动推文中，结果报名人数增加了2倍。因此，让用户为产品定位发声，积累更多好评和良好声誉，可以增强产品定位的认可度和信任度。

2. 售后服务

当产品出现使用或体验问题时，不要急于推卸责任。在互联网时代，消息传播迅速，所谓"好事不出门坏事传千里"，及时解决冲突和矛盾可以避免危机，并将其转化为机遇。在处理售后问题时，如果负面因素已经传播开，就需要以真诚的态度和补偿方案化解危机，想办法将其转化为机遇。

3. 品牌公关

企业的定位增长不仅需要关注产品和服务，还需要监控网络舆论，避免受到同行的恶意中伤或市场环境的牵连。例如，"三聚氰胺事件"对国内所有奶粉企业造成了重大打击。然而，某奶粉企业制定了新的公关策略，推出了"更适合中国宝宝的奶粉"，及时挽回了企业形象并找到了更适合企业发展的定位方向。在规避风险舆论的同时，弘扬企业精神，积极承担社会责任，坚持科学诚信经营等理念，有助于企业抓住时代机遇。

良好的口碑可以让定位增长抓住时代机遇，而负面口碑则可能使增长受阻。在进行定位时，需要根据发展需要，结合用户思维、产品思维和传播思维，采取适当的策略和方法。

第三节　使用定位思维的注意事项

在使用定位思维之前，需要了解定位思维在使用过程中容易出现的误区，并了解这些误区可能造成的不利影响，以避免定位方向出现偏差导致增长活动失败。定位思维常见的三个误区是：不会为定位打造优势壁垒，不了解定位的时效性，容易造成定位范围蔓延。

一、定位壁垒

定位是一个持续的过程，随时有可能被竞争对手或后来者抄袭，陷入同质化竞争的陷阱之中。因此，需要学会建立定位优势壁垒。定位壁垒能够有效防止竞争对手轻松抄袭，混淆市场用户对品牌定位的认知。为此，需要通过打造优势壁垒的方法来建立定位壁垒。打造优势壁垒的方法有两个：用定位具象化的需求形象占据用户认知以及掌握定位竞争力中的某一稀缺资源。

1. 占据用户认知

人类对自己熟悉的认知更加信任，对陌生不熟悉的认知有抵触情绪。一旦养成了认知习惯，很难被其他同类竞品干扰。例如，在网上购物时，有些人经常使用京东平台购物，而很少使用淘宝平台购物。这些用户的选择有其理由，这个理由就是网购平台占领用户认知的体现。通常情况下，用户的下一次购物行为、下下次购物行为还是会做出一样的选择。一旦形成这种认知习惯，其他竞争平台想要改变用户行为需要付出更大的代价来重塑用户认知。因此，在获得有效定位后需要及时建立用户的定位认知壁垒，以防其他竞争对手轻易模仿抄袭。培养和固化用户认知的方法主要是从用户习惯入手，根据产品使用频次、用户对产品的第一印象，以及通过注册会员、提供下次使用优惠券等运营策略，引导用户进行多次购物行为，从而培养思维习惯。

2. 掌握稀缺资源

定位是需求范围，如果只有一家企业能够满足这个需求，则天然形成定位壁垒。这种情况一般是拥有发明专利等。例如，拥有发明专利的云南白药牙膏具有防止牙龈出血的功能，在止血药膏市场领域形成技术壁垒。因此，努力进行科技创新和实用发明是形成定位壁垒的有效途径。但对于中小型企业来说，进行科技创新和实用发明可能存在一定的困难。此时，可以通过掌握所在资本（资源）区域竞争环境内的稀缺资源来获得优势。例如，累积的目标用户数量、区域内掌握核心技术的人才（厨艺、养生、培训、设计等各种技能）、区域内获得相关资质认证等。这些稀缺资源需要与定位相联系，并能够帮助定位获得竞争优势。掌握之后，便能形成区域内相对难以模仿、抄袭的优势壁垒。

二、定位时效

定位是具有时效性的，随着时间和环境的变化，定位的效果也会发生变化。定位时效会随着用户文化认知的变化而变化。举个例子，过去旗袍被认为是一种潮流，后来运动服装开始受到追捧，而现在市场上各种风格的服装琳琅满目，服装品类的定位随着时间的推移变得越来越细分。曾经定位为旗袍产品的企业会受到用户潮流文化变化的影响，用户的认知最终决定了需求的多少。甚至在面临严重的文化转变危机时，市场可能会急剧缩小，这会导致许多没有及时转型的企业倒闭。而这些企业只有通过重新定位才能生存。

市场变化还会受到技术应用的升级的影响。以2016年垂直电商的兴起为例，蜜芽（母婴垂直电商）和尚品网（奢侈品垂直电商）等主打细分领域的垂直电商平台在当时取得了成功。然而，随着互联网技术的发展，淘宝和抖音推出了基于大数据算法的个性化推荐，根据消费者的喜好将符合其口味的商品直接推荐给他们。大数据算法推荐将用户原本需要主动寻找商品的路径转变为被动地让用户触达。垂直电商平台的定位主要解决的是用户主动寻找商品时的需求，通过更细分的选品服务来降低用户的决策门槛。因此，随着大数据算法推荐的发展，垂直电商平台的市场定位受到了冲击，导致原有定位不再适应新的市场状况（如何解决该问题，将会在本章第四节进行说明）。

面对定位时效带来的不确定因素，可以从政策、文化迁移、科技创新和自然环境这四个方面入手，因为它们是影响市场环境的主要因素。

1. 政策

企业需要时刻关注新的政策，并判断其对市场造成的影响以及影响的性质。只有及时做出应对策略，才能应对市场的变化。例如，当国家推行垃圾分类政策时，及时了解详细内容的垃圾桶生产厂家就可以抓住机会。相反，没有获悉这一政策信息的厂家将失去原有市场份额，因为消费者的需求是有限的，市场需求存在此消彼长的竞争对抗关系。

2. 文化迁移

定位与用户的认知习惯息息相关，受社会潮流的影响会产生潜移默化的迁移。因此，需要时刻观察社会文化潮流的发展，敏锐地判断下一次潮流和热点的方向，以及它们对定位的影响，并做出合理的安排。

3. 科技创新

技术的进步会带来需求的升级，进而影响原有定位的效果。因此，需要及时了解相关产品技术的发展，并积极进行产品的创新活动，以保持产品的先进水平。应对科技创新方面的方法可以参考前面关于定位壁垒的内容，可以通过打造优势壁垒或进行技术创新来弥补差距，并紧跟时代前沿技术的发展。

4. 自然环境

自然生态也会对市场环境产生影响，它可以分为有规律的变化和无规律的变化。例如，疫情属于不可预测的变化，而春夏秋冬的季节变化则是可以预测的。这些变化也会影响市场环境，例如下雨天购买雨伞的需求会增加。

以上影响市场环境的因素可以用PEST（政治环境、经济环境、社会环境、技术环境）分析法来进行系统的分析。通过对市场环境的分析，可以解决企业定位是否过时，是否需要进行转型等问题。

三、定位蔓延

定位是一个需求范围。如果超出这个范围，用户就会失去焦点，很难建立有效的用户认知，从而导致用户认知不足，被其他用户认知更具体的竞争对手截流。

成功的品牌定位往往让人将品牌名与需求紧密关联在一起。我们需要将企业在用户脑海中的目标定位与某个"需求词"或"需求场景"相关联，圈定清晰可辨的范围。范围蔓延可能导致原本成功的定位瓦解，更不用说那些还没有成功定位的产品。走入范围蔓延的陷阱将会无限制地增加负担，最终导致失败。

汇源品牌曾经是一个非常成功的定位案例，用户想到100%果汁就会想到汇源，"100%果汁＝汇源"的产品定位深入人心。2015年，汇源果汁在100%果汁和中高浓度果汁市场中所占的份额分别为59.2%和41.9%，连续9年保持市场份额领先。但之后持续几年，汇源频频推出新品，涉足果汁、矿泉水、植物蛋白系列等多个领域，稀释了用户对汇源品牌的定位认知，在用户心中给汇源品牌造成了干扰信息，导致定位混乱。这给竞争品牌如果粒多、美汁源等提供了发展空间。近年来，汇源重新回到100%果汁的定位上，减少其他产品对汇源品牌的干扰，让汇源100%果汁的定位重回用户的认知。

阻止范围蔓延的方法是缩短需求路径。就好比我们工作了很长时间，突然闻到饭香味就感觉到自己饿了，在路边看到某位路人的穿搭特别好看就产生自己也买几件的想法，这些情景会在短时间内刺激用户的需求。通过产品优化、场景优化，缩短需求路径的定位方法能够在短时间内有效提高用户脑域中需求的排名，从而取得定位优势。

定位应该根据需求导向来确立，而不应该跟着产品功能导向来确定。很多企业经常将产品功能作为定位进行宣传，但实际结果往往不佳，原因在于将产品功能当作了用户需求。两者有很大的区别。例如，当初诺基亚手机主打产品质量好、手机摔不坏等实用功能时，没有及时跟上智能手机通过科技创新开辟的新市场（新需求），结果旧的手机市场被智能手机降维打击，导致诺基亚的手机市场份额不断下滑。被打击的市场并不是被先进技术打败的，而是被先进技术提供的应用方案打败的。因此，定位需要在技术创新的基础上，精准锁定用户的真实需求，以实现应用方案的有效创新为主。

笔者负责某平台的线上课程增长工作时，发现直接宣传某专业课程的优势，如教学质量好、知名导师多、价格便宜等，效果并不理想。这些只是产品本身的特点和功能，而定位应该从用户需求出发，提供有效的应用方案。用户学习职业技能和知识是为了找到更高薪的工作，直接的需求是"赚更多钱"，因此需要将"帮助用户赚钱"作为前置进行推广，这样宣传和推广的效果就会出现质的变化。

定位需求路径如图 3-4 所示。它将用户需求与定位直接联系起来，整条路径上的噪声和障碍越少越好。这样用户才能明确地体会到定位的具体化形象所对应的需求之间的联系，防止在用户脑域中需求与具体定位范围对应不上，避免范围蔓延导致用户认知困难，最终影响整体的增长效果。

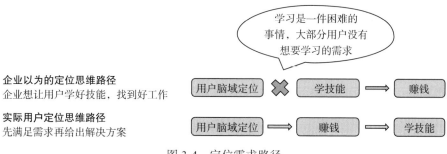

图 3-4　定位需求路径

第四节　企业如何用定位思维保持竞争力

定位会随着增长目标的需要而持续进行。由于市场的变化，定位是有时效的，如果定位中的市场出现饱和、衰退等情况，我们该怎么办？答案是我们可以通过定位升级、重新定位、多品牌定位来进一步提升增长的上升空间。

一、定位升级

如果企业在原来的市场取得了巨大成功，并占据了大部分市场份额，成为市场头号，使该市场不再出现能够产生威胁的竞争对手，那么市场份额的增长会逐渐陷入瓶颈，然后无论怎样努力市场也就那么大，没有更多的增长空间，增长会停滞不前。增长停滞会带来进一步的危机，这时需要进行定位升级，让市场份额变大，蛋糕扩大后才能进一步实现增长。

如何扩大市场？本章第一节介绍过定位思维的第三个圈——发展潜力圈，结合战略目标进行规划，向更大的市场进军。例如，农夫山泉向"健康领域"发展，形成口渴＝农夫山泉＝健康，健康＝农夫山泉无菌水、0脂0糖苏打水等品牌定位。这是定位升级到健康后拓展新市场的方式。每个市场范围内的人数是有限的，除了特殊时期，需求保持不变。需要扩大市场规模，走向更大市场，使市场定位的范围得到升级。比如华为和小米的手机，在国内手机市场拥有很高的市场占有率。品牌扩大市场范围，产品面向全球，取得了更进一步的成功。2020年，中国出海品牌"华为"成功打开国际市场大门并取得良好的成绩，成为国内品牌的骄傲。华为的成功同时也反映了科技创新的重要性，获得更多有效、有用的科技创新成果是开拓更大市场的重要方式，也是促使定位升级更顺利的关键。

面对市场范围内的饱和，可以将成功的定位经验通过定位升级复制到更多市场中，让原本是较小市场的定位优势发展成更大市场范围的定位优势。

二、重新定位

当市场竞争对手排名靠前且不断扩大市场份额，或者市场面临危机且需求不断减少时，企业原有的定位是否仍然适用？如何判断企业是否需要重新定位，并重新思考定位战略？

1. 判断定位是否需要坚守

我们可以以飞鹤奶粉为例。在此之前,飞鹤奶粉的定位包括"一贯好奶粉""50余年安全无事故""高适应配方奶粉"等广告语,并未获得用户的认可。当时,用户普遍认为"进口奶粉 = 安全奶粉",大部分市场份额被国外品牌占领,国内品牌面临困境。

在如此困难的情况下,飞鹤奶粉作为国内老牌奶粉品牌,承担起了发展国内奶粉市场的责任,并提出了更适合中国宝宝体质的奶粉定位。这个定位旨在让中国宝宝喝国产优质奶粉,而不是选择进口奶粉。这一具有使命感的定位迅速获得了用户的认同,并产生了共鸣,也让飞鹤奶粉坚定了自己的定位使命。在面临"三聚氰胺事件"时,国内奶粉品牌受到了重创,而飞鹤奶粉坚守具有使命感的定位,最终成功渡过了难关,带动市场回暖并获得增长回报。

飞鹤奶粉的案例告诉我们,在市场下滑时,需要正确判断市场是处于短期下滑还是长期下滑,从而做出正确的决策。短期下滑可能是由产品公关危机、市场正常波动等引起的。在遇到这些情况时,市场需求仍然存在,因此定位的正确性可以帮助企业渡过难关,就像飞鹤奶粉一样,坚守使命、与用户共鸣的定位通常是正确的,值得坚持。然而,如果市场需求消失,企业就需要尽早重新定位,例如BB机市场,被先进技术取代的市场无法自行恢复,只会被取代。

2. 重新定位的方法

本章第三节回答了垂直电商平台面临的定位时效问题,以及该如何自救。根据本书提出的定位思维,如今的垂直电商平台应该勇于接受大数据算法对原有市场的冲击,并紧跟时代的变化,将原本用户主动寻找商品的解决方案转变为用户被动接受商品的解决方案。大部分算法推荐平台都是通过优质内容来连接用户的,因此这类垂直电商平台应该发展自己的自媒体运营矩阵,以此打破目前的僵局。例如,住范儿(垂直家装平台)通过B站、小红书等自媒体平台的内容矩阵运营方式成功打破了原有的僵局,在大数据算法环境下实现了增长。实际上,许多垂直电商平台已经意识到这一点,但由于缺乏自媒体运营的经验,无法有效落地实施。而本书提出的四个运营领域主要解决的就是这类问题,指导企业从0到1构建互联网领域的增长运营体系。

重新定位时，可以使用三圈定位法来优化。注意，市场机会圈会随着应用技术、人文迁移、政策、自然生态的变化而变化。垂直电商平台的市场需求从过去主要依靠用户主动寻找产品，转变为更多由算法推荐产品给用户。因此，在自身优势圈不变的情况下，需要主动调整发展潜力圈，使其更适应市场的变化。例如，电商兴起于2013年，公众号等自媒体兴起于2016年，私域流量兴起于2019年，短视频兴起于2021年，未来可能会有人工智能（AI）的兴起。这些应用技术的出现都会对原有市场造成冲击。随着时间的推移，互联网企业想要长期可持续发展，需要紧跟时代技术的应用发展，随时调整自己的发展潜力圈。

三、多品牌定位

一个市场的规模相对有限，但在一个市场中所掌握的技术和资源可以跨领域、跨行业应用。以腾讯为例，它拥有大量的通信用户资源，这些资源也可以用于音乐、游戏、影视等领域，进而形成腾讯视频、王者荣耀、QQ音乐等多个品牌定位，进一步提升市场价值。

在成功占领一个饱和市场后，如何利用现有资源开拓新市场是突破单一市场定位增长上限的方法。然而，如何既能避免开拓新业务导致范围蔓延、用户对产品定位不清晰的情况，又能开拓新市场获得进一步的增长空间呢？

品牌定位与多个产品连接会导致用户对定位的认知产生"噪声"。这种噪声会对用户的认知造成干扰，导致用户认为需求与产品品牌定位不统一，使品牌容易被其他定位更清晰的品牌所取代。相比之下，品牌与产品一一对应的定位关系更容易形成用户的认知，从而培养用户的定位思维和行动习惯，有效地占领市场份额。用户对品牌的认知清晰程度如图3-5所示。

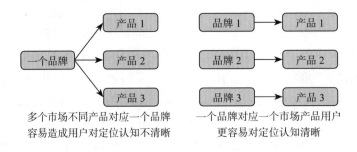

图3-5　用户对品牌的认知清晰程度

在开发新业务时，有些企业的用户定位相对一致，一些产品可以共存的情况下，呈现一种产品补充业务模式，这时重新开发一个产品就能借助之前成功产品品牌的用户资源和渠道资源以及品牌影响力，打造成平台型的聚合产品定位。例如，美团外卖、美团打车、美团共享单车、美团社区团购等业务都依赖于美团的品牌信任和资源，因此能够在新兴市场中快速迁移用户认知、建立信任等环节，抢占市场并取得先机。未来，这些业务是否会独立成单一品牌，或者这些噪声是否会影响美团已经建立的壁垒优势，取决于市场竞争的变化和战略规划。通过增长 12G 模型中的战略管控相互作用，企业能制定出适当的应对策略。

第四章

用户思维洞察共性

用户思维是增长 12G 模型中的四个底层思维之一，它能够帮助企业深入了解用户的共性需求，并将用户共性作为增长的支点，从而实现增长的突破。通过运用 4D 用户画像法，可以全面认知用户，使用户思维在策略运营领域得到有效实施。同时，还需要注意用户对策略的免疫能力、用户活跃周期和用户分层管理等方面对用户思维的影响，以合理规划，实现效益的最大化。

用户思维的核心在于全面认知用户，并在整个过程中有效地管理他们。这包括认知用户的需求、了解用户的喜好和行为、帮助用户解决问题，并通过吸引用户的方式建立良好的信任关系，从而促进信任的良性循环，实现增长的目标。

第一节 用户思维工具——4D 用户画像

市场是由用户需求构建的，只有真正了解和满足目标用户的需求，企业才能实现有效的增长。因此，企业在制定增长策略时，必须将用户放在核心位置，深入研究用户的需求和行为，以便有针对性地提供解决方案和产品，从而赢得用户的信任，使其满意。

总结来说，4D 用户画像是一种全面认知、了解用户共性的工具，通过有效的用户管理实现增长目标。通过建立良好的信任关系并满足用户的预期和超预期，企业可以实现持续的增长，并在市场中取得竞争优势。例如，在保姆和月嫂群体中，他们普遍与同行建立了广泛的社交圈和社群。利用这一共性特点，可以实施奖励用户分享朋友圈和社群的裂变活动，从而取得显著效果。这个共性特点成为用户增长的有力突破口和支点。

一、什么是 4D 用户画像

用户作为产品的使用者和市场需求的主体，是在特定前提下形成的。围绕这个前提，特定类型的人群形成了特定的共性特征。例如，中国人普遍具有黄皮肤，这是一种共性特点，与其他肤色和种族存在差异；湖南的居民大多喜欢辣食，也是一种共性特点，与其他地区的饮食有所不同。研究这些共性特点就是研究目标人群所特有的共性行为和属性，并将这些共性作为增长的支点，吸引并引导类似的人群成为产品的用户。

找到并合理运用"用户共性"是用户思维落地的过程，为此，笔者总结出了 4D 用户画像法。通过调研，从用户的基础属性、社交属性、消费属性、需求和思想属性四个方向挖掘和提炼"用户共性"。最终，将这些共性以标签化的形式组合成 4D 用户画像。

通过 4D 用户画像，我们可以有效地制定多种增长策略，并填充到增长 12G 模型的体系框架中，应用于每个独立且封闭的运营领域模型。例如，在电商增长模型中，利用月嫂对学习月子餐的需求共性，推出一款带有精美月子餐教程的多功能烹饪器具，从而在月嫂电商领域获得竞争优势。再如，根据月嫂对专业证书的需求共性，推出免费线上培训并颁发证书的活动，吸引月嫂加入私域，随后通过推荐工作和高端培训课程实现变现。这些策略都是在深入调研用户共性的基础上制定的，能够有针对性地应用于各个增长运营领域，灵活而有效。某产品月嫂的 4D 用户画像如图 4-1 所示。

二、4D 用户画像实施案例

任何有效的策略都基于对用户共性的充分了解。如果没有对用户共性进行研究，盲目抄袭增长策略或主观臆断用户需求，增长活动失败的可能性很大。4D 用户画像法为有效的策略输出提供了基础和来源，能够不断激发增长创意，并将其落地实施。

举个例子，笔者曾经遇到了关于保姆和月嫂消费者用户增长的问题。有一位同事问道:"为什么现在送礼品作为拉新手段几乎没有效果?我们应该怎么办?"经过了解,该团队以前主要通过赠送水杯、卫生纸等小礼品的方式吸引用户,但结果是这种方式带来的用户缺乏精准性,无法实现转化。

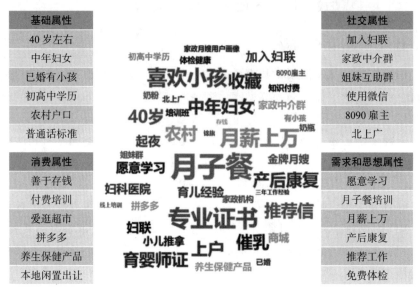

图 4-1 某产品月嫂的 4D 用户画像

通过分享 4D 用户画像法,笔者帮助该团队梳理了用户共性,发现产品的主要目标用户是"高收入宝妈人群",而这类用户的消费行为共性是"决策谨慎,喜欢做多选题"。基于这一共性,笔者策划了一个活动"查一查本地找保姆/月嫂的价格",搜集当地月子中心、家政公司,以及保姆月嫂的价格、服务和评价等信息,作为奖品,吸引目标用户填写联系方式等信息来获取这些资料。最终,成功地带动了用户增长,成交转化率从 0 提升至 3%,特别是 ROI(投资回报率)提升效果显著。该成功案例被其他投放团队采用,在各大主流媒体中快速推出了本地服务价格查询活动。这就是 4D 用户画像法的效果,它能够精准锁定目标定位人群,有力地输出有效策略。

许多只注重送红包和小礼品的拉新活动之所以没有效果,主要是因为缺乏基于用户共性的调研,盲目抄袭他人的策略,导致吸引过来的用户与实际产品需求的用户不一致,最终无法实现转化或者转化效率低下,投入的成本与回报不成正比,不利于市场竞争。

第二节 用户思维的使用方法——精准调研

用户思维是许多成功的销售和营销专家所使用的方法。然而，使用用户思维的方式有所不同。一些人凭借多年的经验，在脑海中形成了模糊的印象，他们知道在制定策略和进行营销时需要更多地了解用户。另一些人则将多年的经验转化为实用模型，按照调研的方法、方向和结果，系统地输出用户思维，他们不仅在之后的项目中能够快速应用用户思维模型解决增长难题，还能带领团队，培养更多优秀的营销成员。

因此，用户思维的作用不仅是为后续制定有效策略提供基础，还能培养团队对用户的认知能力。在进行增长相关的运营工作时，一线员工通常依靠个人积累的经验或前辈传授的经验来认识用户，很少有企业进行系统性的培训。这导致一线员工在实践中提供了大量无效的项目策略。简单地向员工分享调研结果并不能显著提升员工对用户的认知水平，知道和理解需要一个行动的过程，需要团队共同参与，共同理解。

举个例子，笔者曾经遇到过一位优秀的领导，他要带领团队攻克新的业务增长问题。他的策略是安排团队成员每天去销售门店进行问卷调查和面对面采访，还让团队成员向销冠学习，并每周轮流分享业务相关的读书笔记。经过一个月的坚持，团队被分成 A 组和 B 组，分别制定新业务的运营方案和策略。结果是两组团队的策略都取得了成功，项目在不到半年的时间建立了完整而有效的运营增长模型。笔者的相关经验也是从这位领导的培训中获得的，在后来独立负责项目时，参考了这位领导的方法，从零开始攻克问题。这一套流程经过优化后形成了本书所述的 4D 用户画像法，它不仅是一个培训工具，也是一种直接输出有效运营策略的工具。

本节分为调研目标、调研方法和调研结果三个部分。在挖掘用户共性之前，许多人对此一无所知，不知道应该提什么问题、研究哪些方向、判断哪些特性是有价值的。因此，我们需要首先明确调研的目的。使用 4D 用户画像法进行用户调研的目标是了解用户四个方向的属性，并通过五种调研方法，最终输出相应的用户共性标签。然后，按照重要程度和出现频次对这些用户共性标签进行评分和排序，最终组合成一张 4D 用户画像图。通过形成 4D 用户画像图，我们的大脑可以告别以往的混乱经验感知方式，能够清晰、系统、全面地运用用户思维来制定有效策略。

一、调研目标

4D用户画像法的调研目标是了解用户四个方向的属性：基础属性、社交属性、消费属性，以及需求和思想属性。

1. 基础属性

首先需要确定目标用户群体，可以通过对产品消费者进行问卷调查的方式，挖掘产品市场的主要受众，并了解他们的基础属性，包括年龄、性别、职业、地区、文化程度、收入、生活习惯和健康状况等。

2. 社交属性

研究目标用户群体的社交属性，可以深入了解他们的交际圈和活动点，从而更加准确地找到这类人群，实现精准营销。可以通过询问和观察用户的日常生活轨迹、使用哪些软件、在网络上的活动轨迹以及朋友圈内容等，获取目标用户群体社交行为的共性信息。

3. 消费属性

了解用户的消费属性是进一步挖掘目标用户需求的重要方法。可以通过大数据分析和消费者行为观察等调研方法，挖掘出用户消费属性的共性。

4. 需求和思想属性

通过研究目标用户的思想和需求，输出受他们欢迎的内容是增长的关键策略。这部分的共性挖掘可以通过访谈、第三方资料等方式获取。

通过对用户进行以上四个方向的调研，我们可以全面了解目标用户群体的基础属性、社交属性、消费属性、需求和思想属性。这些信息将为我们制定有效的营销策略和增长方案提供重要依据。

二、调研方法

根据上述调研方向，我们可以选择合适的调研方法，例如问卷调查、大数据挖掘、用户行为观察、用户访谈和第三方资料报告等。通过这些方法，我们可以对目标用户的四种属性进行深入挖掘。

1. 问卷调查

问卷调查是一种搜集用户选择方式的有效工具，主要用于挖掘用户的基础属性。在设计问卷题型时，需要注意避免含糊或易误解的问题。以下是针对"商品消费"用户的基础问卷调查题型参考，可根据具体产品/服务进行修改或补充。问卷调查可以使用纸质版进行线下调研，也可以使用在线问卷工具进行搜集。

问卷调查题型参考：

1）请问您最近一次购买（××商品）是什么时候？（购买时间属性特征，如季节或节假日）

2）请问您目前使用的（××商品）品牌是什么？（竞品竞争力分析）

3）请问您目前使用的（××商品）型号是什么？（产品功能需求分析）

4）请问您之前购买的（××商品）品牌是什么？（竞品分析）

5）请问您是自己购买（××商品）的吗？（购买决策人分析）

6）请问目前您购买（××商品）共花费了多少钱？（消费习惯和消费能力分析）

7）请问您听说过以下哪些购物平台？（消费知名平台分析）

8）请问您目前通过哪个渠道购买（××商品）？（消费渠道分析）

9）请问您是否考虑过购买（××商品）？（商品需求程度分析）

10）请问是什么原因导致您最终没有购买（××商品）？（商品竞争力分析）

11）请问为什么不选择购买（××商品的替代品）？购买（××商品）的主要原因是什么？（替代品与竞品的区分）

12）您不愿意购买价格更低/更高的（××商品）的最主要原因是什么？（价格影响购买决策的因素分析）

13）您认为下一次您还会选择购买（××商品）吗？（产品认可度分析）

14）请问您在选择购买（××商品）的渠道或平台时，主要会考虑哪些因素？（平台或渠道选择影响因素分析）

15）在您考虑的所有因素中，您认为对您的选择影响最大的因素是什么？（消费决策因素分析）

16）请问您在多大程度上愿意将您最近购买的（××商品）的平台推荐给您的朋友（使用1~10的评分表示推荐程度）？（商品认可度和宣传意愿分析）

17）请问您目前所在的城市是哪个？（购买人地理位置分布）

18）请问您目前的年龄是多少？（购买人年龄区间分布）

19）请问您目前的月收入是多少？（购买人消费能力分布）

20）请问您目前的职业是什么？（购买人职业分布）

总结来说，设计问卷调查题型需要针对产品的目标用户，主要目的是挖掘他们的基础属性、社交属性和消费属性等共性。这种调研方式信息来源单一，不利于判断信息的真实性和有效性，但便于大规模收集样本，适用于对用户共性进行简单和表面的调查。

2. 大数据挖掘

大数据挖掘是通过收集和分析互联网海量数据中的关联关系，挖掘隐藏的用户共性。例如，分析沃尔玛庞大的商品销售数据后发现，购买尿不湿的用户经常同时购买啤酒。这种关联分析揭示了用户的一种补偿心理，即在承担家庭责任后渴望放松自我。大数据挖掘可以发现这类隐藏的用户心理属性，为市场分析和营销策略提供重要参考。

3. 用户行为观察

用户行为观察是通过观察和记录用户从接触产品到购买和使用的整个行为路径，来挖掘用户的消费属性。例如，某服装品牌发现用户在购物时喜欢将看中的衣服先加入购物车，挑选完衣服后在购物车中进行最后的消费决策。基于这一发现，该品牌推出购物车满减促销，使自己的商品在购物车中更具竞争优势，同时还提供部分商品用于凑单，从而显著提高了产品的转化效果。

4. 用户访谈

用户访谈是通过与目标用户进行一对一的深入交流，识别用户的主要动机和深层动机。在访谈过程中，重点关注用户的情绪和矛盾观点，因为这些情形下提供的信息最真实有效。举例来说，笔者在与月嫂用户进行访谈时，当提到关键词如"大别墅""有保姆"时，月嫂用户表现积极。通过案例证明，月嫂用户在找工作时更倾向于选择那些拥有大别墅和雇用多位保姆的雇主，这些雇主能提供更好的工资福利和相对轻松的工作环境。此外，获得证书和良好口碑能够增加月嫂被认可和推荐的概率。基于这些关键词展开的增长策略被证明非常有效。

5. 第三方资料报告

第三方资料报告是通过获取第三方机构过往的数据分析报告、相关用户经验以及专业书籍等方式，获得专业、全面且深入的信息。通过购买数据分析网站的报告、购买相关书籍、咨询专业人士等方式可以获取这些信息。团队成员相互学习并轮流分享，可以快速吸收信息。举例来说，如果想快速了解蓝领人群，可以购买第三方报告或书籍，从中迅速了解蓝领人群的生活状况、基本属性和行为习惯。

这些方法和技巧可以帮助企业更深入地理解用户的需求、行为和心理，从而优化产品和服务，制定更有效的市场营销策略。

三、调研结果

通过调研方向和调研方法两个步骤，我们搜集到了大量的信息。接下来的任务是整合和判断这些信息，最终利用关键标签的评分进行汇总，将它们整合成一幅"4D 用户画像图"。基于这张图，我们可以从用户的整体视角出发，利用增长模型框架输出一系列有效的策略，以实现整体闭环的增长运营模型。这就是增长 12G 模型第二个底层思维——用户思维的应用。

1. 信息整合

甄别信息的关键不仅在于信息本身，更在于调研人员对用户的认知水平。即使拥有真实的信息，如果没有足够的认知水平，也无法发挥其作用。举个例子，通过调研发现，月嫂群体对于获得证书的相关信息非常敏感。于是，我们设计了一个包含 10 道题目的水平测试，答对后用户可以获得"金牌月嫂证书"的页面截图奖励。这样的互动游戏能够激发月嫂用户的积极性，迅速获得超出预期的用户增长。然而，没有经历过一系列调研过程的人可能会认为这样的证书没有实际作用。没有任何官方认可，为什么会有人参与？实际上，月嫂用户的学习意愿非常高，因为月嫂这个行业需要丰富的专业知识和经验。因此，用户对于测试自己的水平并最终获得小奖励的认可的需求是真实存在的。她们关注的不仅仅是这个证书是否得到相关机构的认可，更重要的是通过自己的水平测试取得的成就能够与同行交流，展示个人努力的成果，满足同行之间的专业比较和交流需求。

因此，如果执行人员和决策人员没有参与整个调研过程，不能全面提升对月嫂用户社交属性（大部分好友是同行）、思想行为（关注自身口碑并对证书敏感）、消费习惯（愿意为知识付费，有高学习意愿）、基础属性（职业、年龄、性别等）的认知，即使拥有真实的信息也无法发挥其价值。

使用用户思维需要将自身视角转换为 4D 用户画像视角，这个过程需要参与整体调研，全面提升对用户的认知水平。同时，如果没有 4D 用户画像的工具概念，在向上汇报、总结工作，面对领导、投资人和合作伙伴的质疑时，很难给出准确的回答。如果有这个工具概念，可以逐一介绍 4D 用户画像工具的四个方向，通过全貌视角的讲解，快速获得认同和支持（对外沟通可以使用 4D 用户画像工具，但要输出有效的策略还需要实际参与整个 4D 用户画像的调研绘制过程）。

2. 信息判断

进行面对面的采访或小组访谈是洞察信息的最佳方式。这种方式可以十分立体地呈现用户的状态，实现零距离接触并获取多维度的信息。然而，这些信息也具有迷惑性和情景错误性。例如，被采访者可能出于某种目的而美化自己，或者采访对象可能输出对被采访人有利而对调研目的不利的信息。举个例子，采访月嫂用户时，她们经常提到做月嫂是因为喜欢孩子，这种回答可能并非真实情况，这种喜欢十分主观。

笔者曾经为这个共性策划了一项婴幼儿公益活动，公司出资向困难地区捐赠婴幼儿用品，以期获得月嫂用户的好评和好感，然而效果非常不佳。这个策略可能是维度过于单一，无法满足用户需求，或者这个共性本身的信息误差较大。月嫂用户将采访人视为能够提供工作机会的雇主，出于这个目的，她们在回答中可能会添加一些有利于自己的信息，不利于策略输出。

后来笔者发现，通过反例调查法可以获取更多真实的信息，即通过了解用户拒绝什么来挖掘用户的真实需求。例如，笔者采访小本生意的商家用户。如果采用一般的调查方法，会问这样一个问题："为什么选择做熟食小吃这个生意？"被采访用户可能回答："因为有朋友做这个生意赚钱了。"一般的采访就会到此结束。而通过反例调查法，可以继续追问："那为什么不开湘菜馆？旁边的湘菜馆看起来更赚钱。"这时，用户可能会提供更多有价值的信息，比如："因为开湘菜馆需要堂食，门面租金更高，风险更大。而且，一个人经营湘菜馆很难解决洗大量碗和卫生问题。而这个小吃店一个人经营就可以了。"我们可以从这样的回答中获取更加立体的信息。

虽然采用反例调查法进行用户调研可以获得更全面的信息，但与此同时，要时刻注意用户回复信息的意图。通过识别意图并采用多角度提问的方式，可以规避大部分无效信息，锁定更全面、更有效的信息内容。

通过信息整合和信息判断，我们可以对调研得到的内容进行标签化，并按照 4D 用户画像进行分类。根据标签内容的出现频次和重要性，进行评分。然后，根据分值大小调整标签的大小和字体，将分值高的标签放大，分值低的标签缩小。最终，绘制出一个 4D 用户画像，如图 4-2 所示。这样，在后续的策略输出中，可以清晰明确地体现用户人群的关键词，串联脑海中的用户认知。在全貌视角的基础上，综合多个用户的共性，从多方面输出合适的增长策略，有效填充增长模型，构建增长体系。

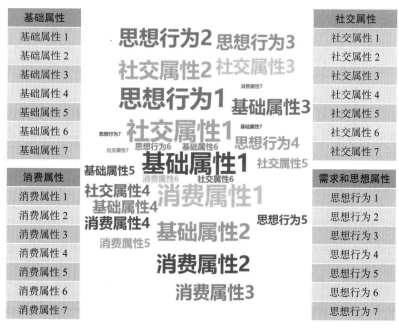

图 4-2　4D 用户画像

第三节　使用用户思维的注意事项

用户思维是一种通过 4D 用户画像的绘制过程来深入、全面地认知用户的思维工具。它能够帮助我们构建用户的共性元素，并从中得出有效的增长策略。然而，过度使用某些策略可能会导致用户对策略产生免疫，从而使一些策略失效。

除此之外，用户思维在实际运营中还会受到用户生命周期的影响。用户生命周期可以被划分为接触、接收和流失这几个阶段，只有在有效的活跃周期内的用户才是具有价值的用户。

同时，目标用户之间的价值贡献也会存在差异。由二八定律可知，80%的价值往往来自 20% 的目标用户。因此，在使用用户思维时，我们需要注意以下三个方面：策略免疫、用户生命周期以及用户分层管理。

一、策略免疫

用户思维是针对用户的共性需求所提出的解决方案，通过挖掘共性需求并输出策略来满足用户需求。然而，这种解决方案往往容易被竞争对手抄袭，导致用户被过度满足，从而形成策略免疫，策略的效果逐渐下降，甚至消失。为了缓解这一问题，可以从两个方向进行改进：迭代 4D 用户画像和迭代现有策略。

首先，迭代 4D 用户画像是指根据市场竞争、科技发展、社会环境等因素的变化，有计划地更新用户画像。通常，可以在每年度进行一次 4D 用户画像的更新，并结合热点和趋势用户变化图进行补充。可以在每个季度或重要事件之前预估并制作临时的用户画像图，以提前了解热点事件对用户的共性影响，并及时输出相应的增长策略。举例来说，在疫情期间，由于大众无法在健身房锻炼身体和居家隔离缺乏运动，线上直播健身成为满足用户健身需求的有效策略。通过迭代 4D 用户画像，每年重新更新用户画像，并结合热点事件进行补充，可以持续挖掘新的用户共性，保持优质策略的持续输出，从而弥补策略免疫带来的负面效果。

其次，迭代现有策略是在之前有效的策略逐渐失效后，不急于更换策略，而是通过逐步优化来延长策略的有效时间。许多策略并非一蹴而就，而是通过多次迭代逐步改进，最终达到新的效果水平，成为刷屏级的成功案例。例如，淘宝私域用户增长方法中，商家开始采用包裹小卡片的方式引导用户添加微信，最初是一张密密麻麻介绍活动规则的 A4 纸，然后迭代到 A5 纸的感谢信，再到一张名片大小的卡片。随着时间的推移，还可以叠加短信发货通知、电话使用指导、电话号码搜索加微信等方式，不断迭代升级策略，实现电商私域增长策略的持续优化，有效应对策略免疫带来的负面效果。为了实现这一效果，不仅需要对用户有更深入的认知，还需要跨领域学习运营增长知识，以补充经营策略的多样性。

通过以上两个方面的改进，可以有效缓解策略免疫现象，延长策略的有效时间。这需要持续迭代 4D 用户画像，保持对用户认知的更新，以及通过迭代现有策略，逐步优化策略效果。此外，跨领域学习和运营增长知识的应用也是非常重要的补充手段。这些努力将有助于在竞争激烈的市场中持续输出有效的增长策略，为企业带来长期的成功。

二、用户生命周期

用户生命周期，也被称为用户价值贡献周期，是指用户从接触产品或服务开始到停止使用的整个过程。这个周期类似于生物学中动物从出生到死亡的一系列变化过程。用户生命周期一般分为五个阶段：接触期、熟悉期、活跃期、静默期和流失期。用户生命周期示意如图 4-3 所示。

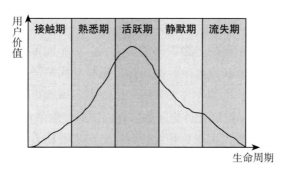

图 4-3　用户生命周期示意

产品的价值等于用户数量乘以每个用户产生的价值。延长用户生命周期可以增加用户留存，从而增加用户总量，产生更多商业价值。因此，如何延长和增加用户的价值贡献，对提升增长效果至关重要。

在用户生命周期的五个阶段，每个阶段用户所产生的价值是不同的。了解各个阶段的特征，并运用相应的策略和方法来提升每个阶段的效果，从而实现整体价值贡献的增长。以电商 App 平台的用户运营为例，不仅需要想办法让用户下载（接触期），还要确保用户在熟悉 App 的价值后能够留存下来

（熟悉期），培养用户的消费习惯或使用习惯（活跃期），随着时间的推移，用户对平台的依赖程度逐渐降低而进入静默期，最终可能会卸载（流失期）。

为了延长用户的生命周期，企业可以通过运营策略，将处于熟悉期的用户引入多个平台或连接多个产品，建立起紧密相连的关系。这种多重的连接关系可以避免单一渠道或单一产品的使用周期限制，并衍生出多重产品使用周期相互交替的情况，从而延长整个用户价值贡献周期。例如，对于某个 App 的用户，可以引导他们关注公众号、添加客服好友，即使用户卸载了 App，仍然可以通过朋友圈、公众号等途径接触到产品广告，从而重新下载该 App。

而为了增加用户的价值贡献，可以拓展用户产生多重价值的行为，不仅限于消费平台商品或服务的交易行为，还可以通过帮助平台输出内容、拉新裂变、口碑传递等方式，创造用户不同的价值贡献，以提升用户的总体价值。

通过以上方法，可以有效延长用户的生命周期，并增加用户的价值贡献。这需要在不同阶段采取相应的策略和方法，以满足用户的需求，建立良好的用户关系，实现持续的增长效果。

三、用户分层管理

用户分层是根据用户的行为或属性将其划分为不同等级。分层的基准可以是购买频次、消费金额或其他行为指标。通过对用户进行分层，可以更加精准地进行用户运营。例如，对于新用户，商家可以推出新客专享的优惠活动，对于老用户，可以推出会员积分活动，以便更好地分析主要价值用户层，并制定不同的运营策略，实现更有效的转化。将主要精力集中在最有价值的用户运营工作上，可以最大限度地提高价值产出效果。

RFM 模型是一种常用的用户分层方法，它由美国数据库营销研究所的阿瑟·休斯（Arthur Hughes）提出。RFM 模型将客户数据库中的信息分为三个要素，这三个要素构成了用户分层的指标。

1）最近一次消费（Recency）：最近消费的用户对产品的信息敏感度较高，更容易对产品的后续服务和信息做出反应。

2）消费频率（Frequency）：消费频率高的用户通常被认为是老用户，他们已经养成了对产品的使用习惯，因此对产品具有较高的忠诚度。

3）消费金额（Monetary）：消费金额较大的用户通常是价值创造较大的用户，他们对产品有较高的认可，并具备持续消费的能力。

根据以上三个指标，可以为每个指标设置相应的分值。例如，最近一次消费的时间越近，得分越高，最高为 5 分，最低为 0 分。消费频率可以按从低到高进行分层，分值为 0～5 分。消费金额也可以按照从低到高进行分层，分值为 0～5 分。通过这样的分值设置，可以得到如图 4-4 所示的 RFM 用户分层结果，进而进行高价值用户的分层规划。将更多的精力投向高价值用户是非常重要的。事实上，某项调查显示，许多公司和组织的价值创造都来自前 20% 的用户贡献。因此，将 80% 的运营管理精力投向高价值用户，往往能够显著提高效益。

R 分类	F 分类	M 分类	用户类型
高	高	高	高价值用户
低	高	高	重点保持用户
高	低	高	重点发展用户
低	低	高	重点挽留用户
高	高	低	一般价值用户
低	高	低	一般保持用户
高	低	低	一般发展用户
低	低	低	潜在用户

图 4-4　RFM 用户分层结果

通过 RFM 模型和高价值用户的分层规划，企业可以更加专注地管理和运营用户，实现更好的运营效果和业绩提升。

第四节　企业如何用用户思维实现增长

在运用用户思维来推动增长时，我们需要采用更长远、更宏观的视角来规划策略。本书介绍的增长 12G 模型主要从整体和长远的角度出发，旨在实现持续有效的价值增长。为了保持长期的有效增长，我们需要深入了解用户心理、建立用户信任，并提升相应的技术能力。因此，学习与用户心理相关的知识，可以提高用户思维的应用效果。同时，用户信任是增长的前提条件，通过输出策略来增强用户信任，使用户形成与产品相关的互动循环，从而实现更持久的增长，获得更大的增长空间。最后，结合用户思维的需求洞察，提升相应的技术能力，实现跨领域的市场应用升级。

一、用户心理

在市场上，仅仅满足用户的期望是不足以与竞争对手拉开差距的。在用户预期管理方面，我们需要努力超出用户的预期，才能获得竞争力并加速增长。用户预期是大多数用户对产品或服务的固有印象。例如，某冰雪大世界的门票价格是 499 元 / 位，但若某企业承包了该冰雪大世界三天，并以 299 元 / 位的价格销售门票，就可以实现该地游客用户的增长。目标用户得知该冰雪大世界的门票如此便宜，超出了他们的预期，于是纷纷告知亲朋好友，并邀请他们一起去游玩。这就是用户心理的作用。A 家居品牌有一个十分成功的营销案例。北方冬天寒冷，尤其是户外钢铁门把手更是寒意十足，很多人回家开门时都不敢直接用手握门把手。A 家居品牌发现了这个机会，订购了布套，套在潜在用户的外门把手上，让用户一回家就能看见广告，久而久之便深入人心，这就是超出用户预期的营销方法。利用用户心理可以有效输出良好的增长策略，这是基于用户调研和用户画像的进阶思维。

接下来介绍一些常见的用户心理：

（1）从众心理　也被称为跟风心理，用户更容易相信或效仿大多数人的意见和行为。许多商家通过创造热销产品来提高销量，用 10 万 + 的销售数据来利用目标用户的从众心理。这种运营也有一些小技巧，比如安排人员带头响应等。

（2）损失心理　这种心理体现为用户对损失的厌恶，例如某平台提供 100 元现金的拉新活动。用户在注册后仅需邀请几个朋友下载 App 助力即可领取 100 元，否则将损失 96 元。这促使用户为了避免损失而进行拉新。最终该平台利用损失心理，实现了裂变式拉新的效果。

（3）惯性心理　用户倾向于使用熟悉的方式和行为来确保稳定性和安全性。例如，用户在某平台上第一次以 1 元购买 10 个鸡蛋，若几次之后仍能买到物美价廉的商品，就可能逐渐养成在该平台消费的习惯。因为该用户会认为该平台的商品非常划算，所以潜意识中不愿意花时间和精力再去货比三家。

（4）互惠心理　如果一件事情对自己和他人都有好处，用户更愿意采取行动。例如，某家商店的消费者可以通过消费使商家向贫困地区捐款，相同价格的情况下，用户会更愿意购买这家商店的商品。

（5）标签心理　利用用户的认知。如果用户认为水果等于健康，一些养生场所会摆放更多的水果，以便用户更多地将健康与该环境联系起来，从而建立该场所更加健康的印象。

（6）完美心理　用户在做消费决策时，更注重自己的决策是否正确和完美。例如，电脑商家会提供更多的附加服务，如软件安装、包邮和保修等，以降低用户风险，实现省时、省力和省心的完美消费决策。

（7）方便心理　如果用户只需走两步就能购买到矿泉水，很少有人会走十步去购买。因此，社交媒体上的微商火爆的原因之一是用户在朋友圈碰巧看到想要的商品，就可以直接达成交易，而无须自己再去搜索和对比。

（8）瞄准心理　用户潜意识里以某件事物作为衡量的标准，为达到这个标准而做出相应的行为。例如，用户在购物时，如果有更大的购物袋，通常会购买更多的商品，超市发现这一点后，在入口处提供大号购物袋，极大地提高了超市商品的销量。

（9）适配心理　用户常常希望同时获得两全其美的效果。例如，一家超市门口的咖啡店发现用户在购物时很难携带咖啡。因此，该超市免费提供购物车，该购物车专门设置了摆放咖啡的位置。这样一来，用户既能悠闲地购物，又能品尝咖啡，从而增加了咖啡的销量。

（10）补偿心理　在履行一项责任时，用户可能会感到在另一方面精神上受到亏欠，因此需要劳逸结合。例如，工厂和学校附近的酒吧和网吧生意通常很好。人们在玩游戏或看娱乐视频的同时，也关注一些知识类视频内容和网课平台，以弥补在娱乐方面浪费的时间。

这些常见的用户心理可以作为营销策略中的参考点，通过了解用户的心理需求和行为模式，可以有针对性地设计产品、服务和推广活动，以提供超出用户预期的体验，从而获得竞争力并实现加速增长。只是了解这些用户心理是没有用的，我们还需要学会灵活运用。例如，最初淘宝的双十一购物节其实就利用了用户的补偿心理，别人"成双成对"，在"光棍节"这天给单身的自己买买东西不过分吧？

二、用户信任

增长等于最短需求路径，即建立产品与用户的"意识共同体"，通过逐步建立起产品与用户之间的关系，从初步接触到产生信任，再到参与建设，最终形成意识共同体。用户思维可以帮助我们打造这一最短需求路径，实现有效的增长。建立紧密的关系可以从用户习惯入手，将用户行为与增长目标紧密相连。

例如，当我们对比同一品种的鸡时，通常更认可自己家养的鸡，因为我们对自己的信任度更高；当年轻人点外卖解决吃饭问题时，家长总是喜欢叮嘱他们"有条件在家里煮"，很多人也认同这个观点，认为家里做的更卫生。这就是用户往往更信任自己的原因。许多增长活动利用了这一特点，让用户参与产品的生产和制作过程，让用户更加了解产品，更加明白产品的生产过程，从而将用户培养成产品的代言人。

有时候，鼓励、引导、奖励用户撰写好评，所带来的溢价要远高于预期。当用户按商家要求创作一篇真实的体验内容时，商家会重视这些内容，将其转发到朋友圈或公司官网上，并向用户表示感激。商家的这种行为会在无形中引导和鼓励其他用户效仿。

爱回收企业的手机质检过程非常专业，它拥有国内第一家半自动化质检中心，整个质检过程充满了科技感，非常严谨和严苛。但用户并不知道这个过程，也无法亲自体验。因此，笔者将3分钟的质检流程剪辑成几个几秒的微信动态表情包。当用户想了解质检流程或对产品产生怀疑时，笔者会发送这些表情包，以打消用户的顾虑。这个策略有效减少了用户的质疑，同时进一步提高了社群转化效果。

因此，增长需要建立一个自循环的行为，从用户参与开始，到用户购买，再到用户输出内容。这样，用户自然而然地成为产品的代言人。起初，几个或几十个代言人对产品的影响可能有限，但当成百上千个代言人出现时，将达到量变甚至质变效果。用户思维增长的源头是用户参与层的增长基数，通过用户参与层中用户自我代言的行为进行自循环增长。

许多聪明的企业意识到，增长的源头是参与层的目标用户。它们会从自身员工入手，确保自己企业的员工完全认同并支持产品/服务。只有在满足这个基础条件后，才能进一步影响客户，并使客户继续影响更多的客户。同时，用户对某品牌的信任会促使他们更愿意信任该品牌的其他产品。例如，当用户使用美的空调后，觉得该空调省电、操作方便且功能实用，他们在选购家用电冰箱或洗衣机等产品时，遇到美的品牌会将对空调的信任迁移到这些产品上，从而增加购买美的品牌电冰箱或洗衣机的可能性。这源于用户对美的品牌的产品质量和服务的信任。

一旦美的品牌获得成功，它设立的新品牌也更容易被大家接受。例如，

2014年美的旗下发展良好的品牌包括小天鹅（洗衣机）、威灵（电机）、华凌（空调）、安得（物流）、美芝（压缩机）等。这些品牌的发展得益于美的品牌拥有众多忠实用户，通过美的品牌的信任背书，这些品牌更容易获得用户信任，进而实现增长。

三、技术提升

在前面的章节中，我们提到市场的变化不仅仅受技术的提升所影响，更重要的是技术提升所带来的更高效的应用方案。例如，早在2018年，阿里巴巴就研发出了人工智能（AI）音响"天猫精灵"，这是人工智能技术的早期萌芽。随后，各种AI金融等应用开始兴起。这些应用对相关市场产生了一定的冲击，但尚未引起质变。然而，随着ChatGPT的出现，人工智能应用得到了飞速发展，ChatGPT在短短一周内就实现了从0到100万用户的增长。这是应用方案突破所带来的增长效果，是对应用领域需求的洞察和技术创新共同推动实现的。因此，仅仅依靠用户思维洞察用户的共性只算用一只脚走路，还需要结合可行的技术能力，只有两者结合在一起才能正常、平稳地前进。

上面的案例普通企业很难学习，容易让人误以为只有通过科技创新才能实现应用方案的突破，但事实并非如此。普通人或中小企业同样可以结合自身的学习能力和跨领域的连接创新能力来实现应用创新。例如，当小程序刚兴起时，笔者并不会编程，但通过网络搜索找到了一个可以零代码搭建小程序的应用工具。小程序转发后显示的图片更加醒目，根据视觉传达的原理，小程序转发链接的推广效果要远远好于普通链接的推广效果。通过实践，进一步证实了这种效果的正面影响。这就是用户共性（对图片更加关注）和技术能力（零代码开发小程序）相结合所形成的策略突破。普通链接推广和小程序链接推广的对比如图4-5所示。

通过上述案例我们可以发现，技术在市场应用中可以通过借助工具、自我学习，然后结合自身领域的知识，产生新的应用方式，通过跨领域的连接实现增长的突破。

类似的案例还有将现有的工具用于不同的目的，使产品获得增长机会。例如，户外露营推车在摆摊兴起时被广泛应用为摆摊车，从而为产品带来更多的市场机会。

图 4-5　普通链接推广和小程序链接推广对比

企业在使用用户思维进行增长时,还需要更多地从技能培训和技能成长方面入手。只有深度了解用户并具备技术运用能力,才能实现增长项目的成功。关于团队技术和技能培养的内容在本书后面有详细介绍。因此,增长 12G 模型并不是从某一方面单独讲解或指导增长,而是构建了一个整体视角和框架,帮助使用者从整体出发找到增长的主要短板和症结,从而对症下药实现突破。

第五章

产品思维塑造价值

为了突破增长从 0 到 1 的局面,企业需要一款竞争力强、能够打开市场缺口的产品来推动整体增长。因此,产品思维需要建立在定位思维的基础上,找到具有竞争力的优势范围,结合用户思维,找到用户的共性需求,打造满足用户共性需求的产品,并在具备竞争力的市场范围内实现突破,从而推动整体增长的势能。

本章将介绍如何运用"开火车模型"来打造爆款产品,将其作为增长的"火车头",带动整个产品矩阵的发展。同时,打造变现产品作为火车的"车厢",连接价值变现,形成一个有效的商业模式闭环。最后,通过连接更多有效的助力单位,为增长提供足够的能量和动力,构建完整的产品增长的开火车模型。在运用开火车模型进行产品增长时,需要注意市场的变化和产品特性所带来的周期性趋势,以及应对市场互补商品和竞争对手商品的策略,以确保产品思维的有效实施。

第一节 产品思维工具——开火车模型

通过之前的定位思维,为增长圈定一个范围,在其中找到竞争优势大、竞争薄弱的领域作为突破口。而用户思维则是为了找到定位范围内目标用户的共性,从全面的 4D 用户画像角度出发,破解用户的防线,并输出有效的增长策略。本章所介绍的产品思维则通过打造具备竞争力的产品，实现直接的经济效益，是拉动增长和参与市场竞争的主要"武器"。要在市场上取得竞争优势，这个"武器"首先需要具备足够的攻击力，然后进一步产生巨大的"伤害"效果，从而实现整体的高价值转化。

一、什么是开火车模型

通过过往的增长案例可以发现，任何一种增长都是建立在爆款产品基础之上的。举例来说，视频平台通过提供"免费观影"来吸引用户增长，并最终通过会员费和广告费等方式进行变现；移动电话卡和信用卡在前期甚至倒贴钱来吸引用户使用，以便在后期通过话费和利息长期获得利润；海底捞通过服务创新、共享单车通过技术创新来打造爆款产品，从而开拓市场。这些案例都说明，要在市场竞争中获胜，首先需要一款攻击力强、具备竞争力的爆款产品作为"武器"，能够从 0 到 1 直接产生经济价值，然后快速抢占市场。我们将这个过程总结为产品思维的应用工具，即开火车模型。

在开火车模型中，爆款产品是"火车头"，它主要拉动增长的进程；变现则是中间的"车厢"，用来获取价值；而连接则是"车尾"，提供更多的动力，使火车跑得更快。如图 5-1 所示。产品思维通过爆款+变现+连接的方式，形成了能够"跑起来"的开火车模型。

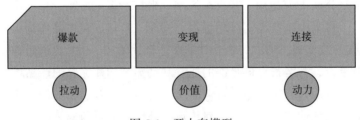

图 5-1 开火车模型

二、开火车模型实施案例

爆款是指在竞争激烈的市场中具备竞争力的产品。在竞争市场中，各竞争对手通过不断降价或产品创新来提高竞争力。产品创新本质上是通过应用技术的升级迫使原有市场进行升级，然后降低原有市场的竞争力。这样的竞争环境促使企业抢占更多用户，使其持续消费或实现高价值转化，从而获得经济价值收益。爆款产品和变现产品所瞄准的目标用户越相近，其转化效果就越好。

举个例子，某教育公司推出了价格为9.9元的体验课程，以此吸引目标用户的关注。随后，它推出了价格为1688元和3888元的系列课程，以实现变现。由于9.9元的体验课程所锁定的目标用户与之后的1688元和3888元课程的目标用户相近，他们对课程内容的需求相同，同时也有付费意愿，因此转化率相对较高。

连接是围绕爆款产品和变现产品展开的，其目的是实现更好的盈利效果。通过建立有效的运营单位进行连接可以实现这一目标。例如，美团的产品"外卖"通过推出"外卖红包"作为爆款产品，促进了"外卖服务"产品的变现。同时，通过与商家服务（吸引更多商家入驻、提供商家优惠、进行商家运营）、骑手服务（增加骑手入驻、提高运送效率）以及会员权益（提供月卡红包、消费者保障、准时送等）助力单位进行连接，美团的"外卖服务"吸引了大量优质商家和骑手的加入，有效提升了产品质量，并进一步提高了变现转化率。通过会员运营的效果，还可以提升用户的黏性、吸引新用户。这样，从爆款产品拉动到产品变现再到运营支持的开火车模型就得以实现。这种成功的产品商业模型具有高拉动性、高转化率和高用户留存率，而这正是产品思维的核心所在。

第二节　产品思维的使用方法——产品矩阵

想要成功使用产品思维的开火车模型，首先需要打造一个有竞争力的爆款产品。这款产品不仅要在市场上具备强大的竞争力，而且要与变现产品的目标用户相吻合，解决产品在初始阶段的用户增长问题，例如美团外卖的红包策略。用户增长的突破直接反映在用户数量的增加上。

接下来，需要扩展变现产品，让这些用户在多个维度和多个产品上实现直接的价值转化（例如，美团外卖的服务、打车服务、团购服务、旅游门票等变现产品）。通过提供多样化的产品，满足用户的不同需求，进一步提高用户的转化率。

最后，为了更好地支持爆款产品和变现产品，需要将相关的影响单位有效地连接起来，并制订适当的运营增长计划，以实现产品思维开火车模型中的三个部分之间的相互促进效果。

根据这一效果的需要,产品思维的应用可以分为三个步骤:打造爆款产品、构建变现产品矩阵和建立连接。这些步骤相互衔接,共同推动产品的成功发展。

一、打造爆款产品

在日常工作中,我们经常面临需要打造爆款产品以实现增长的情况。这可能是因为我们正在开拓新的业务,需要从头开始构建产品思维;或者是旧有业务陷入了增长瓶颈,产品增长乏力。在这些情况下,我们需要从头开始,运用定位思维明确范围并锁定目标用户,通过用户思维解读用户的共性需求,并结合市场竞争情况打造一个有竞争力的爆款产品以牵引增长。总体来说,成功的爆款产品具备三个属性:低门槛、精准用户和传播基因。从这三个方面出发,我们可以打造出一个合适的爆款产品来充当"火车头"。

1. 低门槛

在市场竞争中,爆款产品扮演着"虹吸"的角色,能够吸引大多数人并与他们建立联系。这些目标用户由于爆款产品而被吸引过来,才有机会让变现产品获得更多转化的机会,提高整体的价值转化效果。产品能否超出用户预期,决定了用户的选择。为了实现从0到1的增长,我们需要打造出超出目前预期价值的产品。打造低门槛的爆款产品有三种方式:降低价格、提升产品效果和满足目标用户的其他需求。

(1)降低价格　例如某教育机构以0元免费课程或者9元免费课程作为低门槛爆款产品,吸引目标用户加入,从而实现整体业务转化的增长效果。这是打造低门槛爆款产品的第一种方法,通过采用低价格的策略来获得低门槛的效果,让大部分目标用户能够轻松参与,先吸引目标用户建立联系,然后进一步实现高转化。

(2)提升产品效果　某地区情人节卖玫瑰花的效果如图5-2所示,在情人节销售玫瑰花产品时,普通产品在与更具惊喜、更美观的产品竞争时往往会失去市场份额,而新的产品则通过超出用户预期的效果,实现了抢占市场的目标(这是某地区消费升级呈现的市场升级现象)。这是打造低门槛爆款产品的第二种方法,通过提供超出用户预期效果的产品来获得竞争优势,实现高转化的增长目标。

（3）满足目标用户的其他需求　笔者为某企业解决求职招聘增长业务难题时，制作了"58个副业大全"资料手册，通过重新梳理定位和用户群体，并对目标用户进行深入调查，发现求职者更加关注如何赚取更多的钱，对副业非常敏感。在该企业求职招聘业务的原始增长疲软时，笔者挖掘出了新的需求作为增长的"火车头"。而"58个副业大全"则正好符合要求，与变现产品求职招聘的目标用户相似。同时，由于以电子资料的形式免费发放，门槛很低，使得它吸引来大量用户，用户转化率也较高。

款式	成本	情况1	情况2
A款	 玫瑰花成本 2元1枝	售价 10元 与B款同时销售时， 无人问津	售价 10元 与B款同时销售时， 占领10%市场
B款	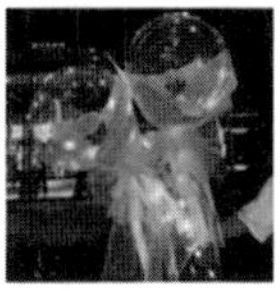 包装后成本 9元1枝	售价 10元 与A款同时销售时， 占领100%市场	售价 20元 与A款同时销售时， 占领90%市场

图 5-2　某地区情人节卖玫瑰花的效果

增长的前提是要思考"是否对用户有帮助，是否对社会有价值"。笔者发现市面上许多教授副业的产品存在虚假套路行为，缺乏真正帮助用户的实质内容。笔者所编撰的"58个副业大全"适用于招聘广告、求职等相关业务，可以帮助相关业务实现增长效果。

这是打造低门槛爆款产品的第三种方法。当原有的增长策略陷入瓶颈或变现产品无法再降低门槛时，可以围绕目标用户的其他需求来打造爆款产品。只要该爆款产品吸引来的用户与转化产品的目标用户画像相近，就能提高产品的转化效果。"58个副业大全"通过内容整合，打造了低成本增长的爆款案例，其部分内容如图5-3所示。

图 5-3　58 个副业大全

低门槛的爆款设计不仅能够吸引用户，而且能建立与用户的第一步联系。建立与用户的信任循环是增长的前提。使用一个低门槛的产品与尚未熟悉的用户建立初始信任是打造信任循环的关键，可以为后续转化提供信任基础。因此，在打造爆款时一定要切合实际，不能只吸引用户而无法提供用户所需要的内容。这样会失去信任，之后的转化效果将因为缺乏信任而持续下降，直至停滞。这也是许多企业长期面临的问题，只关注表面的增长策略，而忽视了过程中的效果。没有构建信任的活动，只能得到静默的数据，无法实现有价值的转化。

2. 精准用户

开火车模型是围绕同一目标用户展开的，就像火车上的乘客一样，大家都有相同的目的地，火车的方向也符合用户的期望，这样火车才能顺利启动。如果车上乘客的目的地和火车的目的地不一致，就会有人要求停车或下车，影响火车前进。因此，用户上车之前，通常会有一个检票机制来筛选和确认其是否为这趟火车的乘客。爆款产品就像低门槛的门票，大部分用户都能上车,唯一的要求是用户的目的地与火车的目的地一致,这样才能形成有效吸引,并从中获得经济收益。目标用户的精准度是关键概念,通常精准度越低,转化效果和获客成本都会较低;而精准度越高,转化效果会更好,但获客成本会相对较高。爆款增长策略的目标就是获取精准度高、成本低的用户,以此获得竞争优势。

以下是某电商企业进行的一个实验案例分享:该企业推出了一款农夫山泉品牌的天然水,由于其无菌效果深受妈妈用户的喜爱,常被用作婴儿水。实验根据用户画像的精准度将用户划分为四个组,分别是第一组"任意电商消费用户"、第二组"0~2岁的妈妈用户"、第三组"曾购买过婴儿水的妈妈用户"、第四组"最近一个月内购买过婴儿水的0~2岁妈妈用户",并向每组发送了相同内容的短信营销,每组包含1000人。实验结果如下:

1)"任意电商消费用户"组,未实现任何订单转化。

2)"0~2岁的妈妈用户"组,实现了2个订单转化。

3)"曾购买过婴儿水的妈妈用户"组,实现了11个订单转化。

4)"最近一个月内购买过婴儿水的0~2岁妈妈用户"组,实现了73个订单转化。

结果表明,通过获取更精准的用户,在有限的资源和投入下能创造更高的价值转化。例如,在上述案例中,"最近一个月内购买过婴儿水的0~2岁妈妈用户"的订单转化比例最高。在增长过程中,推广费用如何与推广效果保持平衡是后续增长的保障,爆款产品必须以吸引精准度高的用户为前提进行策划,才能实现高转化率。而打造能获得高精准度用户增长的爆款产品,其方法有两个:从变现产品本身出发和从变现产品目标用户出发。

1)从变现产品本身出发:精准度是以原有变现产品的目标用户为标准的。需求用户画像越相近,精准度就越高。因此,从原有变现产品出发,打造爆款通常效果不会太差。例如,SK-Ⅱ在用户心中有一个明确且相对统一的价值,正常情况下价格不会低于500元/瓶。如果SK-Ⅱ以100元的价格促销,很可能会被抢购一空。但是,破价对老客户的信任会造成影响。因此,许多电商商家仅会在"新店开业""双十一"等节日推出爆款产品,以增加知名度和声誉。因此,从产品本身出发打造爆款需要考虑时机、方式和方法。

2)从变现产品目标用户出发:根据原有产品的消费用户进行4D用户画像的绘制,与画像共性越重叠的用户,越具有开拓和转化的潜力。例如,某教育机构的用户画像是中小学生家长，通过挖掘用户的共性，发现这类人群对"手抄报"有共同的需求。因此，当原来的爆款产品增长达到顶峰时，通过挖掘用户的共性，可以开拓这类用户的其他需求，从而实现对这类用户的增长和转化。虽然获得这些用户的精准度不高，但是用户属性的重叠度很高，需求具有相似的共性，因此具有很大的转化潜力。

通过以上策略，可以有效地打造吸引高精准度用户的爆款产品，并实现高转化率。在实施过程中，需要综合考虑产品本身的特点、目标用户需求和营销策略，以最大限度地提高推广效果和获客成本效益。

3. 传播基因

爆款能吸引大量购买者，并不仅仅是依靠原有用户，更重要的是通过在市场上建立竞争优势，吸引原本不是目标用户的人成为自己的用户。因此，成功的爆款产品具备自传播的特性。为了更好地实现产品的自传播，需要进行正确的设计和引导。

举例来说，海底捞通过引导用户发布短视频、图文和话题等内容，讨论走心服务和惊喜服务，形成产品的自传播特性。美团外卖则通过在微信社群中引导用户进行红包拼手气活动，自发形成传播效应。此外，一些商品活动通过话题、转发、分享、拼团、砍一刀等手段，塑造了购买者之间的统一营销共性，从而实现产品的自传播。

构建传播基因的方法有以下六种：

1）**产品质量**：通过良好口碑的传播，例如海底捞火锅。
2）**产品文化**：通过热点内容的传播，例如知识付费产品。
3）**产品气味**：通过产品所散发的气味传递，例如螺蛳粉。
4）**产品形象**：通过特殊的形象和包装传递，例如椰树牌椰汁的包装。
5）**产品使用**：通过需要多人互动的产品使用方式传递，例如麻将。
6）**产品营销**：通过拼团、助力等活动传递，例如拼多多。

这六个方向，笔者称为"6S 传播基因"。要构建爆款产品独特的传播基因，需要基于人与人之间的互动，使产品能够促使人们产生连接和互动，这是自传播产品基因设计的前提条件。这里隐含的传播思维逻辑内容将在下一章中详细展开。

二、构建变现产品矩阵

开火车模型的目标是将预期的产品价值转化为实际的经济价值，这一过程需要通过矩阵方式来构建一个能够实现高效变现、快速回报和高收益的布局。这个布局需要通过两个环节来实现：用户留存和产品矩阵。通过用户留存策略，可以持续地连接目标用户，增加更多的变现机会；通过产品矩阵的组合，可以在多个维度和方向上实现用户的变现，从而使价值收益最大化。

1. 用户留存

增长是建立信任循环的基础。用户留存指的是保持用户的信任，因此在构建变现产品的布局时，需要时刻管理好用户的预期和产品的交付价值之间的平衡。爆款产品对此有很大的影响。如果后续的产品与爆款产品相差无几，但为了获利而设定了更高的价格，将导致用户对爆款产品的预期价值与变现产品的实际交付价值产生心理落差，进而导致信任流失，转化效果也会下降。在这种情况下，应该通过产品升级来构建变现产品，推出升级产品让用户为溢出价值买单，从而获得价值收益。

举个例子，飞机上有经济舱和头等舱。头等舱的服务质量较好，所以价值反馈主要来自头等舱；而经济舱则可以满足大多数用户对性价比的需求，飞机运营商可适当地减少运营成本，提高性价比，以获得普通用户的支持。这里的"服务质量好"和"价格实惠"分别对应变现产品的产品升级效果和爆款产品的拉新效果。两者结合起来，不仅可以提高整体的价值反馈水平，也能够满足更多用户的深层次需求，形成良好的互补关系。这就是变现产品的产品升级思维。

再举一个例子，《王者荣耀》手游之所以火爆又具有高效益，是因为其在满足了用户免费下载和公平竞技的基本需求的前提下，通过精美的人设形象来获利的产品策略设计。因此，在确保用户留存的基础上实现盈利，需要进行产品升级。而产品升级就是在原有爆款产品的基础上提升产品的价值，通过溢价获得更高的变现收益。

2. 产品矩阵

升级产品的价值收益是有限的。为了追求更高的收益，许多企业会围绕着爆款产品吸引新用户，并推出更多的升级产品或差异化产品，以获取更多的价值收益。例如，美团不仅提供外卖服务和团购服务，还逐步涉足买菜、打车、跑腿、酒店等多项业务。这些产品的用户画像或多或少与吸引的新用户的画像重叠，能够确保一定的业务转化效果，同时又通过差异化产品打破相邻市场的壁垒，实现市场扩展，形成正向循环。

通过延伸升级产品和推出差异化产品，建立有效的连接，构建产品矩阵，打破原有市场的壁垒，实现市场的拓展和增长效果，这就是产品矩阵的作用。因此，搭建产品矩阵的方法是基于爆款产品吸引新用户，并绘制 4D 用户画像。通过以用户为中心的思维方法挖掘出具有高度用户共性的产品，根据共性程度和自身优势进行排序，就可以选择下一个进军的市场，构建产品矩阵。例如，教育机构在受到双减政策影响后，根据现有用户的共性和自身优势，进行了不同的转型。一些机构转向成人教育市场，一些机构转向家长教育市场，一些机构转向留学市场，还有一些机构转向智能硬件教育产品市场。利用已有用户的存量基础优势，让面临市场寒冬的企业通过挖掘用户共性，顺利锁定下一个具有优势的市场进行竞争，不仅能够开启新的增长局面，还能够防范单一市场环境的危机，各个产品相互策应，共同增强存量优势实力。这就是产品矩阵构建的存量优势，用来指导企业有规划、有意识地进行整体风险管理和成长布局。

三、建立连接

一个产品的价值与其有效连接的数量成正比。建立有效连接意味着建立广泛的关联布局，并为这些连接提供相应的能量和动力支持，以加强连接之间的协作。例如，买房和装修之间存在正相关关系，房子销量好将带动装修需求增加，从而实现增长，反之亦然；艺考和美术用品之间也存在正相关关系，艺考人数增加会带动学习美术的人数增加，进而增加对美术用品的消费，反之亦然；明星代言产品得到的关注度与明星的知名度正相关。通过建立这些相关性的连接，可以享受其带来的利益，并通过监控连接单位的危机来规避风险。这些有效的连接能够为爆款产品和变现产品提供更多动力和能量，是产品思维开火车模型中"后车厢"的主要作用。

要找到这些有效连接，可以从产品的以下五个方面进行挖掘：

（1）产品质量　例如，美团通过吸引更多商家加入平台，丰富消费者的选择,并促使商家之间竞争提供更好的美食和服务,从而提升美团外卖点餐服务的产品质量。通过与 B 端商家连接,商家数量的增长成为影响产品质量提升的关键因素,商家增长运营成为产品思维开火车模型中的一环。

(2)产品声誉 企业通过承担企业责任,与受众的情感和期望建立连接,从而获得有效的连接关系。

(3)产品供需关系 例如,电动牙刷的兴起使得一些牙膏生产企业发现了机会,生产出适用于电动牙刷的牙膏产品,更好地满足了刷牙产品的供需关系。通过与互补产品和相关产品的连接,获得行业红利带来的增长效果。

(4)产品渠道 例如,社区团购的营销模式需要招募大量团长来协助推广销售,团长数量越多,参与销售的人越多,销量增长就会越多。类似的渠道连接还包括分包商、分销员、渠道商和货架等,拥有更多协助销售的渠道连接将带来更广阔的销路。

(5)产品广告 例如将明星代言、图文、短视频、电梯海报等各种广告形式与产品直接相关,建立更多有效的广告连接可以收获更多用户,为营销增长提供更强大的动力。

5C 连接法通过从这五个方面挖掘现有产品的属性,搭建相应的运营机制或合作关系,并以特定的行动标准来评估其作用和效果,可以确立清晰明确的努力方向。例如,产品渠道数量和渠道销售量可以衡量产品渠道连接的效果,提升这两个指标成为产品思维增长的方向。增长并非凭空产生,而是需要通过寻找新的需求或连接,并创建相应的产品来满足。

综上所述,可以结合打造爆款产品、构建变现产品矩阵和建立连接的方式,构建产品思维开火车模型,实践产品思维的实际运用。让爆款成为拉动增长的火车头,变现成为中车厢,连接则成为能量供应的后车厢,与用户共同驶向美好的未来。可以参考笔者为某企业招聘业务打造的求职产品思维开火车模型(如图 5-4 所示)来具体绘制开火车模型。

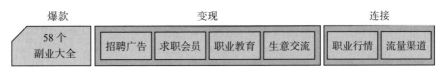

图 5-4 求职产品思维开火车模型

用前面一章所学的 4D 用户画像对某企业找工作的用户进行共性挖掘,

我们发现蓝领用户除了关注找工作外，最核心的需求是赚更多的钱。因此，副业成为一个很好的方向。适合蓝领用户的副业领域还没有系统化、全面化的价值内容。我们推出"58个副业大全"电子资料来满足用户的共性需求，它具备三个爆款属性：免费（低门槛）、同类用户（画像精准）、内容能够以图文和短视频的形式进行全网分发（自传播）。

在中车厢环节，我们与用户画像相似的业务部门合作，将其他部门的业务产品转化为经济价值。由于用户画像较为精准，业务产品的转化率比之前的渠道高出很多。例如，在吸引新用户的爆款中推广招聘广告、求职会员、职业教育等内容，转化率都相对较高。

在后车厢环节，我们以爆款和变现的产出效果为优化目标，找到更多的小生意分享人和职业分享人成为影响副业内容和招聘内容质量的关键。只有分享的人越多，分享的内容越好，我们才能输出更好的副业电子资料，并展现出招聘服务的专业度（了解行情的变化，指导用户更好地就业和择业）。通过建立线上和线下的生意交流会，我们能够迅速吸引分享人，输出副业和小本生意的内容，这是第一个连接。第二个连接是我们打造了有偿视频行情投稿的方式，连接经验丰富的职业人员，展示职场行情、发展状况和未来发展方向，以提高业务的服务质量和专业能力。第三个连接是我们利用企业内部所有免费和付费的渠道，并与用户画像重叠度较高的相关业务部门进行长期广告合作，持续放大爆款和变现业务信息投送。

如果整个项目规模较小，运营时间较短，那么整体产品布局和连接单位大概率不多；如果项目规模较大，产品思维开火车模型可能需要用多行进行罗列。本书介绍的四个底层思维都是以打造全视角的方式来进行规划的工具，能够从全局的角度来衡量和判断当下及未来的规划。

第三节　使用产品思维的注意事项

每个产品都具有独特的特点、属性和市场活跃周期。我们应该时刻关注这些特点和属性在市场中的影响，并根据环境变化采取有力的措施，以确保产品思维在落地指导中能够根据产品生命周期各个阶段的不同情况发挥优势，并及时应对劣势情况，避免潜在风险。同时，我们需要从整体角度把握产品思维的各个环节，在市场中合理应对遭遇的各种情况，保持与利益相关者的合作关系,并警惕竞争对手的攻击行为。因此,在落地产品思维时需要注意两个方面:产品生命周期和产品竞争关系。

一、产品生命周期

产品生命周期指的是产品从开发到退市的完整过程。延长产品生命周期可以最大限度地提升产品的总价值。了解产品生命周期的特点有助于企业制定适合自己的运营增长策略。产品生命周期一般分为以下五个阶段:

(1)开发期 在这个阶段,企业主要进行市场需求调研,并开发产品。此时产品销售额为零,需要投入资源和时间。在这个阶段,选择合适的生产模型至关重要,合适的生产模型可以避免资源浪费,并实现利益最大化。采用最小可行性产品(MVP)的验证方法有助于企业规避决策风险。

(2)引进期 在这个阶段,产品初步生产完成,需要将其投入市场以验证商业效果。通过宣传和各种渠道的推广,使产品为用户所认知和接受。此时,产品销量较少,投入不稳定,销售利润很低。企业或组织应提前进行战略规划,确定是通过高成本快速打开市场,还是控制成本逐渐渗透市场。合适的策略需要根据产品的商业模型、市场竞争环境和企业或组织的自身实力来进行规划。制定良好的战略规划能够使产品稳定增长,更快地进入成长期。

(3)成长期 产品打入市场后,用户对产品有了基本的认知和使用习惯。企业或组织的管理和生产也更加稳定。此时,企业可以进行规模化生产,进一步优化产品的生产成本,从而使利润不断增长。然而,随着企业规模的扩大,产品面临着激烈的市场竞争。在成长期,企业应不断改善自身产品的品质和效率,并密切关注市场竞争情况,如竞争加剧,则需要提前制定应对策略。

(4)成熟期 在这个阶段,产品销售增长速度放缓,逐渐达到顶峰,然后呈缓慢波动或下降趋势,相应的产品利润也开始波动。市场从蓝海转变为红海,竞争日益激烈。产品推广和人才运营成本不断上升,压缩了产品的利润空间。在这个阶段,企业需要及时调整市场策略,不断提升自身产品的品质并采用创新的生产模型,突破产品的第二生命周期曲线,实现生命周期的再循环,以应对危机。

(5)衰退期 在这个阶段,产品销量急剧下降,用户不再支持产品,产品的市场接受度持续下降,企业利润迅速下跌甚至为负。在这种情况下,企业需要认真分析市场和自身情况，采取补救措施或制定退市策略，比如寻求收购方案来规划产品的退市。

并非所有产品的生命周期都遵循简单的上升或下降变化模式。通过合理的运营，许多产品可以延伸出新的生命周期，从而延长商业寿命。

二、产品竞争关系

产品是依托市场存在的，每个产品与其他产品之间存在竞争和促进关系。在同一市场中，产品之间存在两种关系：互补和替代。

（1）**互补产品** 互补产品是指可以搭配使用的两种或两种以上产品，可分为以下三种类型：

1）混搭互补型：满足用户在特定环境下多样化需求的产品组合，例如电影和爆米花在电影院中的搭配使用。

2）解决方案互补型：解决用户特定问题需要结合使用多种商品的产品组合，例如药店提供的感冒药和消炎药的搭配使用。

3）系统锁定互补型：围绕主题商品进行捆绑销售的产品组合，例如以手机为主题的产品，如手机壳、数据线、电话卡等。

在以上三种互补产品类型中，可以按照关联强度对产品进行排序，从弱到强分别是混搭互补型、解决方案互补型和系统锁定互补型。

商品销量的好坏会影响与之相关的互补产品的销量。因此，在制定产品增长策略时，可以从互补产品出发，与更多互补产品建立联系。特别是与当前最热门的互补产品相互关联，可以加速产品销量增长。例如，"微信"和"京东"两款App在2015年达成战略合作关系，打通了京东产品在微信生态中的宣传渠道和供货渠道，促使京东产品销量增长。

商品的销量不好也会影响与之相关的互补产品的销量。例如，明星代言的产品，如果明星出现负面新闻，会导致代言产品遭受用户抵制，销量下滑。因此，企业在使用互补策略时，需要及时关注相关动态，发现负面危机并及时应对。

（2）**替代产品** 替代产品是指市场上出现的与自身产品具有相似功能的其他产品，也称为竞品。根据替代产品对原本产品构成的威胁，可以将替代产品分为以下三种类型：

1）部分功能替代：在市场细分领域中出现部分功能相似的产品。例如综合电商平台与垂直电商平台，两者分别用来满足用户不同的购物需求。

2）**全部功能替代**：是指市场上出现的功能完全相同的产品，用户通常需要在多个竞品中进行选择。例如小米手机、华为手机、苹果手机等功能相似的产品，用户需要进行二选一或多选一。

3）**技术升级替代**：是指某个产品被技术升级后的其他产品所替代。例如BB机作为通信工具被手机取代。

为了防止替代产品抢夺市场份额，造成用户流失，可以针对不同类型的替代品采取以下不同的解决方案：

1）面对部分替代品时，应学习对方的优点，弥补自身的不足，提升品牌形象以留住忠实用户。

2）面对功能全部一致的替代品时，应分析市场占有率的优劣势，争取更多的市场份额，提高竞争优势。同时，要警惕同质化竞品带来的负面影响。如果自身市场占有率较低，可以通过产品创新和细分市场定位等方式创造竞争优势，避免同质化竞争。

3）面对技术升级型替代品时，不应盲目跟风，而应充分分析升级后产品的优劣势、商业模式和市场接受度等因素，并据此制定调整策略。例如在共享单车市场中，小黄车是先入市的，但用户使用不习惯，需要大量的用户教育成本。后来者哈啰、青桔、美团则通过0押金、智能定位和防范二维码刮划等策略获得了更适应市场的竞争优势。

合理的互补关系和有效的替代品策略，可以帮助企业在竞争激烈的市场中保持竞争优势，增加市场份额，并提高用户忠诚度。

第四节　企业如何用产品思维创造价值

产品思维不仅需要打造合适的商业模型，还需要建立自我保护和提升影响力的机制来管理产品运营。在互联网增长中，产品的竞争优势主要来自信息内容的传播和影响力的塑造。为了最大化产品思维的效果，可以通过知识产权保护来确保自身的传播优势，并与其他更具影响力的产品进行联动发展。

产品思维的目的是打造高价值的产品和创造高价值的商业公式。打造高价值的产品是通过创造各组成部分的预期价值，将它们组合成更受用户欢迎、更能满足用户预期的产品。创造高价值的商业公式则是通过组合两个或两个以上相互促进的因素，使它们之间的配合产生更高的价值收益。产品思维的应用体现在产品价值的提升和商业公式的设计两个方面，通过这两个方面的实施，最终实现产品价值的最大化效果。

在产品思维中，产品价值的提升是关键一环。这可以通过深入了解用户需求和市场趋势来实现。通过与用户的密切互动和持续的市场调研，了解用户的期望和需求，可以定位产品的核心价值，并优化产品的特性、功能和体验，以满足用户的期望。此外，还可以通过技术创新和持续改进来提升产品的竞争力，确保产品始终处于市场前沿水平。

商业公式的设计是产品思维的另一个关键方面。商业公式是指将各种资源、渠道、合作伙伴和收入模型等要素进行组合，以创造可持续的商业模式。在设计商业公式时，需要考虑各种因素，包括成本结构、收入来源、市场份额和利润率等。通过合理的商业公式设计，可以最大限度地提高产品的盈利能力，并为企业创造持续增长的机会。

一、产品价值

提升产品价值的前提是找准衡量价值的标尺。产品价值的高低由用户预期价值和用户愿意付出的价值决定。用户认为有价值并愿意为其付出足够代价的产品，即使是一块石头，也能卖出天价。因此，产品价值的衡量标准是用户预期价值。提升用户预期价值有三种方法：深层次价值拆分、各部分价值综合和产品生产上线过程。

1. 深层次价值拆分

产品的价值以实现目标用户的需求为主。用户对某一产品的需求会在基本需求被满足后逐步形成细分层次的需求，变得复杂多样。例如，用户的基本需求可能是一款解渴的产品，但在其基本需求被满足后，会出现对不同口味、不同价格、不同品牌的需求。在提升产品价值时，首先需要对用户需求进行分类，满足用户的核心需求，这是产品创造的前提条件；然后解决市场竞争需要的价值，决定产品在市场竞争中的优劣势；最后解决产品其他问题需要的价值，决定产品价值的保底水平。

1）**核心价值**：相当于产品的核心功能，例如饮用水最主要的功能是解渴。

2）**重要价值**：是指在核心价值相同的情况下，在市场竞争中能够取得优势的差异化功能或特点,例如农夫山泉定位为健康、纯净的山泉水。

3）次要价值:除去核心价值和重要价值之外的其他附加价值,例如产品的外形设计等,虽然不是市场竞争的必要影响因素,但若缺少会降低产品在用户心中的价值感。

2. 各部分价值综合

产品的增长受市场大小和市场竞争两大因素的影响。创造价值能够开辟新市场并获得新的增长空间,而提升产品价值能够在市场竞争中取得优势。

创造价值主要通过建立核心价值来实现。例如,在疫情期间,某家政公司推出全屋消毒的新品活动,创造了新的价值产品,在特殊的时期开辟了新市场。此外,该公司通过商业评估,在某一区域还没有家政服务的地方开设新的门店,通过新门店占领该区域的家政服务市场,实现增长。创造核心价值的方法包括在已有的市场中通过新的核心价值开辟新的市场,使两个差异化市场叠加,纵向扩大;或者在未开发的市场中建立核心价值,覆盖更多的市场,使两个同类市场合并,横向扩大。

提升产品价值主要通过建立重要价值来实现。当市场中存在两个或两个以上的同类产品能够满足需求时,该市场将进入竞争状态。竞争的优劣势取决于竞品之间的用户价值预期,用户认为更有价值的产品在市场中更具优势。优势是通过与同类产品在差异化部分进行对比形成的。因此,需要想办法在同类产品对比中创造差异化优势。

塑造产品价值需要将产品的核心价值、重要价值和次要价值体现在产品本身上,需要对产品的构成要素进行拆分。根据产品的各项构成要素,按照核心需求、重要需求和次要需求的主次顺序进行价值创造和提升。产品构成要素可以分为五个部分:产品元件、产品零件、产品包装、售后服务和品牌文化。通过针对核心需求、重要需求和次要需求进行要素价值的创造和提升,实现产品的塑造和价值的落地。

产品价值提升（如图 5-5 所示）应该从核心需求出发,让产品的元件、零件、包装、服务、文化等在满足核心需求的前提下,进行重要需求的突破,然后满足次要需求。

（1）产品元件　产品元件是产品的核心构成部分,包括原材料、主要功能部件等。这些元件直接构成了产品的价值。例如,在冬季服装中,保暖是用户的核心需求，羽绒服和棉服是满足这一需求的产品元件。由于羽绒服比棉服保暖效果更好，成本更高，所以在满足核心需求的前提下，羽绒服相比棉服具有更高的价值。在满足核心需求和重要需求的情况下，可以考虑次要需求，例如现代审美和制作工艺。

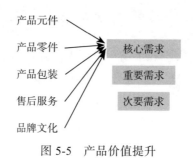

图 5-5　产品价值提升

（2）产品零件　产品零件是构成产品核心功能非必要的部分，例如附带的配件。零件不是产品的主要组成部分，但可以增加产品的重要需求价值。例如，某款绘画数位板的核心需求是电脑绘图功能，但为了提升重要需求价值，可以增加多功能绘画笔、无线充电和丰富的教学视频等附属零件，从而在竞争激烈的市场中获得竞争力。

（3）产品包装　产品包装是构成产品的一部分，其价值主要体现在产品的自我宣传和实际使用体验上。例如，农夫山泉的核心需求是解渴，所以农夫山泉的包装需要清晰地体现出其是瓶装水，而不是其他产品。在满足核心需求后，包装上的宣传内容和图案可以突出产品的山泉水特点，方便用户识别优势，满足包装的重要需求。最后才是对照同行瓶装水的优点，进行同样的设计和规划，以确保其他功能在市场上处于平均水平，没有太大的短板。

（4）售后服务　产品售后服务是产品思维中重要的一环。当用户体验一个产品时，可能会遇到各种问题，良好的售后服务可以解决这些问题，间接增加产品的交易价值。例如，某手机品牌的核心需求是正常使用多项应用功能，产品售后服务需要确保产品质量，在用户购买后的 2～3 年内能够正常使用。在满足核心需求后，可以考虑重要需求，例如强大的功能或优质的拍照效果。只有满足了重要需求，才考虑其他次要需求，也就是市面上同类产品的平均功能水准。

（5）品牌文化　每个产品都有自己的故事和品牌文化，便于用户了解和认同。品牌文化需要在满足目标用户的核心需求上努力传达目标用户的重要需求，例如名牌包和手表所体现的社会认同和身份象征等。在满足重要需求后，再考虑满足次要需求。

进行有效的产品价值提升需要从产品元件、产品零件、产品包装、售后服务和品牌文化五个方面进行，首先提升核心价值，然后提升重要价值，最后考虑次要价值。增长的关键在于产品本身，产品价值的提升是增长的第一动力。

对于互联网公司的虚拟产品，它们仍然具有实际价值。一些公司通过内容打破了信息差，如知乎、百度和抖音；而腾讯和网易等公司则通过游戏为用户提供了更多的社会连接和情绪价值。为了实现增长，需要拆分产品的主要构建元素，找到并识别产品的核心价值、重要价值和次要价值，并在这些价值上不断深耕，满足用户的期望，避免陷入为了增长而增长的流量泡沫。

3. 产品生产上线过程

在产品价值得到提升后，如何按照预期生产产品？如何确保产品生产后与用户预期相符？许多情况下，研发和生产一个产品的成本都很高，大规模生产会带来巨大的成本风险。如果用户不接受该产品，就会出现亏损的情况。因此，企业需要了解一些产品生产模型，新品研发上市可以采用 MVP 的方式提升产品价值，已有的产品可以采用迭代的方式提升产品价值。

（1）MVP 模型的使用方法　最小可行性产品（Minimum Viable Product, MVP）以最低的成本快速设计、开发产品的核心功能，用最快的速度将产品投放到市场上以测试其是否被用户接受。这种生产策略适合新品开发，可避免投入大量资源和时间生产的产品最终不被用户接受而造成无法挽回的重大损失。MVP 模型最大的特点是可以根据用户最主要的需求进行产品开发，开发出来的产品是能实现最基本功能的原型。然后投入市场验证需求是否存在，再根据用户对产品的评价反复修改、完善产品，直到产品投入市场后能够满足大部分用户的预期，此时企业再投入时间和资源扩大规模进行生产。

例如，果粒橙品牌主打果汁饮品市场，经过调研，该市场的用户需求是"真正含果汁的饮品，而不是冲泡糖浆的饮料"。为了更好地满足这一用户需求，产品研发团队提出在果汁中放入看得见的果肉。为了验证这一设想是否符合用户预期，该企业生产了一小批产品进行试投放，发现这种带有果肉的产品更受用户欢迎。然后才进行大规模生产和推广，让果粒橙品牌成功地在果汁饮品市场中打开销路。

（2）迭代模型的使用方法　在产品生产中，迭代模型也是一个非常有用的模型。它是一种需求驱动的方法，能够减少产品生产或开发过程中的风险。迭代模型的最大特点是可以在产品的整个生命周期中不断地进行修改和完善。这种模型适用于已经进入市场的产品，可以根据用户反馈和市场变化不断地进行迭代。通过这种方式，产品可以不断地提高其价值和用户满意度，从而保持竞争力。

例如，果粒橙品牌采用MVP模型进行生产，推出含果肉的果汁，受到用户的欢迎。然而，用户反馈存在果肉太多影响饮用、果肉大部分都沉淀在瓶子底部、饮用体验不佳等问题。于是果粒橙再次通过MVP模型调节饮品的密度，使得果肉漂浮在果汁中，确保每一口饮用都包含果肉。在历经几次使用MVP模型进行产品生产之后，果粒橙具备了用户期待的功能，并不断提升产品价值，最终成为市场上受欢迎的果汁品牌之一。

身边的一些小生意的经营者也经常使用迭代模型来提升产品价值。例如，某螺蛳粉店家经常遭到客户投诉螺蛳粉中没有螺蛳肉。店家需要经常解释螺蛳粉是用螺蛳熬汤，所以没有螺蛳肉。但这个解释显然不能让用户完全相信。事实上，螺蛳粉配方中确实没有螺蛳肉。这时店家决定去菜市场自行购买螺蛳肉，并在每一碗螺蛳粉中加入几个螺蛳肉。螺蛳肉价格便宜，成本相较原先基本上没有高出多少。但是自从用户能在这家店吃到真正的螺蛳肉后，相比附近几家螺蛳粉店，用户更信任这家店。该店生意越来越好，而附近几家店的生意反而下滑。这个案例告诉我们，了解用户的核心需求、重要需求、次要需求非常重要。对于吃螺蛳粉的用户，重要需求是有螺蛳肉，而在同样具备核心需求的条件下，有没有螺蛳肉成了重要需求的差异化价值体现。这项差异化价值经过局部市场验证，能够取得所在市场范围内的较强竞争优势，从而利用该优势占据更多市场份额，并实现增长。

（3）MVP模型与迭代模型相结合，打造产品自我提升机制　MVP模型与迭代模型相互配合，可以得出产品价值提升的规律。这个规律离不开市场反馈。产品思维需要建立一个产品自我优化、迭代的提升机制，该机制从产品规划、产品上市、调研反馈再回到产品规划的循环路径，使产品紧跟市场变化，在激烈的市场竞争中保持优势。

如图 5-6 所示，产品自我优化机制包括以下步骤：首先，产品规划通过定位思维与用户思维圈定价值建设的范围和方向。然后，进行 MVP 上市验证，获得市场反馈。如果产品在该市场的价值竞争力超过其余竞争产品，则扩大规模进行批量生产或加大投入占领市场。如果产品价值优化后仍无法超越其余竞争产品，则继续进行产品规划与 MVP 上市验证，直至产品的价值竞争力超过市场上的其余竞争产品。在这里，产品价值竞争力指的是在同一市场同样价格的条件下产品更受欢迎，即使成本更高，但产品竞争力能够挤压其他竞品，能够占领市场。否则，即使产品利润空间很大，但是没有市场，也是空谈。

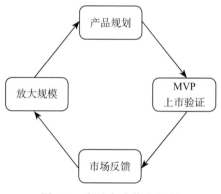

图 5-6　产品自我优化机制

二、商业模式

商业模式将产品区别于商品。产品在市场上流通，有自己的生命周期，是一个完整的运营载体。产品商业模式从产品研发、产品生产、产品流通，到产品售后、市场调研，最终再回到产品研发，形成一个循环，如图 5-7 所示。这五个阶段组成产品的完整生命周期，并进行商业模式的循环进化，以取得市场竞争优势。市场竞争在一定程度上取决于产品商业模式的循环进化速度。商业模式越先进，循环速度越快，效果越好，产品的市场竞争力越强。商业模式循环受产品思维的指导。

消费是经济增长的第一动力，而这一切的前提是产品具有交易价值。产品是价值的载体，是交易的价值呈现物。因此，如何提升产品价值成为解决增长问题的重要途径。提升产品价值需要从整体商业模式出发，包括如何研发有竞争优势的产品、如何低成本生产、如何销售、如何处理售后问题以及如何观测市场变化中新的需求等。这些都是一个完整的产品商业模式需要解决的问题。

图 5-7　产品商业模式

不同的产品商业模式存在差异，不能完全照搬，但是我们可以利用产品思维，从产品的价值导向、生命周期等重要环节中规划适合自身产品的商业模式。市场竞争的成败与产品商业模式的匹配度相关，增长目标的对象也与自身竞争模式的匹配度相关。

在产品研发阶段，企业需要思考如何提升产品价值，同时也需要思考产品的营销模式，制定有效的销售策略。将产品用销售策略进行推广的全过程称为商业模型，该商业模型属于产品的基因，决定着产品未来的发展情况。根据产品的特性，所制定的商业模型也会不一样。合适的商业模型可以让产品更快地被用户接受，迅速占据市场份额。不合适的商业模型会让产品失去竞争优势，市场地位被其他替代产品赶超。因此，借鉴成功的经验非常重要。企业可以了解本市场内做得好的产品是如何打造自身商业模型的，并加以借鉴，同时也需要探寻其他领域是否存在更先进的商业模型。商业发展至今已经有许多成熟的商业模型，种类十分丰富。在不断创新中可以发现，其实每个产品都有专属于它的商业模型，选对方法才是成功的关键。下面介绍六个常见的商业模型，推广产品时需要根据已有的产品特点和自身优势选择合适的商业模型。

（1）免费＋付费商业模型　适用于功能较为丰富、迭代能力较强、用户参与成本较低的产品，如 App 软件和网站应用等。该商业模型通常在产品的基础功能上提供免费服务，吸引用户体验使用，然后在此基础上提供其他功能服务进行收费，以获取收益。例如，一些在线编辑工具提供的基本编辑功能免费，但如果想要扩充内存或使用高端模板，则需要付费。该商业模型适用于产品推广，用户使用门槛低，可以迅速普及，便于更多业务进行植入。

（2）加盟和连锁商业模型　这种商业模型是以渠道运营策略来驱动产品的销量。加盟店将技术包装、打造成产品，例如某臭豆腐品牌加盟店，主要将品牌效应、技术、经验及其他资源等一系列服务组合成产品，将加盟者迅速变成一个同样臭豆腐店的经营者，在赚取加盟费的同时借助加盟商扩大品牌门店的数量，从而提升品牌知名度。连锁店一般不对外邀约加盟，大部分由组织或公司直接进行管控，能够更有效、更标准化地统一管理，例如海底捞连锁店，其服务标准、店铺装修及运营策略均高度统一。

（3）代理和零售商业模型　代理是一种帮助厂商销售产品并赚取差价的模式，一般代理都有自己的渠道资源或固定的用户群，具备销售某类产品的能力。厂家会找到代理商，以低价让利的形式让代理帮忙销售产品。代理也可以发展小代理，例如大代理销售能力强，能够与厂家合作，争取到独家代理权或更优惠的价格，然后将产品分给各个小代理来帮忙销售。好处是代理越多，帮忙卖货的人越多；不好之处是中间环节太多，价格不稳定。零售是没有中间商赚差价的销售方式，例如现在的很多自助售卖机就是一种零售的方式，直接与消费者交易，消费者自行购买。零售的好处是便于管理，能够获得更多的获利空间；不好之处是渠道销售潜力有限，企业自身全权负责营销和推广。

（4）IP模型和产业集中模型　知识产权（Intellectual Property，IP）在互联网中可以理解为受众较为广泛的小说、电影、电视剧、游戏、自媒体等。例如，"咪蒙"用公众号输出内容打造出自己的个人形象IP，然后利用IP+品牌的商业模型进行商品变现。这种模型是先用内容建立用户对IP的信任和认知，然后将这种信任转移到IP代言宣传的产品上，达到信任成交的效果。产业集中模型是指将相同属性的产业集中到一起，打造出产业集群的效应，让消费者慕名而来，将这一块地域变成某类商业最专业、最齐全的地域。消费者到此处能找到更多商家、更合适的商品，例如美食街、景德镇（集中陶瓷产品）等，互联网中的豆瓣点评、4399游戏网站等也有类似产业集中模型的效果。

（5）平台模型和内容模型　平台产品是指该产品主要提供一个可以促进需求双方合作的平台，利用提供的服务进行变现。例如淘宝，提供卖货商家和买货客户进行交易的平台。内容模型主要是将内容输出和认知输出做成商品，促成间接变现或者直接变现。例如，一些自媒体间接变现的方式有直播带货、软文带货等；直接变现的方式是广告收益（平台给予的广告分成）、知识付费收益。许多自媒体的发展是由平台模型延伸出来的，比如知乎培养了许多内容输出的"大V"。这些"大V"又将内容进行商业变现，打造出许多其他类型的商业模型，比如咨询付费、产品代言等。

（6）刀片+刀架模型　美国吉列在20世纪初发明了刀片+刀架的产品模型。当时的剃须刀持久耐用（但是需要经常打磨和清洗），消费者购买之后很少会重新购买。当时作为剃须刀销售员的金·吉列便发明出一款由刀片和刀架组成的剃须刀。刀片轻薄而锋利，用完即可丢掉换新，无须费力打磨和清洗，节省了剃须刀打磨和清洗的时间。因此，吉列通过剃须刀刀片的复购属性加强了消费者对产品的依赖度，使他们产生持续购买的行为，因而创造了更多的商业价值。类似的商品还有许多，比如黑板和粉笔、打印机和打印纸、电器设备和电池等。

在同类市场中借鉴成功的经验，可以让企业快速找到合适的方法，但终究无法超越前人。因此在借鉴的同时需要努力叠加优势，将自身的商业模型优势叠加至超越竞争对手才有可能在市场中占据更高的份额。那么，如何叠加优势呢？商业模型无外乎是两个或两个以上方法的有效联系，联系越多运作越有价值。例如，免费+付费商业模型一边吸引流量，另一边产生经济效益；加盟和连锁商业模型一边提供技术、品牌服务，另一边提供市场和资本；代理和零售商业模型一边提供产品，另一边销售产品。这些商业模型都是各种有利联系之间的相互组合。

因此，商业模式的优势叠加就是有效联系的方向和数量越多越好。应根据产品自身特点和优势进行有步骤、有规划的叠加。例如，某网站实行免费+付费的策略，将部分内容免费公开在网站上，付费内容需要进行付费后才能阅读。该网站将免费的内容分发到其他网站平台上获取流量，同时与相关企业合作供给免费内容以换取更多流量支持。这里内容分发到其他平台和内容与其他企业置换是联系之间方向数量的增加，"分发到其他网站平台"的方向下又有如知乎、豆瓣、今日头条等多个平台，通过将多方向、多数量分发吸引的免费流量引入平台，可以提升平台的用户基数，进一步提高付费的经济效益。

商业模式的优势叠加考验运营增长的规划精确度、实施效率和组织整合能力，这也是市场竞争中拉开差距的关键。该能力需要执行者和策划者具备足够的实践经验和认知储备，需要持续成长和深度耕耘。

三、知识产权

互联网产品主要以虚拟形式存在，而广告费是许多平台的主要收入来源，可以说，内容在互联网行业中起着支撑性作用。因此，知识产权在互联网行业中显得尤为重要。

知识产权是指根据法律规定，个人或法人对其在科学、技术、文化等领域中创造的智力成果所享有的专有权。对于互联网企业来说，了解了知识产权，可以合理地运用法律手段来捍卫自身的利益，这也是加强市场竞争力的有效途径之一。可以通过商标、LOGO、专利和著作权（又称版权）等形式打造自己的竞争优势。

在自媒体领域中，曾经发生过一些无良竞争者注册其他自媒体的名称作为商标，并向平台提出名称申诉的情况。这导致原本发展良好的公众号不得不更换名称，从而陷入增长危机。类似的情况在电商产品品牌中也经常发生，恶意抢注技术专利或品牌名称会给企业造成巨大损失。因此，每一位从业者和企业都应具备知识产权的意识。

在现代商业中，许多公司的成功都是建立在拥有自身专利权、著作权等优势基础上的。例如：椒王火锅采用野山菌王汤作为火锅底料，并申请了相关专利，成功打造出独特的特色火锅；金庸武侠小说的发表引领了武侠IP的商业成功，不仅在电视剧、电影、游戏、等领域取得了商业上的突破，还带动了周边产品的销售。这些成功的案例都离不开知识产权的保护。因此，企业需要建立对于知识产权的商业认知，打造独特的市场竞争力。

以下是对相关概念的详细解释：

（1）商标　商标是用于区分同类产品或服务的标志，可以表现为图形或文字。商标受商标法保护，个人或组织需要通过商标注册来获得专用权，以便将其用于商业活动中，防止他人使用相同商标。较大的企业通常会申请一系列相似的商标，以减少商标侵权的风险。

（2）LOGO　LOGO是品牌的具体形象，通常一个品牌只有一个LOGO。为了受到商标法的保护，有条件的组织和个人都会对其LOGO进行商标注册，这样才能使LOGO图标的应用唯一性得到保护。

（3）专利　专利分为发明专利、实用新型专利和外观设计专利三大类。专利是对创新的技术、方法或产品的保护，具有一定的年限。发明专利保护的是以物质形式呈现的创新，例如手机、灯泡、药品配方；实用新型专利保护的是对现有产品结构或技术方案的改进；外观设计专利保护的是产品在形状、图片、色彩和结构方面的设计。

（4）著作权　著作权也被称为版权，是著作人对其生产的文学、艺术和科学作品享有的专有权。著作权是一种民事权利，无须申请即属于著作人，包括作品的发表权、署名权、修改权、保护作品完整权、复制权、发行权、出租权、展览权、表演权、信息网络传播权、摄影权、改编权、翻译权和汇编权等。在互联网时代，著作权的保护面临一些挑战，如抄袭和盗用等。为了更好地申诉和维权，一些重要的著作权内容可以通过当地的著作权作品认证获得官方认证声明。

了解知识产权不仅有助于保护自身权益，还能明确侵害他人权益的行为，从而制定有效的对策。有价值的产品和内容需要受到保护，这样才能激励人们创造更多的价值，促进创新，并为经济增长提供动力。消费的第一动力是产品的价值，产品的价值依赖于创新，而创新又离不开知识产权的发展，只有建立良好的创新环境，才能构建良好的企业经营环境。

| 第六章 |

传播思维统一认识

传播思维是增长 12G 模型中最后介绍的底层思维，因为它需要前三个底层思维作为基础。它通过构建一个完整的传播体系，培育市场用户，使用户的消费行为和思想认知逐渐符合增长的目标需求。为了实现这一目标，笔者将传播划分为六个层次，打造了一个无限解读的路径，将希望用户了解的信息扩散出去。通过让用户逐步接触更深层的信息，引导用户形成与传播者目标一致的行为，最终实现增长效果。结合用户思维，企业不断地了解用户，而传播思维则是不断地让用户了解产品，通过让用户了解和了解用户两种行为之间相互促进和循环的关系，形成运动编码的思维模式。这种思维模式能够使产品与用户紧密相连，构成一种意识共同体的关系。这是增长 12G 模型的底层思维综合应用的关键。

传播思维涉及对传播媒介类型和用户接受程度的规划，以制定合适的产品传播方案。传播媒介可以包括纸媒、视频、音频、线上海报、商业软文等多种形式。而用户的接受程度则取决于大脑联想、视觉强弱、需求路径等多个因素，需要考虑信息的完整性和接纳性，以便用户能够多维度地吸收信息。通过这样的规划，我们可以使信息快速、准确地被传播对象了解，并逐渐被他们接受。

增长 12G 模型提供了一种全新的增长思维方式，而传播思维作为其中一个重要的组成部分，需要通过有效的规划和执行，才能为产品带来真正的价值。

第一节 传播思维工具——六级传播法

用户思维挖掘共性,传播思维则是创造共性。增长的目标是为用户提供选择企业的理由,并用这个理由打败竞争对手,获取市场份额。我们需要创造出用户与产品或企业之间的强联系,提供用户选择产品或企业的理由,即用户与产品或企业建立的共识,这样才能产生传播价值。传播思维的实现方式是用户对其所传递理由的认可。这个过程可以总结为"六级传播法",它是一种无限解读的传播路径。

一、什么是六级传播法

对于产品溢价而言,需要具备"无限解读性"。以设计一个LOGO为例,有些设计师设计的LOGO能够卖出几百万元的天价,而有些设计师设计的LOGO只能卖出几百元。其中的区别是什么?是什么让一个极简的图标能够卖出如此高的价格?换一个图标就不行吗?这个差别就在于是否具有"无限解读性"。

以钻石为例,本质上它只是一块石头,但通过无限解读的传播培育,让用户形成一种共识,即钻石代表爱情,最终导致钻石以超高溢价销售。传播思维依照解读的特点,从简单到复杂、由浅入深地将用户引入这种解读的氛围中。从最初的广告语吸引用户,到了解详情、购买产品、体验产品、参与产品讨论、了解更多产品背后的故事和公司文化,逐渐建立与产品的意识连接。随着这样的用户数量的增加,他们围绕产品形成了共识。这就是传播思维,通过由简单到复杂的方式塑造无限解读的链路。

因此,打造一个无限解读的传播路径不仅能提升产品的溢价水平,还是留存用户和吸引新用户的关键。笔者根据无限解读所需要的传播内容,按照由浅入深、由简单到复杂的原则,将其分为六个层次:广告层、详情层、互动层、专业层、文化层和历史层,如图6-1所示。通过这六个传播层次,从整体出发逐步构建传播内容,以便做好全局传播的规划,有效培育目标用户,并将他们发展成终身粉丝。

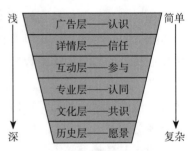

图6-1 六级传播层次

二、六级传播法实施案例

打造产品的无限解读体系是企业长久存续的关键。从用户能够有效累积的角度和对用户、行业市场的认知来看，形成无限解读路径是实现企业长久存续的必要条件。只有深入了解用户和市场，企业才能成功地打造产品的无限解读性。这两者是相辅相成的关系。例如，只有对用户需求有足够的了解，企业才能推出合适的爆款产品；只有对用户预期价值有足够的了解，企业才能满足用户的期望，并建立信任，实现产品价值的转化；只有让用户参与到产品的社交互动中，企业才能促进产品信息的传播；只有输出足够专业、可靠、系统化的内容，企业才能赢得用户的认同；只有培养用户的思维和行为习惯，企业才能达成共识，实现群体同化；只有与用户相互绑定、建立长期合作关系，企业才能沉淀出彼此之间的故事。

百年企业一直坚持的一件事情就是：不断地了解用户，并让用户了解产品。这就是传播思维的无限解读性。例如，小米手机通过打造"米粉生态"制造出"高配低价"的爆款产品。其中，通过策划秒杀、预售等饥饿营销活动，将"小米手机高配低价"的想法植入用户的脑海，进一步培养小米手机用户成为"米粉"，提升用户对产品的认知，并增强用户黏性，让用户更加了解产品并信任产品。基于这种信任，"米粉"不仅养成了使用小米手机的习惯，并且对企业产品动态保持高度关注，这使得小米手机每年推出新品时都有一批忠实用户作为基础用户，形成了留住老用户、发展新用户的可持续增长模式。

传播思维是在定位思维、用户思维和产品思维的基础上进行综合运用的思维方式，因此它是增长 12G 模型的最后一个思维。它需要在定位思维的范围内结合用户思维对用户进行认知，用产品思维有针对性地塑造信息，并植入用户的脑海，通过无限解读路径在用户的脑域中培育这个信息，使其成为用户心中的首选，以解决增长无效的关键问题。由这四个思维形成的整体增长系统性思维是具体增长策略、具体增长活动和具体增长行为的指导方法。

第二节　传播思维的使用方法

六级传播法是传播思维落地的具体方法，它通过划分为六个传播层次并匹配合适的传播媒介和传播内容，形成一个有效率、有效果的整体传播体系。通过搭建传播体系，我们可以站在整体传播视角上正确地指导和实施传播思维的具体行动。每个传播层次都有特定的目标，通过逐层培育用户，让产品和用户相互创造、相互需要，最终共同实现统一的愿景。

增长的基础是给用户一个理由，而内容媒介则是这个理由的载体。在六级传播法中，不同的传播层次需要输出不同的内容，这些内容又需要适配不同的媒介渠道来呈现，最终实现每个传播层次所对应的目标。

1. 广告层

广告层的目标是快速获取高曝光、高精准的用户关注。在这一层，内容和渠道的关注点是提炼和高效传递信息。通常会以标题、产品封面、宣传语、广告横幅、海报等高曝光的元素为主要媒介，这些广告能够迅速吸引用户的注意力，并使其有意愿进一步了解产品。在实现这一效果的方法上，可以借鉴打造爆款产品的三个要素：抓住需求、降低门槛、自传播。例如，在王老吉的广告词中，"怕上火"是需求，"王老吉"是一种价格与其他饮品相差无几且容易获得的饮品，符合低门槛的特点，同时，简短的口号方便传播，具备自传播的优势属性。因此，在制定一些标题和口号时，可以根据打造爆款产品的三个要素，在无限解读路径的第一层中策划出能够吸引有效目标用户注意力的关键词。

2. 详情层

详情层的目的是实现等价交换和价值转化。之前章节介绍过，成交是建立在"信任"的基础上的。为了满足这一点，需要一定的内容来提供支持。通常采用产品详情页、图文、短视频、传单等方式进行更多内容的展示，这些媒介能更好地列举产品的口碑、交易数据、权威机构或专家的背书、企业的规模和实力、功效测评、买家的好评、相关的证书资质等能够获得用户信任的信息。在适合的渠道中传播这些内容，可以促进用户转化，实现等价交换的目标。例如，香飘飘通过短视频打出"一年卖出三亿多杯，杯子连起来可绕地球一圈"的广告，在广告语中直接展示产品的销量数据，间接表明产品受到了众多用户的认可和信赖。

3. 互动层

互动金三角传播模型的目标是培育用户产生多元内容，以触达更多潜在用户。企业通过前两个层级的传播作用，已经使目标用户形成了一些共性，其中最明显的是"都知道了这一款产品"。以已经被塑造出来的这一共性作为纽带，让"用户与用户"以及"用户与产品"形成互动关系，从而最终形成互动金三角传播模型的效果。

用户和用户围绕与产品的共性，自发地产生更多互动内容，作为无限解读路径的多元内容输出源。例如，某美妆品牌通过有偿或奖品的形式，引导已购用户在社交网络平台上发表评论、测评、解说、实验、建议、产品故事等，通过这种方式与用户共同建设、创造无限内容，进一步塑造产品的解读性。这不仅让原来的用户因为内容传递而与其他用户之间的关系更加紧密，还通过内容的扩散吸引了新用户。

互动金三角如图6-2所示。满足互动金三角的要素能够引导互动内容的产生，形成纽带，使互动金三角更加紧密、稳固，并形成影响力。

图6-2　互动金三角

互动内容的产生主要以参与和共创为主。适合传播这些内容的方式包括话题讨论、发帖、投稿、社群和直播等。这些方式能够让相关或受影响的人轻松参与，并享受这种互动方式所带来的参与感。这样的传播方式使产品内容不再以利益为主导，更加倾向于满足用户的情绪和情感需求，从而形成社区黏性。

例如，在喝茅台酒时，通常不会一个人独自饮用，而是拿出来招待客人、朋友。在享用茅台酒的过程中，人们会围绕茅台酒的历史、朋友聚会的趣事等内容展开话题。这就是互动社区的文化属性。

打造这种社区互动属性的方式就是搭建互动金三角，找到彼此之间的共性，并将其设定为纽带，引导用户围绕纽带发言，构建用户之间的情感联系。这就是互动层传播的重点——引导内容的产生和扩散。如果将这样的活动一次次、一场场地传递下去，内容不断传播和扩散，达到质变的时候，就会形成产品文化。

4. 专业层

企业专业化的目标是树立行业的权威性，让用户信服，并成为市场认知的领导者。要打造行业内的权威性，企业需要依靠自身的专业实力，让市场和用户信服，从而获得权威地位。例如，天鹅到家通过学习和借鉴国内外先进的家政服务技术和护理技巧，将保姆划分为银牌保姆、金牌保姆、钻石保姆，并制定保姆的学习要求，使保姆能根据合理的标准提供服务，用户能根据合理的标准支付报酬，推动家政服务行业向高质量发展。

企业需要在技术、经营、设备、产品、市场等方面积极投入研发和调研工作，输出高质量、有效的市场和产品相关报告或技术产品，依据合理的标准承担引领行业标准化和创新进取的责任。随着企业不断成长，专业实力通过各种报告、技术资质和优质产品逐步获得市场和用户的认可，逐渐形成权威影响力。例如，辣妹子辣椒酱通过对辣椒的深入研究和探索，总结出辣椒的不同品种、辣度、口感等专业知识，供餐饮行业更好地进行选材和烹饪，树立了行业专业性的权威影响力。类似的传播案例还有米其林餐厅的"美食手册"和淘宝的"网商天下"。

因此，这类内容的传播需要更加专业、体系化，通常采用书册、PDF文档资料、图文和网站等方式进行传播。每个企业之所以能够生存，是因为解决了社会的某一需求，承担了一定的社会进步责任。只有专心为社会提供服务，将精力投入到专业内容的创造中，才能真正获得广大用户的认可，同时获得行业权威地位。

5. 文化层

文化层的目标是通过累积用户行为、思维和认知，结合市场和产品发展情况，促成新的长期共性。产品文化是通过一次次内容传递和互动行为中有意识地培育用户的共同认知和行为习惯逐渐累积形成的。这种共性文化可以通过引导用户观念来实现，从而获得用户的支持，形成群体文化同化。

建立有力的产品文化是一个长期的过程，很难立即见效。在互联网行业发展的30年中，很少有互联网企业意识到打造产品文化的重要性。在互联网行业的下半场竞争中，我们可以向一些传统企业学习，因为实体企业的成功之道很可能成为互联网企业未来的路。例如，高马二溪安化黑茶是一款历史悠久的茶叶产品，企业家李忠通过打造活动如"千两节"和"赶山会"来为产品做宣传。通过这些活动，用户在品茶喝茶的过程中体验和共创"黑茶文化"，形成长期的文化习惯和意识。因此，互联网企业或许可以向实体行业学习，通过长期的投入和塑造观念的文化活动来建立自己的产品文化。

6.历史层

历史层的目标是通过企业与用户的精神传递，明确企业与用户共同愿景的正确性。通过产品，用户可以想象自己想要的生活，思考人生的意义在何处，形成共同愿景的动力。

沉淀历史是一种传承和发扬的过程，即总结过去的精神和力量并将其赋予产品。例如，山茶油品牌"郑金柠"的历史源于企业负责人陈杰的祖母姓"郑"，她在教育领域工作了四十年，兢兢业业，获得了无数荣誉。"郑金柠"这个品牌不仅仅是为了纪念陈杰的祖母，更重要的是其名称在湖南益阳方言中读作"正经人"。这个名字不断地提醒企业的每个成员，在经营过程中要做正经事、做正经人，坚持以"郑金柠"的价值观做产品和品牌。通过这种人文精神的历史传承，与用户达成共识，生产真正有益的山茶油，这种精神和愿景使得"郑金柠"的产品文化逐渐传播开来。

历史层的传播内容是"精神"，而最好的传播媒介就是"人"。为了共同的愿景，需要长时间的坚持，这种坚持需要通过精神意志来持续传递。建立产品历史层是一个长期的过程，通过塑造用户观念和共同的愿景，企业可以获得忠实用户的支持。企业在传播过程中应扮演负责人的角色，确保传播过程的有效性、正确性和有益性，并通过服务社会和用户来共同塑造产品的历史故事。

总体来说，无限解读路径分六层逐步落地传播思维，每一层的目标分别是认识、信任、参与、认同、共识和愿景。应通过适当的内容和媒介，逐步培育用户，以全面的传播体系为视角，规划增长策略、具体行为和动作。同时，企业应该用心服务用户、回报社会，让用户和社会共同塑造产品的无限解读性。

第三节 使用传播思维的注意事项

在使用传播思维时，效果和效率之间的冲突问题是一个难点。越是简单的内容传播效率越高，但它能够传递的信息十分有限；相反，内容越丰富、越系统，用户接受后影响效果越好，但阅读成本高，效率低。因此，可以使用六级传播法分别明确效率与效果，让它们发挥各自的主要优势，规避缺点，实现整体运作。

一、传播效率

文字的发明是为了提高人类效率。随着生产力的提升和商业竞争的日益激烈，聪明的商人将传播本身视为一门生意，并发展成了目前备受商家追捧的广告商业模式。这种商业模式促进了传播技术和产品的快速升级，进一步提升了传播效率。广告商业模式的主要目的是快速吸引用户，而关键影响因素则是内容的吸引力和简洁性。

1. 吸引力

1927年，美国的威廉·佩利在当时的情况下开发了广告商业模式。他利用传播的效率特性，在自己的广播公司为有需求的商家插播广告，通过广告让用户了解并购买产品。当时的广播公司都面临着由广播电台统一提供节目、内容单调乏味且盈利渠道单一的困境，许多广播公司陷入经营危机。威廉·佩利收购了一家小型广播公司，尝试制作一些更有趣的节目内容，并在节目中插播广告。这一突破性的举措取得了巨大成功，人们逐渐喜欢并追捧其创办的哥伦比亚广播公司的精彩节目，其中最为著名的是盛行一时的"低音唱法"，人们尤其喜欢其中低声哼唱的部分。哥伦比亚广播公司随后制作了更多"广播秀"和"音乐节"等节目，并与多家广播公司合作，通过广告插播形式获得收益，从而使广告商业模式得到了快速发展。

商家也逐渐意识到，"好的广告"需要先吸引用户的注意力和兴趣，才能持续有效地进行宣传，从而大大提高传播的效率。也就是说，传播内容需要具有吸引力，并依赖于有效的内容。在互联网时代，内容直接成为产品，实现了更多元化的经济效益增长。例如，许多自媒体平台通过输出吸引用户注意力的图文、短视频和直播内容，将内容打包成产品，使增长与产品本身相结合，以获取用户的关注，从而实现爆发式的流量增长。在互联网上，广告投放应该针对目标用户的注意力所在的地方进行。任何能够吸引用户注意力的地方都可以成为传播的渠道，例如报纸、街边站牌、电视、手机、产品本身，甚至某个备受瞩目的明星。一个居住在都市中的普通人，只需要转个身就能看到许多广告信息，这些信息可以出现在人们可能关注到的任何地方。如今，我们面临的问题并非广告短缺，而是如何在广告海洋中脱颖而出，以吸引用户的注意力。因此，吸引注意力是影响传播效率的第一个关键因素。

2. 简洁性

传播效率一般可以理解为"在短时间内让用户对信息有多深刻的了解"。传播内容需要简洁明了，传播过程也需要直接有效，广告内容的简洁性是关键。人类的大脑在多次重复阅读或听到某个数字后，最多只能记住9至16个数字。因此，传播内容的最佳长度在9个字以内，例如："送礼就送脑白金"（7个字），"农夫山泉有点甜"（7个字）。如果内容较多，可以将主要内容精简至9个字，并重点强调，而将不重要的内容作为补充。将内容精简到9个字以内，有助于人类大脑正确记忆，并且需要多次正确记忆某一信息，才能形成持久的印象。

流程的简洁性也很重要：在产品运营中，有一个概念叫作"流失率"。在与用户互动时，每增加一个环节都有可能导致一部分用户流失。在信息传播中，环节越多，信息的准确性和有效性就越低。为了让更多人第一时间接收到准确、清晰的信息内容，并避免传播过程中的误导和破坏，需要建立多渠道媒体，即后来出现的自媒体矩阵。这样，用户就能够第一时间接收到准确、清晰的信息内容，减少传播环节中的误差。

二、传播效果

传播的目的是让用户了解新信息，以影响、改变其行为或思维，从而为增长目标创造价值。这种价值可能是投票或购买产品。为了影响用户的行为，传播需要接近用户，提高信息出现的频率，使信息围绕用户循环传播。

1. 传播的共鸣

许多增长专家研究人性特点，以期通过这些共同特点来吸引用户并实现增长。每个人都渴望被认可和关注。传播的内容应从这个特点出发，以获得接收方的认同，这种情感被称为"共鸣"。

引发共鸣的主要因素是事物与个体的相关性。学生会更关注自己的成绩，职员会更关心自己的薪资，母亲会更关心孩子的状况。这些都与个体的"角色"相关，这个"角色"会使注意力集中在对自身重要的事情上。

例如，"怕上火喝王老吉"这个广告词将那些在吃火锅或烧烤时担心上火的人群紧密联系在一起。虽然王老吉是否真的能缓解上火症状还有待考证，但是从中医角度来看，王老吉作为一种凉茶确实具有清热利湿、凉血解毒的功效，对降火有一定作用。特别是在广东和广西等地，人们对凉茶的功效高度认可。因此，"怕上火喝王老吉"符合吃烧烤或火锅等担心上火的人群的需求，并获得了他们的认同，因此这个产品的广告传播非常成功。

2. 传播的频率

回忆一些我们至今仍能记得的广告词，如"送礼就送脑白金""农夫山泉有点甜""去屑实力派，当然海飞丝"等。为什么我们能如此准确地记住这些广告呢？最大的原因是它们被反复传播，以至于广告内容在大脑中形成深刻、完整的印象。这些广告不仅在屏幕、产品和街边海报上进行重复播放，还通过超市、传单、自媒体以及朋友之间的口口相传进行传播，一遍又一遍地准确重复，直到深深地印在我们的脑海中。

影响传播效果的关键因素之一是传播频率。传播频率指的是同一内容进行传播的次数。如果不是反复传播相同的内容，每个用户接收到的信息可能各不相同，用户之间无法形成统一的印象，这不符合传播的准确性。只有将准确、统一的内容进行反复传播，才能使人们产生深刻的印象。重复的频率不仅取决于在某个时刻多次记忆，而且与记忆周期有关。一般而言，对于9个字以内的内容，需要在一年内进行至少7次的正确记忆，才能形成深刻的印象。随后再进行传播时，就能进一步加深和延续这种印象。因此，内容越简单、越顺口，人们能够记住和接收的信息就越多，也更有利于下一次传播，使传播的有效层级更多，覆盖更多潜在用户。

传播效率＝吸引力＋简洁性，传播效果＝共鸣＋频率。要根据无限解读路径的每一层目标由简单到复杂、由浅入深的原则，规划具体的内容和策略。例如，在广告层，重视传播效率，在吸引力和简洁性这两个维度上做到极致。在详情层，基于广告层的基础，增加与共鸣和频率相关的内容。这样层层叠加，就能够实现传播效果和传播效率的共同提升。

第四节　企业如何用传播思维增强竞争力

互联网中的传播力量来自用户的情绪。我们可以观察到在网络上被转发、讨论的内容往往与情绪有关。互联网放大了情绪的影响，而理性则容易被忽视。许多自媒体常常利用情绪的力量来"煽动"用户，学会引导情绪并聚焦于品牌，可以提高企业的市场竞争力。

一、用户情绪

用户情绪的引导是一项费精力、费心力的工作。它需要我们理解用户的情绪，并采取合理的应对措施。同时，我们也需要考虑内部环境的效率问题。一些项目过于关注满足用户投诉的需求，竭尽全力满足用户提出的各种建议，最终将大部分资源浪费在发生概率极小的问题上，导致运营效率低下。因此，我们需要谨慎对待用户的需求，并制定合理的运营管理规则，避免精力浪费。

除了内部运营规则，我们还需要制定用户使用规则。在制定规则时，需要明确禁止的言论和行为，违反规则将会受到相应的惩罚。同时，也需要规定鼓励的言论和行为，例如分享有用的经验、帮助解决问题、输出有价值的内容、购买产品、撰写评论等。这些措施能够有效引导用户的情绪朝着预期的方向发展。

面对舆论时，如何转危为安，甚至更上一层楼呢？近年来，在经历互联网的"野蛮"增长后，许多品牌在处理舆论危机方面越来越得心应手。当然，最好的舆论应对方法就是承担社会责任，真心服务用户。

二、品牌意识

我们生活在信息爆炸的时代，广告充斥着我们的视听空间。与此同时，传统的电视媒体等传播渠道的成本也越来越高。在这个背景下，企业面临的突破方向是如何用最小的传播成本获得最大的价值。在这方面，品牌的建设和标志的运用起到了重要的作用。

早在 16 世纪早期，蒸馏威士忌的生产商就开始将威士忌装入烙印了生产者名字的木桶中，以防止不法商人的欺诈行为。这可以看作为了确保传播有效性最早采用的方式，即标志（LOGO）。随着时间的推移，标志逐渐发展到其他行业。1835 年，苏格兰的酿酒者使用了"Old Smuggler"这一品牌，以维护其采用特殊蒸馏程序酿制的酒的质量声誉。这种做法加强了人们对标志的记忆,并将其与产品特点联系在一起,从而打造了品牌的竞争优势。

随着商业模式的不断进化,现代传播效率的提高使得人们越来越重视品牌的价值。在品牌建设中,苹果是一个成功的案例。2014年,苹果超越谷歌,成为世界上最具价值的品牌。苹果的 LOGO 是一个被咬了一口的苹果图像,背后代表着什么呢?1976 年,苹果的第一个标志由罗·韦恩(Ron Wayne)用钢笔画出,其中展现了牛顿在苹果树下进行思考而发现了万有引力定律。因此,苹果的 LOGO 可能代表了乔布斯像牛顿一样,通过发明苹果电脑实现了重大突破。

品牌和 LOGO 的运用使传播更具凝聚力,简化了传播内容(所有描述都通过一个简单的标志进行传递),从而突破了传统的广播和广告效果。这种传播形成了用户具象的意识。根据增长 12G 模型中的用户思维,用户的意识决定了商品的价值。因此,树立用户对产品价值的意识就是传播。树立产品价值意识的主要作用是介绍为什么这个产品更具价值,以及它比其他产品更出色的理由。我们可以通过苹果成功的品牌意识传播案例进行研究。

以下是苹果手机历代的广告语:

- 初代 iPhone:Apple reinvents the phone; This is only the beginning.(苹果重新定义了手机;这仅仅是个开始。)
- iPhone 3G:The first phone beat the iPhone; The iPhone you have been waiting for.(能够击败初代 iPhone 的第一款手机;这就是你一直等待的 iPhone。)
- iPhone 4:This changes everything. Again.(再一次,改变一切。)
- iPhone 4S:The most amazing iPhone yet.(出色的 iPhone,如今更出色。)
- iPhone 5:The biggest thing to happen to iPhone since iPhone.(有史以来改变最大的 iPhone。)
- iPhone 5S:Forward thinking.(最超前、空前的手机。)
- iPhone 6S/6S Plus:The only thing that is changed is everything.(唯一的不同,是处处不同。)
- iPhone SE:A big step for small.(一小步的一大步。)
- iPhone 7/7 Plus:This is 7.(7,在此。)
- iPhone 8/8 Plus:A new generation of iPhone.(新一代 iPhone。)

❏ iPhone X：Say hello to the future.（未来。）

❏ iPhone XS/XS MAX：Welcome to the Big Screens.（大屏幕上见。）

❏ iPhone XR：Which side is bright apple.（哪一面都是亮点。）

  通过观察上述苹果的品牌意识传播案例，可以发现 iPhone 的品牌意识传播信息大都传达出一种统一的意识——"iPhone 手机一直是创新和进步的"。这一意识深刻体现在所使用的词汇中，如"重新定义""击败""改变""超前""更出色""未来""新一代"等。新版手机总比原来的手机有更多的优点，这成功地引发了用户对每年新 iPhone 手机发布的极大兴趣。iPhone 手机的用户在潜意识中认为苹果最新的 iPhone 手机会比旧产品更好，形成一种"抢购 iPhone 最新版手机"的意识。这为 iPhone 手机带来了每年固定的换机用户，对于低频高客单价的产品而言，这是一种极好的品牌意识传播策略。这种品牌价值意识的传播成功地将 iPhone 品牌塑造成全球最具价值的品牌之一，这无疑是值得我们学习和研究的。

运营领域篇

本篇将介绍商业活动在互联网增长竞争领域中的四个运营领域——私域运营、电商运营、自媒体运营和投放运营。私域运营擅长留住用户并过滤外界噪声,适用于在增长活动中积累力量;电商运营通过实现价值转化、建立基础信任与用户建立紧密联系,适用于在增长活动中构建商业闭环;自媒体运营借助各大媒体平台,以自身为中心聚集影响力,适用于在增长活动中进行引流和曝光;投放运营通过整合资源和利用优势特权提高已有增长路径的效率,适用于在增长活动中抢占先机。这四个运营领域可以独立进行闭环运营。如果它们的战略目标相同,它们之间可以相互促进,形成以增长目标为核心的完整互联网增长视角。

互联网增长的四个运营领域协作示意

市场竞争和运营增长的难点在于不断面对新问题,解决这些问题需要相应的知识或经验,如果我们只停留在死记硬背和应试思维的层面,那么我们只能应对特定的问题。要想应对所有问题,就需要培养自己的推演能力。

推演能力是指将受众所处的环境、习惯和思想纳入考虑范围,并进行推演,以更好地解决问题的能力。通过一次次的推演、验证和复盘,我们的推演能力将变强,结果也将更准确。这种训练是企业运营产生质变的关键。本篇使用推演的过程来撰写运营技巧,以帮助读者学会拆解和重组模型,并灵活应用所介绍的运营方法。

| 第七章 |

私域运营积蓄力量

  私域运营是增长 12G 模型中的一个关键领域,提供了一个与用户直接沟通的封闭运营环境。作为企业在互联网竞争中的基地,私域运营通过积累、培养和发展基地资源,满足资源竞争战略的需要。在建立私域运营体系时,搭建增长运营框架、设定闭环运营路径,并根据每个环节的目标制定有效的、可叠加的策略,是成功实施增长运营体系的关键。

  建立完整的私域运营体系需要从拉新、留存、激活、转化和裂变这五个环节出发,通过在各个环节中构建有效的渠道和方法路径,实现增长相关指标的拆分,从而达到最终的增长目标。拉新阶段是吸引新用户的过程,通过精准的定位和有效的营销手段吸引目标用户加入私域。留存阶段则着重于建立稳固的用户关系,通过提供优质的产品和服务,以及精心设计的用户体验,使用户愿意持续参与企业的互动。激活阶段旨在唤醒沉睡用户的活跃度,通过个性化的互动和推广活动,激发用户的参与和忠诚度。转化阶段则将用户的参与转化为商业价值,通过精确的推荐和个性化的营销策略,引导用户进行购买或其他转化行为。裂变阶段侧重于通过用户自发的分享和传播,扩大私域的影响力,吸引更多用户加入。

  同时,在构建私域运营体系时,需要充分利用现有的人脉资源。通过与行业内的关键人物建立良好的合作关系,利用其影响力和资源,扩大私域的覆盖范围和影响力。此外,建立与用户的深层次连接,通过社群、会员制度等方式，培养忠诚度高且有共同价值观的用户群体，进一步提升私域运营的上限。

总之，私域运营作为一种与用户直接互动的运营方式，在增长 12G 模型中扮演着重要的角色。通过建立完整的私域运营体系，从拉新到裂变等五个环节，结合有效的渠道和方法路径，以及充分发挥人脉优势，企业能够实现持续增长并与用户建立稳固的关系，从而在互联网竞争中脱颖而出。

第一节 什么是私域运营

很多人对于"私域"一词有不同的定义，但在本书中，私域被定义为"是否能够主动过滤外界噪声干扰"。例如，某企业搭建的官网、App、小程序、公众号和社群等互联网传播平台都具备这个特点，它们可以主动阻止其他竞品广告或信息在自己的平台中传播。这样一来，在信息传播过程中能减少噪声的干扰，使用户的注意力更集中，从而提高信息接收效果。相反，无法主动过滤外界噪声的信息传播平台则不能被视为私域。例如，百度搜索会反馈大量信息，但这只能由百度控制，所以它属于百度的私域，而不属于信息创造者和提供者的私域。这种无法过滤噪声的推广方式很容易导致竞争，用户的注意力被分散，企业很容易陷入广告竞争的无休止循环中。

因此，私域运营就是运营已方线上的封闭场所，在制定增长战略时，我们需要从两个方面考虑是否进行私域运营：优势和风险。很多私域运营专家主张每个企业都应该建立自己的私域，这是基于对私域优势的考虑。然而，根据笔者的经验，更倾向于建议企业在做决策之前充分考虑优势和风险，否则很容易白白花费时间和精力，最终只是参与了一场热闹。

私域运营的优势和风险对照如图 7-1 所示，企业应结合增长战略目标对是否进行私域运营进行综合评估。

优势	风险
私域获得的收益无限接近 100%（利润空间大）	私域需要从 0 搭建（投入较大）
私域传播效果强（**转化率高**）	私域需要持续运营（**效益延迟**）
私域用户培育能力强（**长尾价值**）	私域运营过程中需面对流失损耗成本（**静默成本**）

图 7-1 私域运营的优势和风险对照

而社群运营的优势主要体现在利润空间大、转化率高以及长尾价值三个方面。具体来说，社群运营具有以下三个方面的优势：

（1）利润空间大　在私域运营中，通过控制商品转化路径，可以减少流转费用支出，从而节省成本并将节省的成本用于其他方面，提高私域的利润获取效率。例如，在电商平台销售一台手机需要支付约2%的手续费，但通过私域渠道成交可以使用微信收款、支付宝收款、小程序收款等方式，节省这一费用。对于售价为4000元/台的手机而言，节省的2%手续费相当于增加了80元的利润，这部分资金可以用于优惠、返利、推广等，进一步获得规模效益。

（2）转化率高　私域具有防噪声干扰的特点，能够避免竞品和竞争对手对传播信息的影响。同时，私域能够在同一时空中提高用户的注意力和思维的一致性，从而提高信息转化的效果。微商社群和直播营销也借助私域的优势，在特定时间点持续向用户输出产品信息，避免用户进行多选，提高转化率。

（3）长尾价值　私域运营能够长期维护用户，只要用户没有流失，就可以随时触达他们。这有利于培养用户的行为和认知，实现长尾价值和多元价值。例如，某社区的水果店创建了一个社区水果群，并在群里宣传与吃水果相关的健康知识。经过一段时间，许多原本没有吃水果习惯的用户开始有规律、有计划地吃水果。通过这种方式，原本增长受限的水果店能够突破其增长瓶颈，获得稳定且忠实的用户。

虽然社群运营有很多优势，但是我们也必须谨记其利弊双刃的特性，不可忽视其中的风险。只有在充分警惕和有充足准备的前提下，才能有效地应对这些风险，避免盲目行动。私域运营的主要风险点如下：

（1）投入较大　每个私域领域都必须从零开始建立，无论是社群运营、公众号运营还是App运营，都需要先建立基础设施，例如软件开发、规则制定和内容输出，这些都需要投入资金和资源。同时，在私域运营初期，还没有用户，需要从企业的其他私域领域或公域流量中获取稳定的流量。流量输送后，还需要建立完善的内容机制，包括有价值的留存、业务转化、裂变扩散和激活等方面的工作。这些都需要前期投入资金、技术、人员、精力和时间等资源。

（2）效益延迟　私域运营的前期工作是搭建框架和填充内容，而中后期更注重用户运营，即维护用户、服务用户以实现用户增长。用户运营是与用户不断互动的过程，需要持续投入精力。在私域运营初期用户的忠诚度较低、数量较少，企业能获得的经济效益十分有限，需要经历一个成长期才能获得利润。因此，如果成长速度不够快或项目不够稳定，很容易夭折或走偏，最终无法达到预期效果。

（3）静默成本　私域运营应计算用户流失率、活跃率和转化率等指标，确定私域用户效益与运营成本之间的关系，包括是否划算、是否可持续，以及是否有更多的发展空间和可行性。如果投入大量资金获得的用户无法在私域中留存或产生价值，那么无疑是亏本的。因此，在私域运营中，用户流失、活跃率下降和转化率降低都是成本损耗的风险。此外，还可能面临环境影响和运营事故等潜在风险，导致更大的损失。

综上所述，我们需要积极发挥私域运营的优势，并规避或降低其弊端的影响。我们应该围绕私域的作用和风险来构建整个运营体系，不能因为风险的存在而止步不前，也不能盲目投入，而是应该审慎评估并采取有针对性的策略，以确保私域运营能够取得成功。

第二节　私域运营增长模型

根据私域的优势和风险点，可以梳理出私域运营增长的主要环节。为了解决新流量持续供给的问题，需要有拉新环节，该环节主要解决私域封闭，需要从零开始的问题；为了提高用户的黏性并促进转化，需要搭建留存和转化环节，这可以发挥私域转化率高带动利润率的优势，以及减少用户流失的损耗；为了充分利用用户的剩余价值和多元价值，需要搭建激活和裂变环节，这可以发挥私域长尾流量的价值和规模效益的优势。最终，这五个运营环节的串联运作形成"拉新→留存→激活→转化→裂变"的从0到1的私域运营增长模型，如图7-2所示。

本书提出的模型是根据私域的优势和风险特点构建的，可以直接应用于企业的私域增长项目。企业按照该框架输出相应的策略，能够规避许多风险，正确发挥私域的优势。然而，框架内的策略填充是基于之前章节中介绍的四个增长底层思维，并结合实际情况制定的。只有按照定位思维、用户思

图7-2　私域运营增长模型

维、产品思维和传播思维的基本增长逻辑，才能输出有效的策略，并将其填充到私域运营的主要环节中，组合成一个有效的私域增长模型。接下来，通过一个案例详细介绍搭建私域模型的完整过程，以供读者参考。笔者为某手机电商设计的私域运营增长模型见表7-1。

一、拉新

私域增长项目的第一步是解决用户拉新问题。这需要稳定、可持续的用户获取渠道。用户获取主要有以下两个渠道。

1）已有的私域渠道。利用已有的私域渠道，能够更精准地找到符合企业用户画像的用户。例如，企业已有的App、自媒体（公众号、视频号等）、线下门店展位、官方网站、应用小程序、社区论坛等。因为是来自企业自身渠道的用户，一般也都是企业产品的受众用户，用户画像相对精准，没有获客成本，适合在前期低成本搭建私域模型的拉新环节使用。

2）公域中购买或置换的渠道。在公域中购买或置换流量可以帮助企业快速获取用户。这需要考虑选择合适的公域渠道，并确保购买或置换的用户符合企业产品的用户画像。例如短视频信息流投放、同类用户画像企业互推、线下广告资源位曝光等。

下面通过一个案例分析来说明私域增长项目中用户获取的方法：

笔者通过盘点某手机产品企业可调遣流量的资源，发现该手机企业可以通过手机包裹、公众号和线下门店等方式获得私域用户。其实许多企业存在许多未被挖掘却极具价值的用户流量，应该尽快构建自己的私域增长项目，将日常经营中不重视的流量挖掘出来。

例如，可以通过在包裹中放置小卡片让用户扫码添加好友来引导用户加入私域。一般来说，小卡片扫码加入私域的转化率约为10%。为了提高转化率，可以用用户思维的方法优化策略，洞察用户在拿到手机的场景下最容易被什么利益吸引，并输出相关的内容。通过用户思维场景推演，可以发现"激活保修"和"领取返现"这两个策略都是用户收到包裹后非常关注的问题。结合话术，用"第一件事"强调最重要的，抓住用户注意力。最终，利用该策略实现了小卡片扫码转化率达到48%的效果。某手机包裹小卡片的正反设计如图7-3所示。

表7-1 某手机电商的私域运营增长模型

重要环节	拉新（引流）			留存			激活		转化			裂变		
	包裹	公众号	线下	沉淀个人号	沉淀公众号	沉淀社群	第1天	第2~7天	爆款	征集内容	促销日	任务裂变	老带新	分销
影响因子	利益点二维码展示位置引导话术文案和图片	引导话术利益点日增关注数粉丝数量文章推广力度	活动（互动）吸引力/气氛店员引导门店流量	人设的价值运营人员技能添加后的话术和转化路径	公众号价值文章质量	群价值进群后的活动	自动回复社群定位福利兑现	互动习惯互动形式认可程度	促销方式优惠力度时间产品需求	利益点参与难度搜集形式	促销力度活动内容宣传形式	引导流程利益点	利益点认可度难度意识	KOL挖掘培训培养利益点
数据模型	订单数/扫描数	每日新增/扫描数	每日好友增长数	最新日期留存率	每日留存率	每日留存率	有效合作数	有效互动数	销量/触达用户	收集内容数占比	销量/触达用户	裂变层级拉新好友数	老带新占比	有效分销率有效成单率
运营策略核心	1.包裹里面再赠送两张优惠券 2.多平台爆款出货	1.公众号引流拉新人口+矩阵玩法 2.公众号内容质量	1.线上互动（体验网红店）2.线下达人直播	1.有结果的聊天数据指标（情感维系）2.承接流量朋友圈创意等	1.公众号涨粉、福利设置、裂变海报 2.免费福利搭配多平台媒体内容矩阵	1.课程/干货 2.互动	1.好友返现 2.内容征集 3.优惠券 4.聊天	1.训练营课 2.打卡	1.多渠道打造爆款 2.预售造势、爆款返厂	1.视频内容 2.图文内容 3.内容注明作者、日进行表彰	1.节日定制创意活动 2.走量	1.切合一手机用户需求 2.营造声势	1.触发行动 2.设计一句让消费者传播的话，并且一句话打动消费者	1.锁定用户画像 2.塑造成功案例
希望用户做出的行为	领取好评返现	关注公众号	扫描加微信	沟通需求	长期阅读	关注群聊/置顶	下单或合作	互动评论	买单	输出价值内容	买单	完成拉新任务	有意识传播	主动宣传
用户核心想法	可信度有必要吗紧急吗	关注有什么好处文章有没有用对我不符合我的需求	是否值得信任是否有需求	对我有没有危险对我有没有作用	内容对我有没有用是否符合我的认知	群里有没有归属感对我有没有作用	是不是有下次的这个人利我的关系	活动我当意参与是否值得我参与	我买它好还有现在买是没有乐趣	对我有什么好处别人都是什么好处	促销日比平常便宜多少，能有什么其他好处	我能不能完成这个任务完成后的奖品是否能打动我	这个产品是否值得我传播的好处	如何卖得好卖好后对我的价值
目前核心指标数	200人/天	600/天	300人/天	1000好友/天	600关注/天	600群员/天	领优惠比率30%	7天打卡率59%	100单/天	50篇/天	700单/天	300人/天	100人/天	200人/天
预期提升指标数	300人/天	700/天	400人/天	1200好友/天	700关注/天	700群员/天	领优惠比率40%	7天打卡率62%	200单/天	70篇/天	800单/天	400人/天	200人/天	300人/天
优化策略	包装壳正面放一二维码保一二维码	提升公众号推送次数	设置下线扫码领奖	设置惊喜小礼品	设置长期关注	邀请人分享内容、挖掘群内意见领袖	优化福利话术、设计成卡、图片更显眼	设计接龙打卡、强调打卡福利	提高配件的质量	提高征稿待遇	补充更多新品	隔时任务时奖励	设置老带新榜单、打榜奖励	分销价倾斜奖励

图 7-3 某手机包裹小卡片的正反设计

在该案例中,已购买手机的用户本身就属于高精准用户,且因为有过成交合作已建立第一层信任关系。他们是一年后(手机类产品换代周期)集中促销的精准目标人群。同时,只要企业的手机产品仍在市场上销售,包裹渠道就将一直有成交并带来稳定流量。所以该渠道符合"用户精准"和"流量稳定"这两个要素,适合做私域拉新的渠道源。

当一个渠道稳定运作后,可以叠加其他渠道以实现 1+1 的累加效果,比如公众号引流、门店引流、短信引流、AI 智能外呼、销售产品详情页等内部流量调度方法。同时,也可以入驻多家电商平台,以获得外部流量,比如自媒体平台内容入驻、流量平台广告置换或交易等。所有这些渠道的综合效果就等于"拉新"环节的整体效果。

例如,每天通过包裹小卡片扫码新增 800 人 + 每天通过公众号扫码新增 600 人 + 每天通过门店扫码新增 300 人,那么拉新环节的整体渠道效果就是每天新增 1700 人。通过渠道效果的叠加,实现了环节运作的整体效果和效率的提升。

然而,私域增长模型的搭建并不仅仅是做好一个环节。整体模型的运作效果取决于效率和效果最低的环节。例如,每天引流 1700 人,留存环节是否有足够的人员、转化策略、工作设备来支撑留存效率?如果没有,那么流失也是惊人的,不仅导致之前拉新所耗费的成本成为有形的损失,而且每个渠道策略都有其生命周期,过度透支和伤害用户信任会造成无形的损失。因此,私域增长的每个环节都是环环相扣的,强调的是整体协作。

在拉新环节落地时,首先要考虑的不是达到多高的拉新指标,而是先用少量人数跑通拉新→留存→激活→转化→裂变的每一个环节,形成 MVP 私域运营模型后,再逐步提升每一个环节的效果或效率。

二、留存

搭建私域并引导用户加入，主要目的是实现多元价值的规模效益，而不仅仅是追求短期成交后即散去的"快闪"行为。一些"快闪"的运营形式仅仅利用私域的封闭性进行集中营销，本质上还是电商的策略，并不属于私域本身的优势。私域留存指的是长期的用户留存，因此需要构建一个游戏机制，使用户愿意留下来并积极参与私域的活动。同时，需要采取防止流失率过高的风险分摊策略。通过提高留存+减少流失这两个方向的策略输出实现提升整体留存的效果，以便为后续用户的长期培育和转化做支撑。

在某手机电商私域案例中，我们需要深入思考，洞察用户群体的长期需求是什么。通过对用户思维的洞察，可以发现用户主要围绕手机科普和智慧生活两个方面。因此，我们可以构建玩机达人和情报官的社群人设。拥有这些人设的人每天在群内分享自己对手机的新研究和新发现，并主动教大家如何进行手机定位、内存清理、保养、挂失、游戏加速、拍照、废机拆卸、DIY加工等知识。这样做不仅可以让用户觉得有趣、有用，还能够让用户更好地使用手机，提高用手机工作的效率。同时，鼓励用户在群内分享他们学到的内容，通过一部分职业玩家带动10%到20%的头部用户参与和分享，产生多样化的创作内容输出，进而影响剩余的80%到90%的用户，形成环境同化效应，实现输出与输入之间的传播游戏机制。此外，为了减少用户流失，我们还可以将用户留在多个私域平台中，在实现游戏机制的过程中巧妙地引导用户关注公众号、视频号，或下载 App，添加更多的人设的工作号，使用户的留存与私域更加紧密，便于与激活环节相互配合。

总体来说，留存环节的关键是输出与用户需求一致的长期价值，并引导一部分用户参与创造价值，实现"互动金三角"（见图6-2）的循环作用模式。同时，通过将用户沉淀在多个私域平台上，实现留存环节的叠加效率，让用户有选择地加入适配的私域场所。私域是构建互动层极好的场所，因为企业可以制定规则并拥有最大的权限。

三、激活

用户加入社群后，企业需要制定完善的注意力管理方案，以便让用户遵守规则、有序接收私域信息，避免局面混乱。同时，在内部运营过程中，需要建立有效的"运营SOP"流程,以确保运营团队能够有条不紊地按照节奏进行工作,避免发生混乱的情况。只有有效且有节奏地吸引用户的注意力,才能更好地控制和管理好用户,并使其在适当的时间看到正确的内容,逐渐养成习惯,形成长期的依赖关系。然而,很多社群运营在后期会遇到活跃度逐渐降低的问题,如何保持用户的活跃性成为激活环节需要解决的重要问题。

实际上,在用户进入私域之前就需要提前规划好用户注意力管理和激活方案,否则面对已经失去兴趣的用户,后期无论付出多大的努力,效果都很难有大的提升。这是因为用户在加入社群的那一刻就已经对社群进行了定位和分类,即判断其是否有用及是否能排序为第一位。如果第一印象不好,被认定为"无用",那么用户很可能会下意识地屏蔽私域中的信息。因此,在解决定位问题之后,下一步就是培养习惯。所以,激活环节的关键是"第一印象"和"习惯养成"。注意力会随着时间的推移逐渐流失,如图7-4所示。

用户注意力在第1天时尤为关键,因此即刻反馈至关重要。接下来的2～7天是相互了解并形成潜规则的重要阶段,而第8～30天则是习惯养成的时期。例如,笔者跟踪了某用户在使用外卖App上的行为记录:

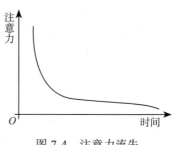

图7-4 注意力流失

- 第1天:在饭点时,用户收到一条短信,得知有一张免费吃外卖的优惠券,基于这个优惠,用户下载了某个App,并使用了该优惠券下单免费外卖。此外,平台还额外赠送了6张5元的优惠券。用户在享用完一份外卖后,觉得这个活动很可靠。
- 第2天:在饭点时,用户仍然觉得该App很划算,因此继续使用优惠券下单。
- 第3天:用户逐渐认同该App提供的外卖很划算,仍然使用优惠券下单,并保持了一周左右的持续使用。

……

- 第8～30天:用户养成了使用该App进行消费的习惯,逐渐不再花费精力和决策成本来考虑使用其他App或外卖渠道,形成对该产品的依赖性和习惯性,成为忠实用户。

从这个案例中可以得出以下结论：
- 在第 1 天，留住用户的注意力主要依靠产品的价值、达到用户的预期、持续提供福利、建立信任的首次合作、限时限量的行为督促等因素。
- 在第 2～7 天，留住用户的关键在于超出预期的长期性价比，以及监督习惯的养成。
- 第 8～30 天是过渡阶段，用户的留存主要依赖于更深入地认知产品的价值和与长期消费行为的绑定。
- 最后阶段主要依赖于产品本身的价值和用户习惯的养成效果。

根据这些重要节点，可以有针对性地制订用户激活计划，并根据时间进度编制激活规划表，如图 7-5 所示。这样做可以清晰有效地进行用户注意力管理，并对每个关键环节的数据反馈进行优化。

时间	第 1 天				第 2～7 天		
关键节点	产品价值	给予持续福利	首次合作产生信任	限时限量的行为监督	长时间的性价比	监督习惯养成	长期消费行为的绑定
具体对策	解决吃饭效率问题	赠送6张优惠券	首次下单免费吃	优惠券到期提醒到饭点时提醒	使用优惠券后比到店还优惠	到饭点时提醒分析下单频次	开通月卡会员/年卡会员的福利
数据指标	浏览率+时长+浏览商品数	优惠券领取+使用率	首单转化率	信息提醒打开率+转化率	优惠券领取+使用率	信息提醒打开率+转化率+每周消费频次	月卡/年卡下单率
时间	第 8～30 天				最后阶段		
关键节点	深入的产品价值认知		长期消费行为的绑定		长期习惯的监督		流失影响力分析
具体对策	解决吃饭效率问题的实际效果（品类多、送货上门等）		开通月卡会员/年卡会员的福利		平均使用次数是否平均		造成用户后期流失的原因分析（竞品？社会因素？）
数据指标	App 平均每周打开率+时长+浏览商品数		月卡/年卡下单率		App 平均每周/每月打开率+时长+浏览商品数		平台用户流失数据对比分析

图 7-5 激活规划表

除了长期的习惯养成，运营话术和引导策略也是激活用户注意力的重要因素。例如，一些社群中的接龙活动以及一些 App 中的打卡行为都是逐步培养用户注意力的有效策略。为什么一些社群的运营转化率非常低？这是因为缺乏管理意识。泛管理（是指管理人数众多且管理层次较浅的情况）旨在引导成员进行统一行动和喊统一口号，使成员相互纠正并保持高度一致。这种方式既适用于接龙活动，又是管理用户注意力的最佳方式。运营人员要求在完成任务后发送"已关注"（如图 7-6 所示），群内成员统一执行这一标准行为，会产生一致化的跟风效应，从而提升用户注意力。这是泛管理策略的一个示例。实验证明，这种方式的转化效果和影响力远高于"自说自话"的管理模式。类似的策略（例如打卡、领读等）不胜枚举，需要运营人员在知识学习、项目锻炼的过程中不断发现和积累。

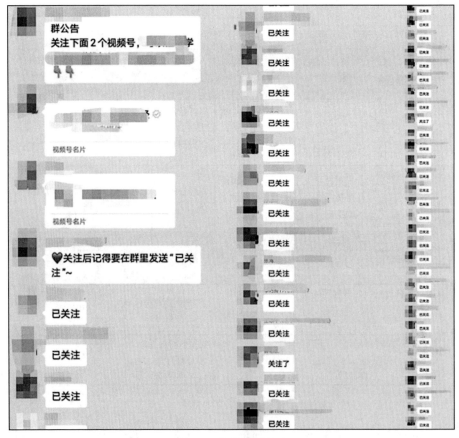

图 7-6　接龙激活策略

四、转化

解决拉新、留存、激活问题后,需要思考如何赚钱。企业只有获得实际收益才能稳定增长,为增长提供更多资源。在私域运营中,用户产生价值的过程被称为转化用户,即将新用户转化成消费者、内容输出者和产品活动支持者。转化环节是多元的,转化用户应尽可能多地产出实用价值和经济价值。

转化环节的节点是有限的,需要在注意力最集中的节点安排最重要的战略,以增长最重要的业务为目标。这与激活环节的注意力紧密相关,只有依靠激活环节将用户注意力集中起来,才能集中输出转化信息,促进业务价值获得转化。

社群私域转化策略的例子如图 7-7 所示,即在社群里发起团购的优惠活动,这样的策略可以在一定时间内吸引私域用户的注意力,并促使用户跟风参与活动。在社群中讨论产品效果可以进一步影响其他未下单的用户,以提高转化效果。

图 7-7 社群私域转化策略

业务价值的转化需要参考之前传播思维章节中的详情层内容，集中输出令用户产生信任的内容才是促成转化的关键。例如，在产品的生产过程、买家秀及评论、产品服务保障、名人背书、企业规模和成长故事等信息传递中都可以建立用户信任，从而推动转化。用户转化可以是直接的金钱变现，也可以是对产品或服务的赋能。选择合适的业务转化方向需要进行优先级排序。

在规模较大的企业中，各业务部门经常需要相互合作，这时需要具备判断准则。如果接受所有业务，私域运营可能陷入沼泽地，效果越来越差。判断是否应该做某个业务，需要找到相互连接的转化业务，并确保在定位方向、用户精准等方面的一致性。否则，转化效率低下，且会影响用户对私域的认知，导致用户注意力流失。

进行优先级排序时，需要将私域注意力资源较好的时间段和位置提供给优先级较高的业务。在激活环节的用户注意力黄金第1天和白银7天中，应重点宣传优先级较高的业务。评估业务优先级时，可以组织内部的专家和相关人员一起参与，并根据运营的反馈情况进行调整。没有100%正确的答案，决胜的关键在于基本方法的运用和经验预判。

五、裂变

裂变增长在私域运营中发挥着重要作用，是实现自循环、降低拉新成本的关键转化业务。建立有效且可持续的裂变路径可以使之前的运营体系更具效率，它是一个可叠加的增益工具。在考虑用户如何帮助宣传之前，我们应该先思考如何实现最佳的宣传效果。通过预测用户的宣传效果，并制定相应的激励策略，我们可以最大限度地衡量出有效策略。

我们需要先假设用户愿意无条件地帮助我们，然后思考如何让他们去宣传产品。例如，通过朋友圈、QQ空间、其他自媒体、线下街坊邻居、口碑相传，穿着带有我们宣传语的衣物，帮助发传单或在社区张贴海报等。通过针对用户思维的4D用户画像法，可以有针对性地挖掘这些路径，在此不展开介绍。

在列出用户可以帮助我们做的有效宣传途径后，我们下一步需要洞察和推理出让用户帮助宣传的动机，促使用户真的愿意去帮助我们宣传，并为此设计具体的方案和策略。每个私域平台都具有其独特性。以微信为例，它是目前国内线上沟通交流受众最多的平台之一，在该平台上进行私域裂变的效果非常明显。我们可以逐步分析各个路径的优势和劣势，并进行必要的 AB 测试，以确定哪种方法在裂变效果、成本效益和操作便捷性方面表现最好。然后选择几个效果好且易于操作的裂变动作，进行路径组装，并对路径流程进行测试和优化。

想要吸引用户帮助我们宣传，可以参考用户思维和传播思维中的知识，选择合适的用户利益点。裂变环节中有多少路径可以实现 1+1 的叠加效果？例如后文提到的月嫂用户三层裂变方法，通过提供 H5 答题水平测试证书、免费的月子餐培训课程和相关电子学习资料，形成叠加裂变策略的整体效果。

接下来分享一些常见的私域裂变策略：

1）**任务裂变**：设置实物或虚拟奖品，要求用户进行有利于企业的宣传动作，比如砍价免费拿，要求好友点赞、助力等。

2）**荣誉裂变**：设置相关证书、好评、表扬等形式，激发用户为了获得荣誉而自发进行宣传，例如测试结果、线上学习证书、联合发起人、参与志愿者表彰等。

3）**互动裂变**：设置互动小游戏、互动 H5 页面让用户享受其中的乐趣，例如小米 12 宣传 H5 页面，以一种小米内部高层会议的形式与用户互动，用户觉得好玩，自然会进行宣传裂变。

4）**共鸣裂变**：设置合适的视频、图文、图片等内容，引起用户共鸣，从而获得用户认同并自发进行宣传，例如由 10 万 + 粉丝的公众号推文转发、短视频转发等。

5）**活动裂变**：定期或不定期举办活动，让用户在报名后获得几个免费名额，或者通过完成相关宣传动作来获得免费报名资格等。活动裂变还可以与流量主品牌方合作推广，以获得更多种子用户。

6）**优惠裂变**：设置优惠门槛来引导用户进行宣传，例如拼团、抽奖、秒杀、优惠券等活动，通过优惠的方式激励用户进行裂变。美团抢红包的案例就是一种优惠裂变，用户下单后获得一次抢优惠红包的机会，需要分享到微信群方便大家一起抢。

7）**分销裂变**：通过设置返现机制吸引用户加入分销会员，通过分销会员的卖货能力进一步实现裂变，吸引新用户加入。

总体来看，在构建私域增长运营体系时，我们应该围绕私域的特点构建相应的整体运营框架，并通过四个底层思维和经营技巧综合输出有效策略，使每个环节实现 1+1 的叠加效果。私域增长体系是环环相扣的，效率取决于其中效率最低的环节。其他私域平台的运营方法也是类似的，如 App、小程序、公众号等，其整体逻辑是相似的，需要根据具体特点搭建框架、划分环节，并填充相应的策略。

第三节 构建人脉是私域运营增长的核心

私域的最大优势在于其能够建立人与人之间的联系，这一点在社群生态中表现得尤为突出。私域作为用户与企业直接互动的环境，更容易产生信任关系。在私域中，用户之间的互动容易形成社会形态，通过引导这种社会形态，可以实现更有力量的增长策略。比如通过舆论引导、内容分享，以及用户交友、情感维系、归属感和认同感等社会需求的满足，私域可以发挥重要作用。

然而，目前很多私域运营仅仅限于简单的产品推广和信息发布，很容易失去私域的活力，最终导致私域变得"静默"且缺乏价值，然后归咎于"每个私域都有其生命周期，这是不可避免的"等类似原因。正确的私域运营应该优先考虑建立有效的人脉连接，这种连接是基于互通需求和多次合作信任建立的。可以通过打造个人形象、引导用户参与建设、与用户互通需求、进行一对一对话等方式来建立人脉。在建立好人脉运营机制之后，才考虑批量化运营，通过批量化的标准操作流程（SOP）来运营产品，并筛选出有效的人脉资源。因此，私域运营的升级应以建立人脉连接为主要目标，在批量化运营体系中筛选出高质量的人脉用户基础，才能转化出其他经济效益。

举例来说，运营私域社群时，可以采用程序化的 SOP 批量运营机制，同时设置深度采访、有奖征稿、主题培训和分享等活动来建立人脉。建立人脉关系时，可通过对用户进行采访，沟通需求并建立双方印象，通过有奖征稿与具备特定价值（如内容输出能力）的用户建立联系，通过主题培训和分享活动与用户建立有价值且利他的信任关系，从而筛选出可用和积极的用户。当这类用户积累到足够数量时，一些资源会自然而然地找上门。例如，某个参与采访的用户了解到我们在某个地方需要推广渠道，他可以发挥自己的人脉资源帮助我们，从而快速实现目标。又如，企业需要在网络上大量推广内容时，之前培养和筛选出的具有内容创造能力的用户就是最好的帮手，他们对产品非常了解并具备创作能力，其输出的内容在质量、速度和数量方面都非常出色。

在布局私域运营体系时，最重要的是意识到通过搭建私域增长运营体系获得的经济效益和其他效益虽然在短期内非常有价值，但从整个产品业务的增长来看还不够。我们还需要更全面地认识到私域的核心价值，即私域运营能够带来的人脉效果。人与人之间通过相互了解、相互认可和相互帮助建立人脉关系，拥有更多有效和有用的人脉，无论是做生意还是组织活动都能事半功倍。将企业或产品（增长目标）理解为一个人，用人际关系的温度去构建连接才是私域增长的核心所在。即使整个私域增长运营体系的用户活跃度下降、私域产品销售困难、转化率降低，只要拥有足够多有效和有用的人脉，也可以重新整合资源、重整旗鼓，甚至找到更好的增长方向。

人脉就像围棋中的活棋，这些用户愿意倾听你的声音、相信你并积极帮助你。当需要实现增长突破时，他们可以帮助你连接渠道资源；当准备产品内容时，他们可以批量输出高质量的内容；当运营遇到困难时，他们可以集思广益，发挥各自的才能。

那么，如何建立人脉关系呢？首先，需要打造个人形象，将增长目标包装成一个人；然后建立人脉机制，有意识地去结交并积累有价值的人脉。

一、打造人设

建立人脉首先需要打造一个能够给用户带来好处的人设，这样用户才能感受到真实的人的情绪和个性，而不是刻板、标准化的行为和动作。在打造这样的人设时，不必害怕与用户产生冲突，有时候采取强硬的态度反而能够促进双方情绪的统一，并避免成为一味顺从的"客服"。

那么，如何给予用户好处呢？针对不同的用户需求，需要提供人性化的"好处"。例如，对于那些加入社群是为了学习某项技能的用户，可以通过帮助他们学习和成长来赢得好感与信任，把自己当作用户的朋友，并给出合适的建议。比如我们想经营一个母婴社群，就可以塑造一个"奶爸"的人设。母婴社群经常会遇到一些宝妈因为婆媳冲突而无处倾诉的问题，此时我们的"奶爸"人设可以站在朋友的立场，为宝妈出谋划策。当遇到情绪特别低落的宝妈时，我们可以安排一些惊喜，比如送给她们一份产品，并附上我们手写的鼓励名片。虽然我们无法照顾到所有宝妈，但只要有主动寻求帮助的宝妈，我们就会尽力帮助她们走出情绪低谷。通过逐渐积累，该社群中的母婴产品用户大多会十分忠诚，群内氛围也会比较好。这位"奶爸"也成为众多宝妈的好朋友，在私域中能够得到集体的回应。

在打造人设的情绪方面，不同的用户群体在生活中需要某种特定的情绪价值，提供这种情绪价值能够迅速拉近所打造的人设和用户之间的距离。以宝妈群体为例，由于她们需要照顾孩子和承担家庭琐事，往往会被社会忽视，她们需要一些足够体贴、能够倾听她们倾诉的角色。而职场人群通常需要面对迷茫焦虑的情况，他们需要能温柔地提供有效建议的角色。因此，在打造人设时，要从满足目标用户情绪价值的角度出发。

以下是一些打造满足用户情绪价值的人设的小技巧：

1）**建立一个与目标用户具有相似属性的人设**。例如，针对月嫂群体，可以塑造一个"经验丰富的月嫂"形象，因为只有有过类似经历的人才能真正理解和体会她们的感受。

2）**建立一个能够迅速获得好感的人设**。例如，在家庭中承担家务和照顾孩子的"奶爸"形象。这是许多宝妈喜欢的人设，因为宝妈都希望自己的丈夫能够分担一些照顾孩子的工作，温柔而有责任心。

另外，人物个性也非常重要。每个真实的人都有自己的个性，通过言谈、朋友圈内容、个人简介等，可以显示出他是活泼的还是理智的。这种个性需要通过过去的行为来让用户识别。例如，在卖零食的社群中，群主是一个"吃货"，用户经常在他的朋友圈看到他分享美食，这些分享不仅仅是简单的分享，而是结合他真实的感受来形成鲜明的记忆和感染力；在卖数码产品的社群中，群主是一个数码达人，经常在朋友圈分享与数码产品相关的知识，这也不仅仅是简单的分享，而是结合他的个性以及专业知识进行分析。这种人物个性可以让"人设"与普通人区别开来，而且对专业度的要求很高，只有足够专业，才能促进用户的信任，并形成转化。

二、形成人脉

在建立人脉关系时，第一步是相互了解，了解别人能够提供哪些资源，以及自己可以提供哪些资源，这样才能找到合适的人建立联系。因此，促进相互了解的活动至关重要。

可以采用一对一的深度调研方法，通过与目标用户群体进行深入交流，还可以发现某些人的特殊价值。例如，在一次对工人群体的调研中，笔者遇到了一位来自福建的工厂管理人员。通过与他交流，彼此之间建立了基础的信任关系。后来，当笔者需要招募大量工人时，就想到了他。于是向他寻求帮助，他告诉笔者在某地有一个人流量达到数万的招工现场，没有摊位费和门槛限制，目标人群非常多。最终通过他的帮助笔者超出预期完成了任务。因此，在调研过程中，不仅要了解目标用户的属性，还要发散思维，了解其资源，以备不时之需。

第八章

电商运营提高转化

  电商运营是增长 12G 模型的四个运营领域之一，目的是通过直接转化商品实现价值增长，具备较强的变现效果。然而，电商运营在流量曝光和转化方面过于依赖电商平台，因此需要通过私域运营来积累资源并通过自媒体运营来拓展渠道。此外，电商运营主要通过整合资源来推动产品销售并获取经济资本，随后将赚得的经济资本投入到产品价值创造和销售环节中，以获得更多的经济资本，形成一个经济资本的循环促进模式。

  搭建一个完整的电商运营体系需要从爆款、矩阵、成交、渠道和截流五个环节出发，制定有效的策略来实现经济资本的积累，并将经济资本应用于这五个环节中进行优化和升级，以在市场竞争中获取更多的价值回馈。在建设电商运营体系时，需要特别关注电商的核心——品牌布局。通过品牌的焦点效应，在产品的上下游实现有效的布局，使上下游利益围绕品牌流转，塑造品牌价值，并将其纳入强大、多元、多渠道的电商品牌运营体系中，以实现竞争战略目标。

第一节　什么是电商运营

  电商指的是在互联网上进行交易或提供服务的商务活动，即电子商务的简称。本书中对电商运营的定义是：在互联网中以赚取等价现金利润为目的的商业活动。本章着重介绍的是电商运营等价交换和长期价值的运营模式，包括企业对企业（B2B）和企业对消费者（B2C）两种情况，不涉及与政府或消费者之间的相关电商活动。

电商运营是互联网领域不可或缺的一部分，直接关系到经济效益，是增长的重要保证和价值体现。在电商交易过程中，构建用户信任关系是至关重要的一环。交易本身作为一种互动行为，是信任交换合作的结果。交易完成后，用户对产品具有一定程度的"信任基础"。在之前的章节中，我们多次强调了"信任升级"的重要性，即在符合预期或超出预期的合作基础上，通过认知用户和让用户认知等一系列活动来提升用户与产品的关系，实现信任循环。信任循环是增长的前提，因此，电商运营本质上是一种信任交换和信任累积的行为。

电商运营优势和风险对照如图 8-1 所示。

优势	风险
直接变现获得经济效益（**变现强**）	直面市场的激烈竞争（**竞争激烈**）
价值资源的汇聚和累积（**价值累积**）	用户连接弱，后劲不足（**持续性弱**）
交易行为促进信任（**信任升级**）	产业链受上下游制约（**潜在危机**）

图 8-1　电商运营优势和风险对照

电商运营的优势在于变现能力强、价值累积能力强、信任升级能力强。它通过众多营销工具和策略方法促使用户消费，不断创新突破价值上限，从而建立起信任关系，实现成交合作服务和增长可持续发展。下面是电商运营三个优势的详细介绍：

1）**变现强**：电商作为一个以交易的形式获得经济效益的运营领域，需要通过销售服务或提供产品来直接变现并获得额外利润。它通过众多营销工具和策略方法（如优惠券、会员卡、满减拼团、助力砍价等），紧密围绕用户需求和心理促使其消费，使企业获得经济效益。因此，电商运营在变现能力方面具备很强的优势。

2）**价值累积**：电商运营的目标是通过成交获得等价交换价值，前提是产品本身能够满足用户的"预期价值"。为了实现产品满足更高的用户预期价值并获得高额回报，需要不断创新突破价值上限，积累能够创造价值的资产和资源，使这些资产和资源为产品成交服务。例如，更先进的生产设备可以降低生产成本，更多的曝光流量可以提高成交量。这些资产和资源的价值汇聚在一起，就能实现超越本身的额外价值，实现规模效益。

3）信任升级：信任是建立在至少一次成功合作的基础上的，通过让双方都对符合预期价值的认知做出判断，建立起信任关系。电商运营的所有活动都是为了实现成交合作服务的。通过产品展现的价值吸引"首单"和"新用户"，交易后符合预期价值构建的信任过程是增长中"有效用户"增加的关键，为后续持续价值的产生提供基础，同时也是实现增长可持续发展的基础。

虽然电商运营有着很大的优势，但它也存在一些风险，警惕风险并做好准备是必要的。以下是电商运营的主要风险点：

1）竞争激烈：电商运营直接面临市场上的竞争。为了让用户在众多选择中选择我们，需要花费更多的资金获得曝光、花费更多的精力提升产品预期价值、花费更多的时间打磨营销内容以提高转化率。同时，面临着同质化、抄袭和其他不利的竞争影响，使得电商运营逐渐陷入内卷，难以长期保持绝对优势和相对优势。

2）持续性弱：电商运营的重点在于首单成交和基础信任的建立。然而，在交易完成后很难有其他理由留住用户，这是其不足之处，即流量依赖和用户黏性不足。然而，这两个弱点可以通过第九章所讲的自媒体运营（提供流量）和第七章所讲的私域运营（封闭式用户运营）来补充。同样，第七章所讲的私域运营的弱点是初步信任和持续流量，也可以通过本章所讲的电商运营和第九章所讲的自媒体运营的优势来弥补。因此，各运营领域既可以独立运作，又能相互辅助、相互配合，形成重要的互联网全域运营视角。

3）潜在危机：在电商运营的发展过程中，会受供应链、原材料和货源方面的影响。如果供应链出现危机，将直接导致产品转化陷入危机，如断货、毁约、涨价等商业博弈行为无法避免。同时，还会受到销售端渠道和平台规则的制约，如退货损耗、价格失控、违规罚款等。这些潜在风险很难提前识别，需要提前制定应急方案进行应对。

综上所述，电商运营领域的优势在于能够快速获得交换价值。在充分了解其优势和风险后，它能够快速为企业获得利润和资本，并通过利润和资本的累积持续投入到电商竞争中，不断完善和补充电商运营体系，形成良性循环。

第二节　电商运营增长模型

电商增长体系的构建围绕着电商运营的特点展开。为了解决竞争激烈和突破口的难题，并提高价值累积，可以从五大环节着手，如图 8-2 所示。通过"爆款"和"矩阵"环节来解决增长突破口的问题。接着通过"成交"环节促进信任建设并连接更多精准用户，然后通过"渠道"环节进行策略运营以防范上下游的隐藏风险。最后，通过"截流"环节，在有限的市场竞争中借势、守势、争势，获得稳定的市场占有率，解决持续性不足和竞争激烈的问题。因此，整体的电商运营增长模型按照爆款→矩阵→成交→渠道→截流的思路构建，可以充分发挥电商运营领域的优势，弥补其不足之处。

图 8-2　电商运营增长模型

本书分享的模型可以作为电商运营增长体系搭建的思路。通过对电商运营领域的优势和风险的分析，得出解决问题的关键环节，并通过前面所介绍的四个底层思维的认知输出有效策略，以解决每个环节所面对的问题。与私域运营增长模型不同的是，私域是在自己的封闭场所进行运营，其运营路径串联和可控性较强，主要侧重于留存和培育用户作为运营的根基。而电商运营增长领域虽然各个环节也相互关联，但主要以市场竞争作为运营的基础。因此，除了自身的发展之外，还需要防范竞争对手的进攻（例如申请专利、商标以防止竞争对手抄袭，签订协议、组建联盟以防止毁约等）。

电商运营增长模型可以为电商企业提供有针对性的建议，帮助其构建一个有效的增长体系。这样的体系将有助于企业在竞争激烈的市场中取得优势，并获得持续的增长。

一、爆款

第五章中对打造爆款产品进行了详细介绍。爆款是增长的"火车头"，想要在市场中打开缺口需要打造一个具有竞争力的爆款。爆款的三要素包括"低门槛""精准用户""传播基因"。因此，本节将重点介绍电商运营体系中的爆款如何发挥作用，主要从选品、研发和活动三个方面展开。

（1）选品　许多电商运营企业采用的经营模式不是自产自销，而是通过选品的方法来经营。例如，一些服装店根据自身定位，选取热销产品并以降低价格的方式打造自己的爆款。举例来说，某服装网店根据互联网宣传的主流穿搭风格，调查销量高且宣传广泛的几款服装，然后寻找同款服装的厂家进行进货。接着将产品定价设置为全网最低，在价格方面获得竞争优势，从而形成选品爆款。此外，如果在某平台上最低价会亏本，可以考虑在其他平台上销售。只要在该平台上能够提供最低价格，就能获得一定范围的竞争优势，从而形成选品爆款并引流流量。

（2）研发　一些具备生产实力的企业会根据自身定位，将精力投入到产品创新研发中，通过产品功能和使用价值的提升打造爆款，从而打开市场销量。例如，在手机行业，从最初的"大哥大"发展成"小灵通"，然后进一步发展成"智能手机"。到2022年，折叠手机上市，满足了用户对屏幕更大、正反面拍摄预览、会议纪要等多重使用价值的要求，形成新竞争优势，引发多家企业相继推出新款折叠手机产品，以防止市场被其他竞争对手抢占。

（3）活动　这种方式是通过4D用户画像来实现的。前两种方式从根本上解决了定位相关产品的问题，通过正面竞争获得优势，而活动则是避免直接竞争的爆品方法。它通过吸引与目标用户画像相近的用户，进行转化。举例来说，某企业策划0.1元抽手机的盲盒产品，参与用户至少可以获得50元优惠券，同时还有可能获得相关数码产品、手机产品和周边产品，以此吸引大量用户购买并形成爆款；然后通过向这些对手机产品、数码产品优惠券感兴趣的用户推送相关新款手机和热销手机的信息进行转化。由于用户画像相近，转化率相对可观。

总体来说，爆款这个环节的主要目的是获取精准用户，并实现高转化效果。与其他环节有所区别的是，爆款这个环节并不是将多个爆款叠加起来就能实现1+1的放大效果和效率，其最重要的是价值聚焦，最好是一个时期专注一个爆款，将有效的传播资源都投入在最有效的爆款产品上，才能实现最大的效益。

二、矩阵

在电商运营过程中，产品之间相互搭配的营销关系是需要重点考虑的。多款产品在同一店铺中进行销售，它们之间的相互作用会形成"产品矩阵"。在电商运营中，如何通过产品之间的有效联系进行组合和搭配，以实现最强的吸引效果、转化效果和高价值产出，是产品矩阵的关键。在布置产品矩阵之前，需要对矩阵进行拆分，了解各个部位的作用，然后根据自身情况选择合适的产品矩阵，并根据所选的产品矩阵进行选品或研发。

假设一个消费者想要购买某款女鞋，在浏览到心仪的女鞋产品后，她可能会想到"这个店铺可能还有更多符合我需求的女鞋"，然后会进入店铺的其他产品列表进行挑选和比较。消费者的购物行为通常具有目的性和决策性，因此，如果一个店铺能够满足用户在店内进行对比的需求，将会提高购买的概率。产品矩阵的目的是将现有的推广营销资源合理规划到商品营销中，从而最大限度地利用和转化流量。

常见的产品矩阵包括爆款、热销、新品、长尾和互补五种不同作用的产品进行组合。爆款产品负责吸引流量，热销产品负责薄利多销，新品负责激活用户（猎奇心理），长尾产品负责高利润转化，互补产品负责多元产出。以下是一些网店中常见的产品矩阵方向。

1）**一字长蛇阵**：由爆款产品牵头，然后按照热销、新品、长尾和互补产品的顺序相互关联，将流量通过爆款的吸引依次引导，实现整体经济价值的转化。在这种搭配方式中，可以通过适当补贴的方式提升爆款产品的吸引力，以获得更多的流量。

2）**五虎巴山阵**：由多个薄利多销的产品组成，围绕少数高利润产品展开组合营销，以将流量精准引导到能够实现高价值转化的产品上。这种搭配方式需要高价值产品本身具有更高的实用性和稀缺性，同时其他引流产品也要能够适当盈利。

3）**九宫八卦阵**：将一个定位范围内的产品以最全、最丰富的方式进行运营。例如，在桌游网店中提供最全的桌游产品，在化妆工具店中提供最全的化妆工具产品，这样当用户需要冷门产品时，就能够想到去这些店铺寻找产品。这种搭配方式需要具备批量运营和热点运营的经验。

除了上述提到的产品矩阵，还可以持续观察和挖掘其他产品矩阵的优劣势。许多运营经验都是通过总结他人策略的优劣势,然后根据自身情况来进行自己的判断得到的。矩阵环节的主要作用是提高利润率,因为仅仅依靠爆款产品来获利终究是有限的。在之前产品思维的相关内容中提到过,需要通过进阶产品的方式实现利润溢出,从而实现利润的有效增长,提高单个产品的平均利润,并获得更多的价值回报。在矩阵内部,主要关注协调效果的叠加,因为矩阵之间无法实现 1+1 的效率放大效果,所以需要将精力集中在矩阵内的搭配和摸索上。

三、成交

电商运营有一个重要优势:吸引用户进行交易,并在成交合作后建立双方之间的信任和认知连接,这是持续增长的前提。因此,在电商运营中,我们需要充分发挥这一特点,根据首单、复购和消费习惯三个阶段来规划促单策略。首单阶段主要依赖于营销促单,吸引用户做出及时的决策;复购阶段主要取决于产品的预期价值以及使用周期的长短;而消费习惯阶段则受到环境和文化的影响。

为了累积资本进行运营周转,在电商运营中,我们需要将用户的需求、决策和下单环节与真实的经济效益相结合。例如,我们可以跟踪某个用户购买新衣服的行为路径,该路径通常包括以下五个重要环节:①用户在换季时产生购买新衣服的需求;②用户通过在相关平台上搜索关键词来获取大量产品信息;③用户通过对比选择符合自己喜好的产品,并将其加入购物车;④用户考虑预算并对购物车中的产品进行确认;⑤用户选择产品进行付款。

我们可以从上述消费者的购买路径推演中得出五个重要的环节,即消费需求、获取信息、产品竞争、成交决策和交易售后。要提升产品转化率,我们需要进一步分析这五个重要的环节,并制定适当的策略。

接下来,将介绍几种常见的电商销售方法,并详细说明它们的优缺点,希望读者能够全面了解这些销售方法并正确运用。

1. 优惠券

"优惠券"起源于 19 世纪 20 年代末的法国,但得到广泛应用和发展是在美国。它是一种可以降低商品原本价格的凭证。商家通常在临近节日的时候设置此类优惠券,目的是激励用户在活动期间消费。

常见的优惠券形式有以下几种：

1）**现金券**：消费者持券消费可抵用部分现金。

2）**体验券**：消费者持券消费可体验部分服务。

3）**礼品券**：消费者持券消费可领取指定礼品。

4）**折扣券**：消费者持券消费可享受消费折扣。

5）**特价券**：消费者持券消费可购买特价商品。

6）**换购券**：消费者持换购券可换购指定商品。

7）**满减券**：购买金额达到一定额度才可以使用的优惠券。

8）**通用券**：商家所辖范围内任何商品都能使用的优惠券。

9）**补贴券**：平台资金补贴给商家形成的优惠券。

（1）优惠券的优势　优惠券可以让消费者省钱，因为它可以抵扣现金。在促销期间，优惠券可以帮助犹豫不决的消费者下定购买的决心，从而促进销量增长。同时，优惠券可以减少新用户的购物成本，促进新用户的加入。优惠券通常用于短期促销，可以在促销期间内提高销售数量。

（2）优惠券的劣势　现在有很多商家喜欢频繁使用优惠券，消费者接触到各种优惠券，真假难辨。如果优惠券使用太频繁且没有门槛，对促进消费的作用有限，会导致优惠券不够稀缺和特殊，用户不会觉得它的价值很高。传统的优惠券只有一个功能，且使用后就无效，对消费者做决策时的促进作用有限。

2. 秒杀

"秒杀"这个词起源于游戏，玩家在游戏过程中通过短暂的时间输出超额的伤害，从而将对方击败。而互联网电商中的秒杀，是指商品数量少，价格低，用户仅能在很短时间内抢购，有时仅一秒商品便被销售一空，因此被称为秒杀。

1）**一元秒杀**：极低价格带来反差。

2）**低价限量秒杀**：制造稀缺性紧迫。

3）**低价限时秒杀**：制造时间紧迫。

（1）秒杀的优势　可以宣传。通过一些秒杀活动，例如一元秒杀，可以吸引更多的消费者参与。虽然这种活动的本质已经不是卖商品，而是宣传，但它可以吸引更多的消费者参与。这种活动属于饥饿营销。商家可以利用消费者对秒杀的认知——秒杀商品具有非常高的性价比，抢到的人都十分幸运来进行营销，小米手机的饥饿营销就是一个典型案例。商家可以获得利润和名声双丰收。

（2）秒杀的劣势　秒杀是一种让利的营销活动，需要商家承担一定的成本。如果优惠力度不够大，营销效果可能不太好，而且如果活动设置不当，会导致商家承担了成本但无法获得相应的营销收益。目前出现了不少职业秒杀人，他们通过技术手段帮别人代秒，或自己秒商品后变现盈利。这让很多真正想要参与秒杀的消费者感到越来越不满意。因此，在设置活动时，必须考虑到这一风险。例如，在规则上限制购买数量，或只允许老用户参加等；技术上，可以通过识别抢购软件来进行 IP 地址拉黑、采取查封等措施。

3. 砍价（助力）

"砍价"最早的意思是让卖家在原来价格的基础上削减一部分利润，以更低的价格卖给买家，双方可以谈判。而互联网电商运营中的砍价，由于交流不便，所以成为一种促销活动，一般是让消费者完成邀请好友的任务后给予优惠的活动。通常的砍价活动有 0 元拿（可以免费获得该产品）和助力优惠（可以优惠获得该产品）两种形式。

（1）砍价的优势　拉新效果很强，利用优惠活动吸引消费者去完成邀请好友的分享任务。被邀请的好友也容易被优惠后的价格所吸引，从而引起多层效应。砍价活动的曝光能力很强，砍价成功后用户是有成就感的。在互联网电商中，若真的完成任务获得优惠，活动期间帮助砍价的小伙伴也会受其影响，加深活动在他们心中的可信度。

（2）砍价的劣势　砍价助力营销活动在线上肆意发展，但消费者已经学会如何更高效率地进行互助，建立了人数众多的互助群，如果有需要帮忙砍价的商品，抛到群里，群内用户会帮忙助力，这就形成了一定圈层的内循环效果，严重降低了拉新效果（助力砍价在最开始用户很少甚至没用户的时候可以尝试，谨慎过度依赖，在中后期互相砍价的弊端比较大）。商家为了大量拉新，会不惜成本地补贴活动，导致滋生出不少"羊毛党"，形成内循环互助后拉新效果严重下降，如果成本控制不到位会导致巨额亏损。助力砍价活动已经泛滥，甚至部分商家由于风控不到位导致信用损失，消费者厌恶这类骚扰营销的同时也对其产生免疫，因此同质化的市场对砍价（助力）活动以经有了一定的免疫。

4. 拼团

"拼团"最早是由旅游行业衍生出来的一种优惠措施，很多旅游社喜欢组团出游。因为当旅游人数达到一定数量时，可以分摊交通或餐食的成本，消费者能享受更低的价格，旅行社也能减少成本。这是一个双赢的策略。

发展到互联网电商行业，拼团的概念与旅游行业类似。组团一起购买商品能向商家索要更低的价格，商家也能薄利多销，获得更高的利润。拼团的主要形式有以下几种：

1）**显性拼团**：在参与商家的拼团活动时，有显示正在拼团的队伍，可以选择参与。

2）**隐性拼团**：用户只能在商品详情页选择发起拼团的活动才能享受最终优惠。

3）**根据人数拼团**：以购买人数作为衡量规则。

4）**根据商品数量拼团**：以购买产品数量作为衡量规则。

（1）拼团的优势　能够精准拉新。精准拉新的意思是拼团购买的用户都是真想购买该产品，而不是像砍价是一种帮忙的情况。拼团中的用户大都是该产品的精准用户，企业能够在进行精准运营带动销量的同时累积有效用户。给用户优惠也能在一定程度上带动销量，如果设置的是按商品数量进行拼团，能够促进消费者为了获得优惠而多买一些。

（2）拼团的劣势　活动理解复杂，不能让用户像使用优惠券一样直接下单享受优惠，与之相比提高了用户参与的门槛。拼团活动比较挑商品，商品需要符合目标消费者的人脉圈，才能较为容易地拼团成功。这与产品需求密度的相关性很大，不仅是地域空间的密度还有时间密度。比如钻石、月嫂服务等低频商品就很难做成拼团效果。

5. 分销

根据著名营销大师菲利普·科特勒的定义，分销的含义是建立销售渠道，是指某种商品或服务从生产者向消费者转移的过程。而互联网电商行业的分销可以分为小分销和大分销，小分销从有转介绍能力的消费者中培养出来，而大分销则是指有商品目标用户资源的可帮忙卖货的KOL（关键意见领袖）。

（1）分销的层级　一般商品从生产者到消费者之间流转的空间叫作中间商，经过的中间商越多，从中得利者越多；反之，直接将商品从生产者对接给消费者称为零售商。中间商通过分销赚取差价，也可以称为佣金，因此你分销的商品越多，能赚到的差价份额越多。

（2）分销的宽度　宽度是指每一层级分销的数量及限制条件，通常分为三种限制条件：独家分销、密集分销和选择分销。独家分销一般是在一些区域代理，拥有区域分销垄断的优势；密集分销指的是生产者运用尽可能多的方法增加中间商，使更多的人帮忙分销其商品；选择分销是指在一个区域选择部分人分销部分产品，进行差异化的优势管理。

分销能有效地拉新和卖货，发动更多人的力量共分蛋糕，刺激中间商为了多劳多得的佣金努力销售，带动产品的销量。以小博大的裂变效益，更容易打造爆款，一个又好卖又赚钱的产品，能够通过分销的裂变机制进行引爆，获得更高的效益。

分销的劣势在于管理机制和运营成本。为了让更多的分销商加入，卖出更多的商品，企业需要对分销渠道有一定的投入成本，可能是培训，可能是提供运营路径和工具等。其中存在被反噬的风险，分销商的主要目的是赚钱，而通过分销商购买商品的用户更多的是信任这个出售商品的分销商，因此，生产商投入一定的成本流量给分销商，但用户却无法向企业产品靠拢，甚至还有可能因为竞品给的佣金更高导致分销商弃你而去。如果平台通过活动拉新用户，吸引到了分销商本身的人脉圈，会导致其以为平台抢走了他的用户，可能会产生纠纷。因此，分销过程中无可避免遇到的问题便是平台与分销商之间的用户所属冲突，分销商和分销商之间的竞争冲突等，相对难以管控。

6. 会员

会员是指某种团体的组织成员。在互联网电商运营中，会员也被理解为具有某一特定消费属性的人，被商家有针对性地进行管理。通常有以下两种会员形式：

1）**积分会员**：消费者通过购买商品来获得积分，通过积分可以兑换特殊权益或优惠。

2）**专属会员**：一般只提供给头部贡献最大或利益相关的特殊消费者，能享受高级特殊权益。

（1）会员的优势　加入会员，消费者能够享受更长期的专属服务，企业也能够有效地维护老用户，培养消费者的消费习惯，让消费者提高对产品的依赖性和认可度，从而巩固产品在市场上的竞争优势。会员体系的建立能够让企业更详细地了解消费者的消费行为、消费习惯等，有助于其根据会员消费行为动向及时调整运营策略，规避风险等。

（2）会员的劣势　运营管理成本较高，有效的会员运营体系的搭建需要依靠数据收集、处理等，因此非常需要专属的系统工具的支持。而且，会员成长体系是一个超长周期的运营体系，需要依赖更细致的运营策略和产品支持。培养消费者的消费习惯需要长周期、多频次的触达，才能慢慢产生效果，因此更注重消费者消费时的方便性。但如果活动过于复杂，消费积分时给消费者带来太多不必要的操作，会员的形式将会起到反面作用。

以上介绍了六种销售方法，它们之间可以相互配合、相互组合，也可以衍生出更多的方法，有待大家探索。再结合首单、复购、消费习惯这三种不同的促单需求，可以实现环节策略1+1叠加的效果。

四、渠道

电商运营是一门复杂的业务。作为社会资源有效流动的活跃单元，电商运营需要与多个资源提供方进行合作。可以简单地将这些合作方分为上游和下游单位。上游单位提供原材料或其他支持，而下游单位提供了具有更多盈利机会的销售渠道。这些合作关系构成了供应链渠道。对于电商企业而言，积极拓展下游渠道可以获取更多机会，而谨慎防范上游渠道限制可以避免不利影响。成熟的电商企业可能会根据战略需求收购上、下游单位，以实现更统一协调的发展规划，并在成本和价值方面取得更大突破。

围绕供销存进行分析是电商运营的重要方面。许多电商企业的销售依赖平台网站，例如淘宝、拼多多、唯品会等。卖家可以通过入驻这些平台，并遵循平台规则来获得推荐以实现交易。因此，希望提高产品销售量的企业应积极入驻这些平台，并在多个平台上展开业务，以提高效率。在这种情况下，下游渠道成为电商运营发展的上限，而上游渠道成为电商运营风险的下限。两者之间的空间就是电商运营的生存空间，也是渠道发展的目标所在。电商运营模型中的生存空间如图8-3所示。

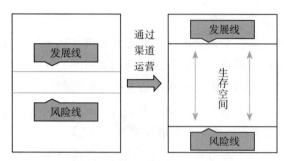

图 8-3 电商运营模型中的生存空间

针对下游发展线,我们需要权衡精力,选择最合适的平台(或渠道)进行入驻,并在该平台(或渠道)运营成熟后拓展到更多平台(或渠道),实现 1+1 的叠加效果,以提升发展上限。例如,结合定位选择适合自身的平台,如数码科技类产品可以选择京东,日用百货则可以选择淘宝等平台。此外,还可以挖掘许多地区或小众的平台,只要它们符合自身定位并且具有与目标用户相似的渠道用户。

针对上游风险线,我们需要对每一个货源和必要的支持方进行风险评估。评估时可以从寻找替代方案或单位的容易程度出发,并考察相关支持单位的商业声誉、企业文化和规模等因素。许多新兴的电商企业倾向于与成本较低、规模较小的企业合作。然而,根据笔者的经验,一般规模较小、成本较低、不太规范的企业发生合同违约的风险较大。因此,在选择合作伙伴时,必须重视合同和判断诚信。

五、截流

市场是由人们的需求决定的,每个人的消费和需求是有限的,因此市场也是有限的。这意味着市场需要通过竞争来实现优胜劣汰,将不符合需求预期的产品淘汰出局。然而,产品的预期价值只是市场竞争的一个重要影响因素,另一个关键因素是营销。

在市场需求有限的情况下进行竞争,需要通过截获他人的流量来进行营销,这种行为被称为截流。截流可以分为借势、守势和争势三个方向,分别是指从借助别人的流量势能分一杯羹,占据区域优势获得头部流量,联合发起趋势虹吸市场流量等实施方案。

（1）借势策略　借势策略是指通过监控互联网市场营销动向，识别出大型营销事件或趋势，并制定能够让自己的产品获得流量曝光的策略。日常追踪热点、节假日等活动就是借势行为的一种，参与淘宝双十一购物节的企业也是在借势。发起营销活动的一方是争势者，而参与其中并从中获得利润的就是借势者。

（2）守势策略　守势策略是指利用互联网营销平台（渠道）制定的流量规则，获得区域内的头部流量。例如，在淘宝上搜索某个关键词，产品会按照一定顺序排列，排名靠前的产品能够获得更多的流量，而排名靠后的产品机会较少。通过利用平台内部的规则获得区域优势，就能够在市场竞争中获得持续优势。

（3）争势策略　争势策略是指主动发起营销事件来抢占市场的注意力，通常需要大量的投入。然而，每场大型营销背后都有一套缜密的战略逻辑，不是简单的"血本无归"。例如，某产品在抖音投入了大量广告费，结果订单成绩不佳，看起来好像没有回报。但实际上，企业在进行造势之前，已经将该产品的相关信息、评价和口碑在各大媒体网站上分发，并与分销渠道合作，同时还布局了主要产业链。因此，在投入广告费后，就能够通过各个渠道获得更多的关注。除了吸引终端用户下单购买，还可以吸引那些想要借势的中小卖家通过阿里巴巴等货源网站代售该产品。最终，这款产品不仅能够通过终端和渠道大量销售，还能将营销压力转移到竞争对手身上，并重新划分市场占有率。

以上是截流营销策略的三个方向。其他方法，如投放广告、资源整合和自媒体引流等，将在后续章节中详细介绍。

在电商运营增长模型中，爆款起到拉动作用，矩阵负责平均利润增长，成交负责高转化，渠道负责拓宽生存空间，截流负责占领市场流量份额。这五个环节共同构成电商运营增长模型体系，实现电商领域的有效增长。

第三节　打造品牌是电商运营增长的关键

品牌不仅是产品在市场竞争中的区分方式，还是一系列人文精神和意志的象征。陈克明面条就是一个很好的品牌案例。

陈克明之前是一名木匠，来自湖南，在木工行业学习并掌握了优秀的木工技艺。然而，1983 年他在刨家具时，意外失去了两根手指，他的木匠生涯被迫中断。为了维持生计，陈克明不得不寻找其他工作。

1984 年的一天，陈克明偶然走进一家粮油店买米。当时有几个顾客询问是否有上海面条，店主回答只有本地产的面条，结果这几个顾客摇头离开了。陈克明发现了这个商机，于是他开始购买各个厂家的面条，并进行逐一比较，甚至找人从省城带来制作挂面的书籍，一点一点地研究，还请教了专业的面食师傅，致力于制作高品质的面条。

最终，陈克明成功制做出了一款非常出色的面条。他坚持使用最好的面粉来制作面条，并提出了"保质保量，包退包换"的承诺。这导致有人拿着其他品牌的面条来找他退换以赚取差价。当时，一些面食厂为了节省成本，经常使用黑乎乎的霉粉制作面条。为了避免引起纠纷、不让消费者失望，他想出了一个办法：用他的木匠技能手工雕刻了一个印章，上面印有"陈克明面条"的字样。每卖出一包面条，他都会在包装上盖上这个印章，没有印章的面条不退换。这无意间形成了如今常提的品牌形象，彰显了他与众不同的特点。陈克明的品牌就是这样诞生的。

因此，品牌除了承载产品区分的功能外，还代表了产品背后的各种要素，例如质量、服务、精神和口碑等。经过时间的沉淀，品牌会逐渐形成有价值且值得信赖的形象。

一、品牌的重要性

许多电商运营者经常忽略品牌的力量，认为品牌只是一个名称，一种用于区分自身产品与其他产品的标识，有时甚至认为提升品牌的效果不好。然而，品牌还有许多无法衡量的价值。

承之前的案例，某品牌在抖音上投入了大量广告，许多电商卖家看到产品在抖音上火爆的机会后，纷纷在阿里巴巴等采购平台上进货并销售该产品。虽然该产品在抖音上的直接销量不高，但在 B2B 平台上接到了大量的代销订单，积累了很多销售渠道。同时，该品牌的原料供应商和生产供应商也更愿意为该品牌提供服务，并在外界展示它们与该品牌的合作案例，以获得口碑和信任，进一步接到更多订单。此外，产品品牌的提升还有利于吸引优秀人才和商业博弈等，带来潜在的效益。因此，品牌的影响力不仅仅体现在产品本身的销量、用户认知度和口碑等方面，对产业上下游扩展和企业经营等多个方面都有影响，形成了围绕品牌的聚焦效应，对产品的其他经营环境产生影响。电商品牌运营十分重要。

该案例通过制造品牌传播热点，吸引许多小卖家进货，进而实现了品牌产品影响力的扩散，即小循环效应。虽然该品牌企业通过各大自媒体平台的传播，表面上销量和效益都表现一般，但实际上，通过这次热点推广活动，吸引了许多渠道买家的加入，批发销量占据了相当比例。该品牌厂家的其他产品也得到了许多销售渠道的加盟。不少卖家不仅在网店销售，还利用产品的知名度和独特优势大量进货，并在线下市场进行销售。企业通过这次品牌传播成功地打通了产品渠道，为以后的推广积累了更多的渠道资源和品牌认知基础。这就是品牌的影响力效应。企业所追求的不仅仅是一次直播、一场活动或一款产品的成功，而是整体的布局、引爆和铺垫。它解决的是如何让他人更好地销售自己的产品，获得更多的销售渠道资源。因此，品牌是电商运营中的战略中心，以品牌为纽带的电商活动更容易凝聚力量，形成影响力。

二、打造品牌的方法

在之前的章节中，我们已经介绍了打造品牌的方法，主要是通过定位思维和六级传播法来建立品牌，并使其与用户需求形成紧密的联系。例如，美团代表点外卖。在电商运营中，我们需要在各个方面展示品牌的LOGO，包括包装、名称、海报、周边产品等，通过文字、图片、声音等多种方式潜移默化地传递品牌信息。同时，发起有穿透力和影响力的活动来推广品牌，让品牌能够吸收各种营销活动和交易接触的影响力，这些都是品牌成长的重要养分。

通过确定范围，运用六级传播法提升品牌内容，将品牌融入用户需求分类和排序中，是具体的品牌打造方法。这些方法在第三章定位思维的有关内容和第六章传播思维的有关内容中已经详细介绍过了，这里不再赘述。本章的重点是介绍提升品牌价值的一个重要方法——品牌故事，通过制作和传播品牌故事，提升品牌的价值和影响力。

品牌故事是将产品的功能、特点，以拟人化的方式融入用户生活，使用户感到亲近，形成鲜明且有特色的产品与用户之间的故事。通过这类故事，用户可以和产品产生情感上的连接。然后，企业可以以这些情感和情绪作为传播的动力，进一步传播品牌，使品牌形象更加生动，不再局限于生硬的

LOGO或文字,从而提升品牌的价值。

在品牌故事中,我们可以通过讲述产品的背后故事、品牌的起源和价值观,或者以用户的角度讲述使用产品后的体验和收获等方式来引起用户的情感共鸣。通过精心制作和传播品牌故事,可以有效地吸引用户的注意力,加深用户对品牌的认知和情感认同,进而提高品牌的影响力和用户忠诚度。

因此,在电商运营中,打造品牌的关键是通过定位思维和六级传播法来建立品牌,并通过品牌故事的制作和传播提升品牌的价值和影响力。这种方法能够使品牌与用户产生情感连接,让用户对品牌产生共鸣,并形成长期的品牌认知和忠诚度。

1. 围绕产品优势

"踢不烂"广告截图如图8-4所示,它展示了产品"踢不烂"鞋子陪伴用户走过的各种岁月。这个品牌故事传达了一种生活的价值观,与之产生共鸣的用户会更加认可"踢不烂"鞋子的精神。他们会将这种价值观融入自己的生活,并潜意识地信任这款休闲鞋。同时,广告也展现了"踢不烂"鞋子质量好、耐穿的优点。

图8-4 "踢不烂"广告截图

2. 强化品牌形象

可口可乐广告截图如图8-5所示。可口可乐将瓶盖变成可以用来通话的电话亭货币，让用户可以用瓶盖在电话亭免费打电话，与家人、朋友和爱人联系。该广告引起了大众对亲情、友情、爱情的联想，同时传递了可口可乐品牌的意义（即幸福），使用户在看到可口可乐的瓶盖时能够联想到幸福。可口可乐通过不断强化品牌形象，深受用户的好评和认可，稳稳占据一定的市场份额。

图 8-5　可口可乐广告截图

3. 传递品牌理念

广告应该包含产品的故事和理念，以便与用户达成共识并建立信任。产品的理念通常反映了企业的愿景和使命，这些长期的蓝图是否能够吸引用户将影响产品未来的发展。以下是佳能相机的视频广告案例：留下美好的回忆。

佳能相机广告截图如图 8-6 所示。故事中的男主人公宁愿牺牲自己的生命，也想回到曾经与爱妻共同生活的时光。佳能通过这个故事，传达了生活中总是有无法重来的遗憾，并提出佳能相机可以在一定程度上弥补这种遗憾，即通过拍摄幸福的时光来留存记忆。

通过这三个经典的品牌故事传播案例，我们可以发现品牌故事的创造总是围绕着产品的特点、功能、形象和理念等方面开展的。将这些元素融入人们的日常生活，通过情感和情绪的连接，构建统一的价值观，并传递这种价值观。这样，产品就成为用户认同这种价值观的载体，从而激励用户购买和使用产品，实现产品品牌的溢价。在这种情况下，产品已经不再是简单的功能和效用的集合，而是精神和价值观的载体。尽管使用"信仰"这个词描述这种情况有点过，但这确实呈现了这种趋势。

图 8-6　佳能相机广告截图

对于脱离实用价值的产品来说，售价就不再受一般市场竞争的限制了，因为可以有无限的想象空间。这也是传播思维打造无限解读性的原因，最终使产品获得超高的溢价效果。每一款电商产品都要以追求高溢价为运营目标，因此，品牌的打造成为发展的关键。

第九章

自媒体运营借力整合

自媒体运营是连接"人"和"信息"的互联网领域。通过输出内容,实现市场对品牌或产品培育的目的,从而获得用户的认识、认同和购买。普通用户或单位可以通过注册自媒体账号,在平台上发布创作内容,获得观众和粉丝。随着时间的推移,积累足够数量的有效粉丝后,可以形成一呼百应的IP影响力。此时,自媒体运营能够更深入地培养受众的行为习惯、思维习惯和消费习惯。

自媒体运营与前文提到的私域运营、电商运营相辅相成,弥补了它们在流量获取上的弱势。自媒体运营可以向私域运营和电商运营领域源源不断地输送通过内容观点筛选出来的目标用户,有效帮助私域运营和电商运营领域的落地和效果转化。通过自媒体内容的输入和输出的累积,可以有意识地整合更高质量的信息,不仅可以协调企业整体战略、多部门赋能的效果,还可以拓展出新的价值业务,从而实现由信息累积到价值创造的增长突破。

第一节 什么是自媒体运营

自媒体是指互联网上的普通用户或单位通过网络途径发布自主内容进行传播的平台。它具有一定的私人化、自主化和平民化等特点。随着互联网的发展,上网门槛不断降低,网络的进步推动了自媒体形式的多样化,从文案到图文,从图文到视频,从视频到直播等,使普通人在创作方面有了更广阔的空间。

本章中对自媒体的定义是:具有自主运营权的平民化对外信息发布媒体平台,或者是媒体平台内的信息发布账号。互联网的爆发使得信息传递更加迅速和集中。20世纪的波普艺术家安迪·沃霍尔提出了"15分钟定律",即每个人都有可能在15分钟内出名。如今,网红经济和直播达人的崛起正是这一现象的反映。每个人都可以运营自媒体并获得收益,这导致了自由职业自媒体人的增加。同时,自媒体运营也成为互联网企业增长的重要战场。为此,我们对自媒体运营领域的优势和风险特点进行总结,以便更好地搭建自媒体运营增长模型。自媒体运营的优势和风险对照如图9-1所示。

优势	风险
依赖外部平台流量(**免费流量**)	安全开放的形式不能完全满足认知差(**舆论危机**)
信息传播具有商业价值(**广告效益**)	变现与公开的服务性质冲突(**效益冲突**)
内容传递构建认知连接(**影响力**)	持续输出高质量的内容难(**内容不稳定**)

图9-1 自媒体运营的优势和风险对照

自媒体运营的核心目标是提供高质量的内容,以获得平台用户的广泛接受。随着内容质量的提高,平台会给予更多的流量曝光机会,实现平台与作者的共赢。因此,自媒体运营具有免费获取流量、获得广告效益和增强自身影响力的优势。

1)免费流量:自媒体运营主要通过输出高质量的内容来获取平台流量的倾斜。以抖音为例,其推荐算法会先向几百名用户展示新发布的普通内容,并根据完播率、点赞率、关注数、评论数等综合因素进行评估。对于有潜力的作品,将进一步推荐给几千名用户观看,然后根据完播率、点赞率等指标决定是否向更多用户推荐。自媒体作者可以通过输出高质量的内容免费获取平台流量。

2)广告效益:在自媒体正确运营并积攒足够多的黏性用户之后,可以实现商业目的,如接广告业务、提供咨询服务、推广自己的产品等。举例来说,当微信公众号的粉丝数量达到一定规模时,可以开通流量主功能,从而通过广告获得收益。即使没有足够的黏性用户,一些泛运营自媒体也可以产生广告效益。例如，某公司拥有大量媒体平台小号，专门进行内容分发，方便用户在搜索关键词时能够查询到，从而获取矩阵自媒体的"声量效应"。

3）影响力：自媒体运营通过内容输出与用户形成思想或观点上的连接。连接越多，通过自媒体这个纽带聚集的具有相同思想和观点的受众越多。这时，自媒体就会形成影响力，产生牵一发而动全身的效果。当影响力达到一定程度，或与其他具有影响力的自媒体合作时，就能形成具有穿透力的势能。

综上所述，为了在自媒体领域取得成功，关键在于提供高质量的内容、与平台合作、吸引用户的注意并建立稳定的受众群体。同时，需要注意克服舆论危机、效益冲突和内容不稳定等风险问题，以确保自媒体运营的长期发展。下面介绍自媒体运营中存在的主要风险：

1）**舆论危机**：自媒体运营是完全开放的信息发布模式，这会导致一部分用户喜欢，另一部分用户厌恶的结果。如果内容出现严重的观点偏向，很容易引发舆论危机。这不仅会危及自媒体本身的公信力，还会连带危及整个增长体系。

2）**效益冲突**：许多成功的自媒体最初是出于服务性质的目的向外传播信息，以公益助人为主。这种形式更容易获得认可（符合民心所向）。但随着自媒体的影响力和流量属性转变为商业模式，创作的初心可能变得不再纯粹。这也是自媒体成长陷入瓶颈的一个原因。

3）**内容不稳定**：自媒体的难点在于持续稳定地输出高质量的内容。只有解决了这个问题，自媒体才能轻松获得成功。因为只有高质量的内容才能换来流量倾斜和高质量的影响力连接。然而，许多自媒体作者由于灵感枯竭、精力有限，很难保持稳定的高质量内容输出。这会导致用户习惯中断（"断更"会打乱用户的阅读习惯），已关注的用户流失。这也是自媒体运营的一个难点。

总之，自媒体运营擅长获得免费流量，同时带来有影响力的广告效益，是互联网增长起步的首选。私域运营是一个"空口袋"，它缺少的正是"自来流量"。因此，在落地私域之前，可以先通过"自媒体"获取免费流量，因为免费流量代表着可持续性，是私域运营的关键。如果公司现有流量能够解决稳定的私域引流需求，也可以先进行私域运营体系的建设。在电商运营中，价值转化也需要足够多低成本的精准流量。自媒体通过内容吸引目标用户这种高效率又免费的流量获取方式，是电商运营领域营销竞争中的关键。在产品同质化市场中，谁能以最低成本获得精准流量，谁就更容易在竞争中取胜。这是自媒体运营在互联网增长中的重要作用。同时，自媒体运营缺乏的稳定性、价值变现等弱点也恰好可以与私域运营、电商运营相互配合。

第二节　自媒体运营增长模型

自媒体运营增长模型围绕自媒体的优势和风险特点，构建了五个重要环节的框架，自媒体运营增长模型如图9-2所示。

图 9-2　自媒体运营增长模型

通过精心设计的运营体系，自媒体就能够在不断发展的互联网环境中脱颖而出。在平台环节，自媒体运营者能够利用各类平台获取免费流量，这是自媒体增长的首要环节，也是实现可持续发展的关键；在内容环节，自媒体运营者应致力于提供高质量的内容，以吸引用户并保持稳定的受众群体；在粉丝环节，建立共识连接可以帮助自媒体规避舆论风险，确保良好的口碑和声誉；在变现环节，自媒体运营者需要解决变现与效益冲突的问题，通过合理的广告策略实现收益最大化；最后，在聚合环节，自媒体的影响力得以汇聚，进一步扩大影响范围。

这个增长模型能够为自媒体运营者提供指导和参考，帮助其在竞争激烈的自媒体领域取得成功。通过优化自媒体运营的各个环节，运营者能够充分利用自媒体的优势，并规避或减弱劣势。这种全面的运营策略将有助于建立可持续发展的自媒体品牌。

一、平台

自媒体运营通过入驻开放式共创内容的信息平台来获取免费流量。平台通过制定筛选规则，对与平台需求或价值相匹配的内容进行推荐。平台对内容信息和作者账号进行分类和标签化，以便更有效地将内容和精准用户相匹配，提高内容的转化效果。因此，选择与自身内容匹配度高的平台至关重要，只有这样才能发挥自媒体更大的价值。

根据绝大多数平台的流量分配规则，可以将获取平台免费流量的方式分为三类：被推荐、被搜索和主动分发。要想在这些方式中获得流量，需要选择与自身内容匹配度高的平台，这样才能更好地与目标受众建立联系。

1. 被推荐

自媒体内容和账号是否被平台推荐及推荐力度的高低可以衡量内容与平台的匹配度。不同平台对内容的推荐度有所不同。例如，知乎上的内容可能获得用户认可、点赞和评论，而在微博上可能无人问津。这就涉及内容和平台的匹配度的问题。因此，应选择与自身内容匹配度高的平台进行重点运营，或者调整内容方向以适应平台规则，从而达到事半功倍的效果。

在确定了匹配度高的运营平台后，需要进一步了解该平台的推荐规则。例如，今日头条根据内容阅读量、阅读质量、完读率、转发、点赞和评论等数据进行推荐。因此，设计内容格式以符合平台推荐规则就会提高被推荐的概率，获得的免费流量也会更多。同样，对于其他平台如知乎、公众号、百家号等，也可以采取类似的策略来输出更有利于被推荐的内容。部分自媒体平台名称及其 App 图标如图 9-3 所示。

图 9-3　部分自媒体平台名称及其 App 图标

2. 被搜索

被搜索是通过 SEO 来获取流量的方式。从用户的角度来看，信息传递有两种方式：一种是被动传递，即平台推荐，使用户被动接收信息；另一种是主动传递，用户需要相关信息内容时，在平台主动检索获得。被搜索即为信息被用户主动获取的路径。用户通过检索需求关键词查找相关内容，因此，在被搜索的路径中，排名靠前的自媒体账号或内容会获得更多关注。

根据平台规则，提升内容或账号在搜索中的排名是获取被搜索流量的关键。例如，公众号的搜索排名与账号名称关键词、粉丝活跃数、原创内容数、账号认证主体等相关，因此，优化公众号名称和简介中的需求关键词，引导关注粉丝进行回复、点击等互动行为，坚持输出优质的原创内容，使用企业、商标等进行权威认证，可以提升搜索排名，从而获得更多的免费流量。

3. 主动分发

主动分发是指将已有的内容分发到多个平台，以获取更多的长尾流量和曝光机会。不同的资讯内容平台有自己的传播渠道，每个平台的传播渠道都有一定的差异。例如，一些平台的内容可能会被百度收录，从而获得百度的搜索流量（例如百家号）；一些平台的内容可能会在腾讯生态中获得推荐（例如知乎）。因此，选择多个平台进行内容分发就有更多的机会在不同渠道被推荐，通过内容传递连接更多的受众，形成更大的影响力。

在平台运营中，需要权衡投入与产出的比例。对于效果好的平台，可以加大力量进行深度运营；对于效果一般但仍有一定效果的平台，可以进行统一分发，以最小的精力获得最大的收益；对于数据表现差且受众规模较小的平台，可以考虑放弃，以节省运营成本。

总之，自媒体运营的平台环节是自媒体运营中的关键部分。通过选择匹配度高的平台、了解平台规则并进行优化，以及进行多平台分发，自媒体运营者可以获得更多的免费流量和影响力，推动自媒体的持续增长。

二、内容

自媒体运营是一种信息传播方式。不同的内容形式对传播效果和效率有着不同的影响。回顾之前第六章介绍的六级传播法，每个层级的信息传播目的和媒介都不相同，彼此之间的搭配可以发挥各自的优势，规避劣势，更好地实现传播目标。因此，自媒体运营涉及的内容创作形式，如视频、图文、音频、评论、直播等，都具有差异性和共同点。

以视频内容为例，它更适合"被推荐"。用户只能通过观看视频来完整吸收信息，这决定了它的传播效率不高（主要依靠平台推荐），但视频的呈现形式更生动，用户体验更好，因此信息传播的接收效果更好。而由于目前互联网的信息检索机制主要以"关键词"为基础，因此图文更符合这一需求。文字构成的内容可以通过关键词进行全面匹配，同时图文阅读方式更高效，可以让用户快速吸收重点或通过全文阅读、快速浏览的方式预览内容。然而，图文的展示效果较为平淡，用户体验方面不如视频。这就是不同内容形式的传播差异性，将相同的信息以不同的传播形式呈现，可以相互配合，发挥各自的优势，弥补劣势，提高整体传播效果。

为了解决自媒体运营在高质量内容上的持续性问题，笔者总结出一套内容生产循环模型。内容的质量取决于能否持续、稳定地获取素材资源，以确保自媒体运营顺利度过发展初期。许多自媒体平台的失败主要是因为缺乏灵感和素材资源，导致停更、质量下滑等问题，最终被那些能够稳定输出内容的自媒体所取代，失去了粉丝的黏性和影响力。因此，建立一个稳定的内容生产循环体系是解决内容供应不稳定、持续性问题的关键。

内容生产循环主要由素材来源、内容加工和发布反馈组成。其中，素材来源解决灵感枯竭、创作内容单调、遇到瓶颈等问题；内容加工主要是根据内容写作技巧、剪辑/排版等方式进行二次创作，打造内容输出的模板和形式，解决内容质量不稳定的问题；发布反馈则根据内容发布的数据和用户评价，进行内容输出模板和素材筛选的优化，进一步探索更高质量的内容。

内容生产循环模型如图9-4所示。自媒体内容生产模型的最佳状态是：素材来自用户，平台只进行加工，然后再反馈给用户。这种形式能够源源不断地产出内容，避免灵感枯竭。例如，某抖音自媒体星探收集模特照片并进行点评，录制视频发布后通过用户反馈收集到更多的模特照片，再结合之前的视频效果进行加工优化，提升内容质量。通过这种循环，能够非常省力地输出高质量内容。

图 9-4 内容生产循环模型

（1）素材来源　企业可以通过用户调研、时事新闻、网络收集和内容征稿等多种渠道获取素材。若能成功建立起一个持续供给素材的方式，那么内容生产循环模型的实现就成功了一大半。例如，某企业通过定期对社群中的产品用户进行采访，获取用户故事的素材，然后经过加工输出图文、短视频等内容，以提升产品的影响力。

（2）内容加工　根据粉丝反馈和平台推荐规则，输出粉丝和平台喜欢的创作技巧、剪辑/排版等统一的内容输出模板。例如，某自媒体平台的粉丝用户大多是蓝领工人，因此，在创作内容时应使用通俗、简短的语句，提炼重点，避免使用太多术语和华丽的辞藻。同时，结合用户的视力和阅读耐力，统一采用更大的字号、更清晰和简短的篇幅。

（3）发布反馈　每篇文章、短视频等内容发布后，需要记录阅读数、完播率、点赞数和评论数等数据，并进行总结反馈。总结受欢迎内容的成功经验，反思数据较差的内容产生的原因。然后对总结出来的成功经验进行验证，调整素材收集和内容加工的方向、排版、创作技巧等，进行循环迭代。同时，在发布后有意识地征集下一次内容所需的创作素材，确保内容的持续供应。

总之，有效的素材来源、精细的内容加工和及时的发布反馈，可以提升创作的质量和影响力。持续获取素材并进行加工处理，输出符合粉丝和平台喜好的内容，能够吸引更多的读者和观众。同时，通过分析反馈数据，不断优化创作方向、技巧和排版，可保持内容的创新性和吸引力。建立一个循环迭代的模式，稳定供应优质内容，将有助于提升整体创作水平，并获得更广泛的影响和认可。

三、粉丝

粉丝对内容的需求可以概括为三个方面：有趣、有用和观点认同。有趣的内容可以为用户提供消遣和满足情绪价值；有用的内容能够帮助用户解决问题和满足实用价值；观点认同的内容能够满足用户的社会属性，让用户感受到归属感和存在价值。自媒体运营的目标是获得粉丝的关注、分享和传播，通过众多粉丝的关注能够统一触达同类人群形成影响力，通过粉丝的分享能够提供更多创作思路和素材，输出更高质量的内容，通过粉丝的传播能够吸引更多粉丝的关注和支持。因此，要输出符合粉丝需求的内容，同时实现自媒体运营的目的，形成彼此需要的双向路径。

那么，如何通过内容使粉丝做出符合自媒体运营者需求的行为呢？粉丝在接触到内容后，会根据内容的价值判断是否值得继续订阅。想让用户主动推荐，形成传播裂变的效果，首先内容需要满足有趣、有用、观点认同这三个价值点，其次，要提醒和引导用户进行传播。好的内容加上好的引导，就能得到用户转发传播的效果。

下面介绍两种常见的引导方法：

1）利益引导：在 IP 自媒体内容达人中，比如短视频或图文内容的发布者，常使用转发抽奖、转发数量达到一定数量就加更等利益点，来激励用户转发。这种方式在微博、B 站等很多平台都出现过，微博上甚至能设置转发抽奖的功能，进一步让己方平台内的内容输出者设置更诱人的转发激励活动，促进平台内部活跃。

2）共鸣引导：通过与用户建立联系来获得用户的认同，从而促使其进行转发和分享。常见的方法包括：直接让用户觉得作者不容易、辛苦了，然后帮忙转发一下；说明内容对他人很有帮助，转发是助人助己的事情。另外，还可以暗示用户转发后能对自己带来什么好处，比如塑造自身形象，或者养成阅读、学习的习惯。

这里推荐一个案例，是樊登读书末尾的文案设计："分享知识是一种美德，当我们每一个人都不断地分享知识给这个社会时，我们的社会将变得越来越好。所以，如果您喜欢这本书的内容，请点击右上角将它分享到您的朋友圈，或者分享给某个特定的人，都可以。您关心谁，就把知识分享给他。谢谢。"

这个案例的亮点有以下几点：

1）裂变文案的核心思想与内容一致，内容本身是有价值的知识型内容。用户若能完全阅读/听完全部内容，就是对内容较为认可。此时让用户传播认可的内容，用户心理上不会有阻碍。

2）引导中使用了社会视角。首先提出了一个大的价值观"为社会做贡献"，然后结合用户的个人视角"你分享就是有美德的人"，最后再用一个精准的视角"你在帮助你关心的人"。通过这样的构建，用户得到了多方面的动力，会不知不觉地帮忙宣传。

3）告诉用户如何宣传，发朋友圈，或者发给某一个人，明确了传播的路径。

传播裂变文案的公式是：打消用户传播的心理障碍＋告诉用户为什么要传播＋传播的好处＋具体怎么传播＋传播给谁。

四、变现

自媒体运营的目的在于赚取利润，但为了保持公信力，不能过于商业化。粉丝常常会担忧自媒体变身商人后就不再公正。因此，许多自媒体运营者在开始变现后很快发现粉丝不再支持他们。为了解决变现和公信力之间的冲突，需要制定传播的原则和底线。无论出于任何原因，不发布不被接受的信息。然而，许多自媒体运营者很难抵制金钱的诱惑，因此这类自媒体的寿命通常较短。较好的解决方案是结合自媒体内容植入软性广告。虽然这种方法可以大幅降低用户的反感，但完美契合的广告创意本身很难实现，且稀缺。因此，负面效果仍无法完全消除。然而，直播的出现为这个问题提供了解决方案。最佳的方法是分开发布自媒体内容和变现内容，但使它们彼此相关，而不是将商业广告硬塞到原本的创作中，从而尽量降低负面效果的影响。因此，设置自媒体运营的原则和底线可以概括为四点：绝对杜绝商业行为，内容与商业分离，内容与商业软性结合，以及商业替代内容。自媒体运营的不同标准将塑造自媒体在未来的不同发展状况。

以下是七种常见的自媒体变现方式：

（1）广告收入　一些平台提供广告位，让作者通过用户点击或预览来获取广告收入。例如，今日头条、百家号等平台都提供了相关的广告位收入机制，这不仅为平台带来更多的广告利润，同时也激励作者积极创作受欢迎的优质内容。作者还可以通过中介平台接到企业的广告宣传需求，或者被广告主主动搜索接到合作，以获得更多的广告机会。

（2）影响力变现　提升自媒体的影响力，以便在之后的商业活动中获得更高的转化率。例如，一些知名自媒体账号因粉丝众多，可以参与一些综艺节目等，从而实现收入变现。另外，某些IP也可以承办或参与某类展会和活动，通过门票、入场费等方式获得收入。

（3）电商收入　将自媒体内容直接引导到具体的电商产品，通过内容传播或自媒体内部资源位（如菜单栏、介绍、商品橱窗等）的曝光来吸引消费者的注意力，并促成订单转化，从而获得可观的收入。可以直接与厂家、商家合作来赚取差价，也可以自行定制符合IP形象的创意商品。

（4）知识付费（会员制）　自媒体在发布内容时，可以设置付费内容和免费内容两种模式。免费内容用来吸引粉丝，而付费内容用来增加收入，并在一定程度上起到筛选粉丝的作用，形成高质量的付费粉丝圈，打造高质量圈层，从而间接获得人脉红利。知识付费还可以将内容专门制作成系统的视频课程或直播课程，通过传播专业内容赢得更多人的认可，实现咨询费、定向培训费等私人或企业服务的收入。

（5）打赏　作者通过创作出优质、有用的内容，帮助读者或粉丝解决问题或引发有益思考，从而赢得粉丝的感激。粉丝为了表达对内容的感谢、认可或对作者努力付出的支持，会对内容进行打赏，这是一种鼓励作者的行为，自媒体作者可以通过这种方式获得一定的收益。

（6）奖金　自媒体平台为了激励创作者输出定向内容，或鼓励更多创新活动和内容输出，会设立奖励和奖金机制，以激励自媒体作者参与活动，并在完成相应任务后获得收入。例如，今日头条的青云计划。此外，一些平台为了弥补自身内容的短板，会将流量倾斜给生产稀缺内容的自媒体账号，激励这些账号吸引更多作者参与、输出更多内容，从而使平台内容更加丰富、齐全。

（7）卖号　一些企业为了获得更多长期的精准用户，会进行资源合并，对市面上符合要求的自媒体账号进行收购，以实现战略增长目标。这时，自媒体账号就可以被视为一种具有价值的无形资产进行交易，从而实现经济变现。

总之，对于自媒体运营者来说，需要根据自身的特点和目标受众选择合适的变现方式。同时，为了保持公信力，自媒体运营者应该设定明确的原则和底线，并遵守相关规范和法律法规。

五、聚合

信息是人类社会交流和沟通的产物。人们通过交流和沟通来连接彼此，同时连接资源和信息。连接效率和效果不仅取决于传递工具，还取决于信息的质量。普通的内容传递往往片面、不专业且缺乏真实性，导致信息质量低，进而影响了传播效率和效果。例如，谣言的传播速度很快，但这种信息并没有价值，对人类社会的有效连接只会带来负面影响。相反，专业、系统、有深度的内容传播能够产生价值，提升人们在工作、生活和精神方面的体验，这正是信息聚合的作用。

通过对往期内容的积累和对用户的研究，我们可以洞察出当前社会迫切需要哪些有价值的内容，并将之前相关的信息内容针对社会需求进行系统性和价值性的整合，将大量质量不高的内容转变为具有社会意义和文化属性的高质量内容，进一步提升自媒体的影响力。例如，某位宝妈自媒体达人将自身多年的育儿经验作为内容进行运营，最终出版了一本畅销的育儿书籍，并得到了相关单位和很多专业人士的认可。让这类高质量内容推动社会进步是每个自媒体运营者的终极目标，也是自我实现和成就的重要里程碑。

许多企业的销售部门、营销运营部门、品牌公关部门等都缺乏高质量的内容输出。商业活动整体依赖于信息连接，因此将整合和迭代的优质内容应用于自媒体运营不仅可以提高转化效率和效果，还可以对公司的其他部门起到重要的支持作用。例如，笔者在某企业任职时，输出了一系列"普通人也能做的小本生意"经验手册（共3册），其中包括60项小生意案例经验总结，另外还输出了"益阳三农20家企业创业故事"，帮助该企业沉淀B端用户的系统认知，软助力企业的行业影响力。同时，帮助企业的各项业务做认知价值赋能，通过赠送电子版手册的方式吸引了想要投放广告的目标商家。一系列高质量内容的输出本身可以作为一个价值转化业务，将其视为解决需求的产品，例如推出"爆款"产品和"变现"产品。将内容制作成课程，以知识付费的方式进行价值转化，可以在一定程度上避免效益冲突的问题。

聚合信息意味着将信息内容专业化、系统化和全面化，为受众呈现更清晰、更全面的视角。这种方式并不限于出版书籍，还可以输出系统性的在线课程、白皮书、资料库等，以实现同样的效果。这是自媒体运营增长体系的最后一环，整个体系通过"平台→内容→粉丝→变现→聚合"形成信息的分发、整合和迭代循环，实现自媒体运营领域的有效增长。

第三节 塑造IP是自媒体运营增长的重点

前文中我们提到私域运营的增长重点是建立人脉连接，而电商运营的增长重点是建立影响力连接。在本节中，我们将重点介绍自媒体运营的"意识连接"。

IP（知识产权）是一种文化现象。它可以表现为一个节日，比如双十一购物节，只要有足够多的人认同并参与，它就会成为一种文化活动；它也可以是一个人，比如蜘蛛侠这个角色代表了英雄主义，如果被足够多的人追捧，它就成为一种文化意识；IP还可以是一种物品，比如冰墩墩代表着北京冬奥会的体育精神，如果被足够多的人支持，它就成为一种文化精神。这些社会现象形成的文化具有吸引力和归属感。它们能够附着到人、物、节日、品牌等事物上，影响其他人对它们的理解，从而形成"认识→认可→认购"的思维转变，使接触到它们的人想要加入其中，获得集体的归属感和自我的存在感。

一、最强自媒体是IP

IP是可以跨越平台、空间和时代的最强自媒体。每个个体都有能力发出微光,形成有影响力的自媒体。因此,企业的目标就是创造 IP,传播它,并让与这种思想相吻合的微光连接起来,形成有穿透力和持久性的自媒体。

二、如何利用 IP

IP 是一种文化现象,而创造文化是形成 IP 的第一步。在本书第六章传播思维的相关内容中,提到了以产品为纽带的互动金三角分享文化形成的方法。在本节中,我们可以把产品理解为一种内容和一种思想。因此,IP 的形成方式是一种以思想为纽带的互动金三角。通过自媒体传播这种思想,引导人们展开讨论,从而获得群体认同。在互动的过程中,不断丰富 IP,对它进行多元化、无限的解读,从而获得源源不断的素材。

结合内容生产循环体系,我们可以将这些源源不断的素材进行再次创作和加工,通过自媒体进行传播和分发。无形中,IP 就会附着在自媒体账号上,使自媒体能够引起粉丝之间的共鸣,从而形成文化现象。这时,自媒体的传播就能够跨越平台和空间的限制,激发归属受众自发地采取符合文化属性的行为或参与活动,最终实现经济效益的目标。

IP 的形成和推广需要文化的积淀,需要产品的引领,更需要自媒体的传播。IP 是以文化为基础的,是文化的产物,同时也是文化的推动者和表现形式。在推动 IP 的过程中,我们应该保持创新的精神,同时注重文化的传承和延续,以实现 IP 的长期和可持续发展。

互动金三角如图 9-5 所示是一个展示自媒体 IP 案例的工具,文化是连接三角的纽带。一个成功的自媒体 IP 案例是李子柒。作为美食博主,她经常在自媒体账号中分享乡村时令蔬菜和传统美食,如桃花酒、腊八粥、琵琶冰等。此外,她还传递出一种辛勤劳作和原生态生活的文化,通过养蚕、刺绣、竹艺、种菜等方式唤起了人们对中国文化的认同感。这种文化 IP 的影响力使得李子柒酸辣粉、剁椒酱、紫薯米糕等产品热卖,吸引了受众对中国原生态生活的向往。同时,这种文化 IP 也有助于中国文化的传播,推动中国文化走向国际市场。

图 9-5 互动金三角

三、如何创建 IP

IP 在品牌中的影响力与在文化中的作用相似，它可以赋予品牌一种独特的文化和意识，吸引与之产生共鸣的受众参与 IP 内容的孵化、交流和讨论。一个例子是美团的 IP 形象——袋鼠外卖员。美团利用自身品牌的袋鼠形象和强大的外卖运输系统，打造了袋鼠外卖员的 IP 效果，如图 9-6 所示。

然而，在该项目刚刚开始时，并没有引起太大的共鸣效果。直到一张图片（见图 9-7）在网上曝光后，受众才开始纷纷参与互动、共创 IP 内容。图中展示了一位麦当劳外卖员被美团袋鼠外卖员的耳朵吸引，好奇心驱使下，他趁其不备捏了两下美团袋鼠外卖员的耳朵，围观群众觉得很有趣便拍了下来。

图 9-6　美团袋鼠外卖员

图 9-7　美团袋鼠外卖员被捏耳朵

这个画面被受众捕捉并发布到网上，引起了大家的讨论，例如，"我也想捏""今天送外卖的外卖员也有这种耳朵""好可爱"等，形成了一种互动氛围。在这种互动氛围的发酵下，一些人画了相关的漫画图，一些人注意到了美团袋鼠外卖员与饿了么外卖员互动的情景，还有一些人编制了其他公司的外卖员与美团袋鼠外卖员的剧本。这些互动形成了一个互动金三角，不断发酵出更多的 IP 内容，持续地跨越场景和空间进行传播，形成了极大的影响力。

通过这个案例可以看出，IP 的形成能够引发受众之间的共鸣，包括文化、行为、精神层面。受众围绕着能够让他们产生共鸣的纽带，在网络上进行互动循环，不断发酵出新的内容来增强 IP 的效果，最终产生极大的影响。

因此，寻找能够引发用户共鸣的纽带是 IP 建设的关键。以美团袋鼠形象为例，它本身的想象空间相对有限，但通过与麦当劳外卖员的互动，它瞬间走红。IP 建设可以通过传播载体与客体的互动故事来实现。自媒体在这个过程中起到了关键的作用，它更多的是宣传与多个连接单位之间的（拟人）互动，引导受众进行想象，是启动 IP 内容孵化互动金三角的关键。此外，通过自媒体内容的输出，可以引导用户进行互动（例如回答问题、参与脑暴）。通过用户的反馈和参与程度，可以确定一些反馈程度高的元素，并将这些与自媒体或品牌定位相近的元素打造成 IP。这些元素形成的文化是互动金三角的核心纽带，为 IP 提供持续的内容，引导受众进行更多的内容孵化。

第十章

投放运营放大特权

投放运营是增长12G模型的最后一个运营领域。它主要通过连接资源实现增长,与私域运营连接用户、电商运营连接产品、自媒体运营连接信息这三个运营领域共同构建整个互联网"人、物、信息、资源"的布局,这样就可以实现可持续循环的全域增长体系。

投放运营的目的是通过资源匹配提高价值转化,最终实现弯道超车,取得竞争的终极胜利。要实现这一目的,需要通过关键词、资源、广告、ROI、商务五大环节来构建投放运营增长模型。仅有增长运营模型还不够,我们还需要从整体视角出发,准确判断形势,找到满足天时、地利、人和的关键时间点,在该时间点充分发挥资源投放的最佳作用,快速实现增长目标,抢占战略先机。

第一节 什么是投放运营

投放运营是互联网营销和商业活动中非常重要的环节。它是抓住市场先机和红利的关键,也是有效策略放大的必经之路。例如,国家推行垃圾分类的政策后,有企业发现这一政策带来的商机,迅速在百度投放搜索广告,很快就成交了大量垃圾分类需要的垃圾桶订单。如果该企业没有快速在百度投放搜索广告,而是慢慢地搭建自媒体矩阵或私域,结果很可能是其他发现这一商机的企业通过广告投放率先占领市场先机。

本章介绍的投放运营是指通过购买互联网上的传播资源，使产品得到价值变现的过程。衡量其好坏的标准是：通过购买互联网上的传播资源，并配合一定的运营方法，能否加快从产品向收益的转化或放大收益。

用户接收投放广告的形式可以分为两大类：主动接收和被动接收。

（1）用户主动接收类广告　这类广告面向的用户需求更精准，投放渠道锁定在几大浏览器和用户规模庞大的应用平台上。众多有广告投放需求的企业不得不在这些平台上通过竞价的方式进行投放，这会导致企业承担更多成本。例如，某用户想买手提包，往往会在淘宝或者百度上搜索关键词"手提包"来获取相关需求信息。

（2）用户被动接收类广告　这类广告的投放方式和渠道更多样，即使是那些流量不多的中小型应用甚至是自媒体也能成为投放渠道。不同的渠道，投放成本差异很大，这就可以让企业有更多选择，资金不足的小微企业可以选择更省钱的渠道。要想做好这类广告的投放，企业需要通过属性、上网行为对用户进行标签化管理，然后基于不同的标签，将对应的广告投放到用户可能感兴趣的地方。例如，在短视频、公众号文章、微信朋友圈中插入广告，这样用户在浏览相关信息时就会被动收到广告信息。

本章介绍的投放运营主要依靠现有资源和现金作为筹码，交易或置换符合增长运营需求的推广资源。因此，投放运营需要足够的现金作为筹码，相关运营经验要通过这些现金投放项目的实践获得，门槛较高。配合前面介绍的私域运营、电商运营和自媒体运营中的一个或多个实现落地闭环，能更好地承接和消化投放运营放大的效益。例如，商品销量增长太快，生产、物流、客服等是否能跟上？运营策略和各模型之间是否能够借助这次投放效果实现高转化、留住有效用户，实现整体规模效益？这些都需要在互联网运营增长的整个系统中布局，相互配合。因此，投放运营是本书最后一个互联网运营领域，主要负责连接资源，放大其他已经完成从 0 到 1 运转的增长模型的效果。

本章要介绍的运营体系的搭建也需要先对优势和风险进行分析，再围绕这些特点构建解决方案的关键环节，使这些关键环节串联形成整个闭环框架体系。投放运营的优势和风险对照如图 10-1 所示。

投放运营的核心目标是通过选择合适的投放渠道，快速转化成经济效益，并输出有效的推广策略以提高转化效果。因此，投放运营有着资源获取速度快、转化变现效果好和推广灵活性强的优势。下面将分别介绍自媒体运营的三大优势：

优势	风险
投放渠道多、规模大，获取资源速度快（**资源获取速度快**）	用户无法反复触达，按次交易（**不可持续**）
通过投放可以直接将产品变现成经济效益（**转化变现效果好**）	需要一定量级的现金或资源做交易（**门槛高**）
推广方式丰富，可做活动整合，提高增长效果（**推广灵活性强**）	因为经验不足，导致策略和资源不匹配（**策略无效**）

图 10-1　投放运营的优势和风险对照

1）资源获取速度快：投放运营可以直接利用自身的资源来换取所需的资源或推广位。互联网上可进行投放的媒体具有多渠道、大规模和交易成熟等特点，企业可以快速置换所需资源。相比之下，企业搭建自己的运营渠道（如私域池、自媒体等）需要很长时间才能发挥作用，因此投放是获取资源效率更高的方式。同时，投放渠道覆盖面广，有利于进行大数据分析以获取更多情报资源，这对市场竞争和战略规划都有极大帮助。可以说，投放是衡量某一赛道是否值得投资的最佳工具。

2）转化变现效果好：在进行流量投放时，企业可以将广告直接曝光给目标用户，从而实现价值转化，让产品直接转化为经济价值。例如，某家政企业在百度上进行关键词投放，通过关键词"找保姆"和"找月嫂"锁定目标用户，吸引在百度上搜索相关关键词的用户在第一时间浏览到被投放的广告内容。用户通过广告内容匹配需求，如果合适就会下单预约相应的服务。如果最终实现的利润大于投放成本，那么就可以放大投放规模，快速累积利润。

3）推广灵活性强：经过 30 多年的发展，国内互联网的线上商业行为已经十分成熟，多样的内容传播方式、多种商业交易合作形式以及各具特色的流量应用都促进了互联网投放方式的多样化。好的增长活动需要自身资源与公域、私域相互搭配，将商业推广的效果和影响力最大化。连接资源是投放运营的关键，也是商业竞争的关键。

通过选择合适的投放渠道和有效的推广策略，企业可以充分利用投放运营的优势，实现经济效益的快速增长。然而，我们也必须充分考虑投放运营的风险，主要包括不可持续、门槛高、策略无效三个方面。

1）不可持续：投放运营的流量资源主要依靠一次交易或一次合作获得，交易或合作结束后无法再触达用户。例如，在抖音中进行投放，以目标用户点击或预览数据作为交易目的，每次点击或预览都会扣除相应价值的预算费用。一旦预算费用耗尽，广告推广就会停止，无法持续地获得用户推荐和留存关注。相比之下，进行自媒体原创内容的运营，在抖音中会获得免费的推荐，内容越好推荐流量越多，吸引用户关注后，被关注的用户可以反复触达，具有一定的可持续性。

2）门槛高：许多投放渠道会设定成熟的规则来筛选目标用户。例如，许多平台要求参与投放的企业必须具备营业执照，个人无法进行投放合作；有些渠道要求必须开通会员资格才能进行投放；还有一些投放渠道规定必须充值达到一定门槛才能进行投放。相比之下，私域运营、自媒体运营和电商运营的门槛较低。同时，有效的投放运营需要积累人才和制订良好的运营规划，而投放经验是通过投入资金和时间积累的。因此，投放运营领域的门槛较高。

3）策略无效：商业交易涉及开放环境、大规模活动以及直接经济行为，这些都容易因为广泛关注而被攻击。例如，某自媒体与企业按照目标用户的文章阅读量和点击量进行合作，为了获得更多利润，自媒体方刻意向大量不匹配的用户推送文章，刷阅读量和点击量，导致企业得到的有效反馈极其有限。这些风险时刻隐藏在投放运营领域，容易造成直接的经济或资源损失。

综上所述，我们可以发现，投放运营可以与前文介绍的私域运营、自媒体运营和电商运营相互配合。私域运营和自媒体运营的门槛相对较低，普通个人也能实施。同时，企业可以通过引导用户加入私域，持续触达用户。而投放运营则具有资源效率高、市场宏观把控能力强等优势，可协助私域运营、自媒体运营和电商运营实现更高的价值转化。只要利润大于成本，通过持续的投放，就可以快速获得增长效益。

第二节　投放运营增长模型

投放运营增长体系围绕其领域的利弊特点构建主要环节。每个环节内输出有效策略，解决环节所对应的主要目标或问题，最终形成可以相互促进的闭环运营体系。通过"关键词"环节，使用大量精准需求词、相关词、长尾词提高投放覆盖面和精准度，加强资源获取效率；通过"资源"环节，多媒体、多平台合作加强投放的灵活性；通过"广告"环节，输出高转化内容，提升投放的变现效果；通过"ROI"环节，优化合作方式和流程，提高投放效果，把控风险；通过"商务"环节，连接合作单位，整合活动资源，加强资源利用效率，解决资源不可持续利用的问题。这五个环节相互促进，各自输出有效策略，进行效果、效率叠加后，形成整体的投放运营增长模型，如图10-2所示。

图10-2　投放运营增长模型

一、关键词

关键词是连接人与信息的关键。每个关键词对应不同的人群。例如，搜索"苹果"的用户与搜索"篮球"的用户，行为动机和用户画像是不同的。关键词的作用是通过用户的搜索行为或上网行为对人群进行区分。相似或相同需求对应的关键词，以及对应的用户画像是重叠或相似的，这是实现价值转化的基础，而只有目标用户一致或用户画像相似才能实现高效率的转化。因此，围绕需求构建关键词词包是快速圈定有效投放范围的前提，也是针对增长目标锁定关键核心词的关键，是投放运营的第一步。应从语义相近、需求细分、长尾拓展这三个方向出发，有效打造关键词词包矩阵。

词包矩阵如图10-3所示。可以根据三个方向，全面、系统地盘点合适的关键词形成词包矩阵，以便在投放运营时快速覆盖目标受众，输出以增长目标为导向的核心词进行策略落地。成熟的投放平台会为广告主提供相关的关键词词包，快速整合成词包矩阵。

（1）语义相近词　是指根据目标受众的生活习惯、上网习惯以及同义词对关键词进行补充。也就是说，受众有同样的需求，但是各地方言、习惯导致对同一需求的表达不一样。例如找工作有些用户称为"找活",有些用户打字时习惯用拼音"zhaogongzuo"代替文字的形式上网搜索。这些延伸词汇都属于语意相近词,可以补充到词包矩阵中,以覆盖更多有同样转化需要的目标用户。

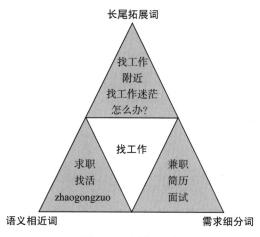

图 10-3 词包矩阵

(2)需求细分词 是指同一需求在不同场景下更细分、更明确的描述,比如不同职业找工作(保洁找工作、司机找工作)、不同地区找工作(重庆找工作、北京找工作)、找工作的其他细分需求(女性找工作、白班、兼职、全职等),以及找工作所涉及的相关需求(面试、简历等)。这些都是需求细分词,需求越细分对应的人群越精准,同时匹配的广告信息也越精准,能够整体提升匹配度,有效促进转化效果。

(3)长尾拓展词 主要在需求词及其细分词、相近词的基础上,加上更活跃的描述词组合而成。图 10-4 展示了百度、抖音、微信在搜索"找工作"关键词时所推荐的、与关键词相关的活跃补充描述短句或短词,这些都是长尾拓展词。长尾拓展词不仅能够更精准、更明确地匹配用户需求,还能根据平台的投放特点和时间热点做相应的优化,抓住关键词中活跃词的红利,在红海中捕捉蓝海。比如抖音中的搜索与直播更加挂钩,会出现找工作直播的活跃长尾拓展词;微信中的搜索与群聊更加挂钩,会出现找工作群的活跃长尾拓展词;百度则更偏向寻找答案的相关长尾拓展词。根据平台特点做关键词优化会让投放更有效果。

a）百度搜索结果　　　b）抖音搜索结果　　　c）微信搜索结果

图10-4　各推广渠道对"找工作"关键词的长尾描述结果

将投放运营中的关键词词包矩阵思维应用于SEO、自媒体和电商，也有着独到之处。合理地将词库内的关键词高密度地填充在重要的传播信息中，可以吸引对关键词感兴趣的受众的注意力，同时增强关键词在相关平台中的权重，提高搜索排名优势。例如，公众号的搜索排名是根据标题、简介和推文内容的相关性进行排序展示的。此时，在标题、简介和内容中较高密度地包含相关的搜索关键词，可以增加被目标用户检索到的概率，获得更多展示机会，进而获得更多的流量。

根据关键词词包中的重要性排序和数量，将核心关键词安排在重要且稀缺的位置上，能够有效地进行关键词的静态优化。例如，广告标题、自媒体名称、文章标题和简介等都是重要且稀缺的展示资源位。因此，首先应该在这些位置合理地填充核心词。其次是标签、话题活动、文章内容、相关链接、相关账号、相关文献名称、人物名称、评论、图片名等。不同的平台在信息搜索和关键词匹配方面有所不同，可以根据实际情况进行相应的调整。

二、资源

在投放运营中，资源是指购买用于广告推广的机会，也称为广告资源位。企业通过在百度、抖音、微信等高流量平台进行广告投放，获得广告资源位的曝光机会,从而通过广告曝光获取相应转化。那么,在投放时是选大平台还是小平台?选搜索展示还是信息流展示?

1. 选大平台还是小平台

广告资源位需要在一些流量高的平台上购买,根据平台的规模大小有其优劣势。大平台如百度、知乎、抖音、微信等拥有亿级用户规模的主流渠道,优势是覆盖广、见效快,是抓住市场先机、趋势红利的首选。例如,某企业凭借多年经验判断微信短视频是一个发展趋势,然后这个企业根据自身优势,以帮助其他企业在短视频开通广告主功能,获得短视频广告投放资格为目的进行商业服务。根据几个核心关键词的投放,在百度搜索立即获得了几千个消费用户,不到一个月便获利几十万元。随后发现该机会的企业越来越多,市场竞争白热化后,获利逐步下滑直至趋于稳定。这就是选择大平台购买资源的优势,覆盖广、交易体系成熟使得能够快速占据先机。如果该企业没有做广告投放,而是按部就班地搭建自媒体,经过几个月搭建起来之后,红利已经过去了,将会错失许多利润。

中小平台如一些自媒体、小程序等拥有一定的流量且对外销售广告资源,优点是竞争相对较弱,价格便宜,广告主的话语权更大,能够进行更深入、更灵活的投放合作。例如,笔者当初打通"数码盲盒"拉新用户的路径后,想借此挖掘一些有效性价比高的推广资源平台,就找到一些数码、科技类自媒体和小程序,在上面发布"0.1元抢盲盒"的活动。因为公司名气大,有足够的话语权进行规则的建议,所以在活动发布后用户购买盲盒加入私域的流程非常顺畅,每位新用户仅花费不到2元的成本。虽然运营过程中许多中小平台之间的协调、沟通管理相对更耗费时间和精力,但是能够挖掘出价格低、质量高的平台做长期投放合作,在这些优质平台资源的累积下能够持续获得有效用户的增长。

综上所述,遇到赛道红利或机会趋势时要侧重于大平台,做路径测试和日常小批量增长时可以侧重于中小平台。两者平衡发展,不断增加覆盖面,同时提升投放性价比,规避投放竞争的内卷压力。

2. 选搜索展示还是信息流展示

广告资源根据用户行为可以划分为主动和被动。主动广告指的是用户有需求时通过搜索展示找到信息，而被动广告指的是用户在信息流瀑布中被推荐。搜索展示对于"关键词"依赖较大，而每天主动搜索关键词的量级是有限的。尤其根据对应需求的特点，有些需求词搜索量大，有些需求词搜索量小。一些依赖网上解决问题的搜索词，每日量级较大，转化效果更强，而一些依赖日常生活中随处可以解决问题的搜索词，搜索量可能也很大，但其转化率相对较差，也就是这类关键词的经济价值不高。例如，"找工作"是一种找信息的需求，且需求本身量级大、经济价值高，所以对这类需求关键词进行搜索展示能够更好地转化和快速获得效果，同时通过搜索排名拦截其他竞争对手的流量，形成区域优势。

这里顺便解释一下为什么58同城在互联网上发展了近20年仍能保持某些领域的优势。58同城的业务绝大部分是信息差较大的业务，这是依据当初门户网站的多业务经营效益对比留下来的高效益业务，例如租房、卖房、卖车、招聘、求职、货运、家政、维修等，它们在日常生活中不像买菜、逛超市随便就能解决，而是存在更大的信息差，更需要依赖网络来弥补信息差，所以"找工作""租房""卖房""家政"等需求词，在互联网中每天被检索的量级非常大，同时需求精准、转化率高。因此，58同城的运营策略是通过投放广告提高品牌知名度，吸引用户找上门来成交。这是58同城商业模式的特点。

考研培训这种需求词也很多，但是这类市场的入场门槛很低，竞争相对激烈，很难被某家或某几家企业垄断，所以更依赖信息流传播，通过主动推广让符合产品画像的用户被动接受广告。这类产品需要通过营销内容对用户进行需求植入才能获得转化，例如，朋友圈的白领人群经常会看到"偷偷努力考研，然后惊艳所有人"的投放，这是给用户植入"考研能够证明自己的实力、获得大家认可"的认知。这就是信息流广告的作用，通过反复触达给用户植入一个想法（一个需求的理由），然后进行转化。

三、广告

广告是通过投放资源，然后以转化为目的进行内容输出的营销，与前一环节所描述的给用户植入一个想法、进行反复触达以最终提高转化效果的目的一致。这些内容与自媒体的价值内容有着本质的区别。自媒体的内容主要通过长期的观点和价值输出，尽可能多地吸引用户转化成有黏性的粉丝，不以产品交易转化为直接目的，且发布内容不需要费用。而营销广告需要给出交易理由（植入想法），然后催促交易行为（购买指定产品）。这两点的搭配再结合统一受众的反复触达形成完整的广告转化路径，需要花费大量的费用同时通过商品转化获得直接的价值反馈。

在信息流推广中，有效的广告＝高点击＋高转化。广告被点开的次数越多，详情落地页曝光越高；详情落地页越符合用户预期，转化效果越好。这样的"双高"广告才是有效的广告，才能在搜索展示投放中有效截流，在信息流广告中有效跑量。搜索展示投放广告主要依靠关键词＋落地页，关键词是"高点击"的关键，突出主体匹配需求；而落地页可以通过产品功能、价值、相关背书等信息使需求用户产生信任，促使成交。信息流广告则更偏向人群画像、标签的匹配，通过吸引、引导和转化三个步骤完成用户想法的植入，也就是被动需求观的植入。例如，某无糖饮料产品的广告宣称，人之所以会得糖尿病，是因为之前喝了太多含糖饮料，而无糖饮品热量不高，适合减肥，不会引发糖尿病。这时，受众就被植入"如果对身材、对健康产生焦虑，可以通过喝无糖饮料来解决"的观点，然后决定改变自己的生活习惯，购买及使用无糖饮品。但这只是广告植入片面化的信息，事实上，无糖饮料虽然不含葡萄糖，但是大多含有阿斯巴甜等甜味剂，也不可过量食用。可见两者都有弊端，但广告方仅做单一观点植入，目的是制造与用户画像匹配的焦虑需求（吸引用户）＋提供解决方案培养信任（点击成交）。

由此可见，投放对广告内容的质量要求是人群匹配＋植入想法＋提供方案，以实现高点击、高转化的目的。在成熟的信息流广告中，点击高、转化高的广告会被优先推荐，因为平台方的收益很大程度上也依靠广告实际转化出的价值。同时，只有流量平台方能够给广告商带来有效的价值转化，才能获得更多广告商的认可和信任。因此，在信息流广告和搜索展示广告中都需要尽量做到高点击和高转化，这是在广告竞价中取得优势的关键，也是投放时在有限的市场中截流、变现的关键。

企业在进行投放运营时，每一个广告素材都有其生命周期，当其被投放到一定程度后，效果就会持续下降。由于广告素材受平台画像用户数量的限制，有其峰值和周期性，因此需要在广告素材效用下降时及时更换。这对高质量广告素材的数量要求较高，同时，广告素材不像自媒体内容可以通过打造内容循环的方式持续供应。自媒体内容不对转化效果负责，更偏向内容全面、风格统一，以及有价值的输出。而广告素材则需要将片面的观点进行高频传播，将有利于从制造需求到提供产品这一转化路径的内容不断地在用户心智中强化，达到培育市场的目的。这种强目的性就限制了内容的创作空间，对持续高质量广告的供给造成困难。这一运营难点孵化出许多专门做广告素材内容的外包商，它们通过打造专业的模板，将广告围绕转化路径做套路创作，确保快速输出符合要求的广告素材。

例如，某平台企业投放了以下广告："肚子大、放屁多、指甲有竖纹是肝不好的问题，要吃×××产品，×××产品由×××专家研发，该专家有几十年的从医经验。"这条广告有多个视频样式，出现的人物、场景、背景音乐可能有改动，但是最主要的"制造需求"（即肚子大、放屁多、指甲有竖纹是肝不好的问题）的内容变化不大，同时"提供产品"这一链路的内容也变化不大。这种创作方式就有效延长了广告效果的生命周期。同时，在一个平台取得成功传播后，可以复制到其他流量广告平台，这也是使广告有更大的复利价值、延长其价值周期的方式，能让每一条广告素材的价值更高，能投入更多的精力去打磨。

不同的广告媒介需要准备的广告素材不太一样。这里主要介绍的是信息流广告。然而，在互联网增长的过程中，对广告投放不仅包括信息流广告投放和搜索关键词竞价，还包括社群互动、明星代言、线下展位等方式。因此，需要综合运用本书前面章节介绍的四个底层思维来实现。

四、ROI

ROI（投资回报率）的计算公式为

$$ROI = 利润 / 投资额 \times 100\%$$

根据评估对象的不同，计算维度和方法可能会有所不同。例如，对于一场投放活动的投资回报率进行评估，可以使用

$$ROI = 总利润 / 总投资 \times 100\%$$

通过比较同一投放素材在不同投放渠道下的 ROI，可以衡量渠道质量。ROI 更高的渠道具有更好的转化效果，ROI 低的渠道转化效果较差，或者投放素材与渠道用户不匹配。同样，也可以判断出同一渠道下不同投放素材的质量。因此，可以利用 ROI 对平台渠道、广告素材、落地页内容、交易流程、转化路径进行优胜劣汰，持续优化迭代，选出高 ROI 的策略，逐渐形成高

ROI 投放体系。

有时，在评估投资的整体价值以判断是否可持续投放时，还需要将产品的复购率和整体价值计算在内。例如，许多教育机构在投放时售卖 9.9 元的课程，但实际获客成本可能高达 50 元 / 位。这时，从一次投放行为来看是亏本的，但是如果用留存用户后期对高单价产品的复购利润进行对冲，会发现平均每个用户的整体利润可达 100 元。这时，获客成本为 50 元 / 位的投放活动是有利可图的。因此，ROI 的计算方式应根据目的、目标和影响因素来选择，不是一成不变的。

提高 ROI 能够以较小的成本获得更多的利润，不仅降低投资风险，还能挖掘出有潜力的增长赛道。优化 ROI 是从投放到转化的全过程优化，涉及最开始的花费、广告曝光、落地页点击、访问、留资（留下可供联系的资料）、线索（有利于转化的客户信息）、客户（留存到私域）、成交（产品变现）、回款（资金最终回到由己方控制的账户）这样一个全链路。其中涉及的点击率、广告内容、关键词、转化率相关策略优化在之前的四个底层思维章节已经有过介绍，这里不再赘述。本环节重点针对投放运营的"合作方式"做相关介绍。投放运营主要的合作方式有 CPC、CPM、CPA、CPS、CPT 等，了解它们的优缺点有助于选择对推广目的更有利的方式，提升整体的 ROI，规避投放过程的风险。

（1）CPC（每次点击费用） 是指按照每个用户点击广告的行为进行收费。用户点击一下，广告主就需要对这个行为支付费用。这种方式的优势是用户因为对展示内容产生兴趣而主动点击，用户的需求意向较高。这些意向较高的用户往往更容易转化，对广告主来说比较有利，可以过滤掉一些不感兴趣的用户。风险是可能存在恶意刷点击的行为，破坏公平的交易机制。

（2）CPM（每千次展示费用） 是指按照每千人展示进行收费。流量平台将广告以 1000 个人为单价向广告主收取费用，比如抖音某地区的抖+流量加持就是这种形式，花费 100 元可以向几千位用户进行展示。这种方式的优势是覆盖面广、以传播信息为主，更有利于流量主的广告资源位得到充分的售卖。劣势是如果匹配人群不精准，那么多少曝光都是无效的，不会有预期的转化效果，需要匹配到非常精准的人群才能实现广告投放的预期效果。

（3）CPA（每次行为费用） 是指按照用户的具体行为进行收费的一种广告计费方式，例如用户注册、咨询、加入购物车等。假设双方约定好的成效是用户提交一个包括电话号码的表单信息，那么每一个用户提交后广告主为此支付广告费用。该方式的优势在于能够最大限度地保障广告主的投放效果，产生一定的效益后才向流量主支付费用，可以极大地减少广告投放的风险，便于管控投放成本。劣势在于这类投放成本很高，且在同一市场中，哪个广告主投放的单价高，流量主就会优先推荐这个广告主，存在很激烈的竞价行为。

（4）CPS（按销售付费） 是指广告主按照实际的销售量进行广告费用支付的一种广告计费方式，比较适用于网购平台或者微商的代理分销，例如淘宝的淘宝客等，每卖出一单才能获得相应的利润。该方式的优势在于可以让广告主薄利多销，让更多的人来平分蛋糕，且把蛋糕做大。劣势在于分销商很难管控，同时中间商多，分摊了利润、提高了成本，会削弱产品本身的竞争优势。

（5）CPT（按时间付费） 是指按照展示多长时间来收费的一种广告计费方式，常见的有路边的站牌、电梯广告等展示一个月支付多少钱的交易方式。该方式的优势在于便于进行一些不太好量化的广告资源的计价合作，通过广告合作洽谈的方式来商定广告形式，可操作的空间更多，有利于针对区域人群打造营销环境，植入品牌认知。劣势在于广告的效果不好管控，成本也相对较高。

综上所述，ROI 的考虑因素是多方面的，而不仅仅是单纯的数学问题，更多的是围绕着企业战略而对广告投放和布局进行整体优化。

五、商务

商务是互联网资源整合的关键一环。互联网运营各领域资源的连接在明面上只是冰山一角，水面下还有无限的空间。例如，通过用户画像的匹配找到与产品理念相近的 KOL 和自媒体达人进行合作。这些合作没有明确的规则、价格及合作方式，而是通过商务谈判来灵活制定。在商务连接和沟通时，可以尽早了解一些实用的情报和经验，其中可能隐藏着巨大的机会和空间。通过对商务价值的判断，主动连接，让自己的资源与外界更有效地进行交换，实现相互促进的共赢。

商务拓展（BD）在投放运营中作为补充项目，挖掘除主流投放平台的其他资源合作，促进冰山下资源与资源的连接。而推动连接的是人与人之间的信任和沟通，找到可以利用的资源、建立信任、形成自己的资源影响力，由此推动资源连接的效率和效果。例如，某企业的战略目标是连接更多的供货商。这时可安排 BD 通过各种渠道联系目标供货商，促使它们与企业进行合作。合作完成后保持联系，为长期合作或下一次合作打基础。在第一次合作建立的信任的基础上，往后的合作会更加顺利。因此，商务拓展的目的是本着合作共赢原则，找到资源、建立信任、形成资源圈。

1. 找到资源

根据增长战略规划，需要挖掘各种对增长战略有帮助的合作对象。以下是一些找到资源的方式：

1）招募成员，发布招聘信息来招募有资源的 BD 加入团队是快速找到资源合作对象的方法之一。

2）付费咨询，在知乎、B 站、公众号等平台上找到有影响力的行业 KOL 进行咨询，这是修正航向、找到深度渠道的方法之一。

3）公开的资源合作平台，例如脉脉、企查查以及相关的 BD 公众号、资源网站、圈子社群等。

4）参加相关小沙龙、行业交流会以及相关的社交圈活动等，这是找到潜在资源人的方法之一。

以上是一些快速拓展商务、从零开始建交的突破口。需要根据业务需要、预算及相关规划有选择地进行拓展。同时，要站在四个底层思维的认知上，判断所选资源的用户画像、业务价值的匹配程度。找到这些业务相近、需求互补的合作单位，不仅可以低成本地拓展高效流量，短时间内获得超高曝光度，还能完善对市场、用户、产品、形势、潜在渠道的认知。许多企业失败的很大一部分原因就是对外拓展不足，自身对行业、市场的发展认知不够深导致决策错误。一件事建立的有效连接越多，这件事就越做越有价值。在所有能拓展的范围内找到最合适的资源是商务拓展的第一步。

2. 建立信任

信任是合作的前提。建立信任需要背书，企业的影响力、口碑、名气等都是促进信任的关键。规模越大、名气越大的企业在合作时能够获得更大的谈判优势。同时，个人的形象、专业知识、成就和知名度也是建立信任的关键。因此，作为企业，需要保持良好的业内口碑，多制造破圈品牌广告，提升综合实力等，以提升信任。而个人进行商务拓展时，需要准备相关名片、专业的形象和相关的知识储备，以在沟通中获得信任。

商务拓展可以采用一些有利的合作方式。例如流量互换、活动联合、品牌联名、产品置换、媒体广告置换、活动招商联盟、福利权益置换、线下渠道合作等。在进行商务拓展时，要了解对方最迫切、最紧急的需求，制定相应的方案、沟通话术，准备PPT资料和相关介绍。同时，要主动索要对方的相关介绍、信息资料、资源状况以及合作方式的意向等。确保双方有效沟通、充分了解，让合作在可以落地、可以实现、双方共赢的基础上推进。

3. 形成资源圈

想要保持长期、高效的资源合作模式，需要形成自己的资源圈，在合作中多起带头作用，更多地让利给优质的资源方，让更多的资源愿意与我们合作。比较好的方式是主动办一场活动。当你能办一场全行业瞩目的盛典时，商务拓展效果就会发挥到极致。一场场成功的活动举办后，主动来连接的资源就会越来越多，行业影响力也就越来越大，定制活动规则的话语权更大，更有利于推进资源的高效整合。

笔者在校运营公众号时，发起第一届"线上桌游展"活动，通过这场活动很快与近百个桌游品牌方和渠道方达成连接。通过活动的成功举办获得了几千个精准用户的关注，让笔者在办第二届活动时异常顺利，参与的品牌方和渠道方更多，在圈内有了一定的知名度，接到的广告业务也就更多。

资源圈的形成还需要一套筛选机制，要足够稀缺，让优质资源靠拢，规避不相符或劣质的资源，同时形成圈层吸引力。若圈外机构想要获得准入资格，要先付出一定的成本，以确保加入进来的成员遵守规则，这能够形成对圈层的保护，往后合作时积极性、配合程度都能有质的升级。

第三节 着力"特权"价值是投放运营增长的捷径

用钱直接购买资源，用已有资源置换资源，或者使用水面下的"渠道"交换到稀缺的"资源"，这些行为都被视为使用了"特权"。与完全公平的竞争不同，特权指的是通过资源、渠道、资本优势获得的便捷权力。资本、资源和渠道的连接可以让企业"弯道超车",即使处于已经被占领的市场,也能重新洗牌。这就是投放运营中的重点——"特权"。

成熟的平台运营有两套机制。一套是公平机制,即发掘平台本身的价值,释放创造性生产力。例如,在平台规则下进行 SEO,做出符合平台倡导的行为,兢兢业业地运营,度过考察期后获得平台资源。另一套是资本机制,也就是通过投入资源来获取平台给予的额外推广资源。例如,在平台上投放广告获得流量资源形成特权优势。这种运营方式依靠资本来调动资源、拦截流量、占领市场,是互联网全域增长中必须要了解的方式。只有学会"通过资本购买资源→获得资本"的复利循环,才能守住优势、持续发展。

许多中小企业一开始能通过对市场和用户的敏锐洞察,抓住市场的趋势红利,但在"冒头"后却被大企业盯上。大企业通过资本特权半路拦截,迫使许多中小企业出局。

很少有创业者有勇气孤注一掷地抓住趋势红利,因为失败的案例很多,代价也很惨重。例如当初的小黄车(ofo)用共享单车解决用户出行最后一公里难题。当时,它的产品还不完善,二维码容易被刮划,定位功能、支付功能和开锁功能都不完善,商业模式和运营机制也未闭环,烧钱多,进项少。虽然它是最早抓住趋势红利的企业之一,但是在准备不充分的情况下,它选择孤注一掷地抢占市场,结果以失败告终。实际上,回顾当时的场景,若 ofo 不争,肯定会被其他大企业利用资本的"特权"弯道超车;若争,则会因本身积累不足,失败风险极大。不争和争的选择就是立即投降和搏一搏的选择,因此,ofo 最终选择争是可以理解的。通过这个案例我们可以了解到,中小企业和创业者应更加重视"特权"带来的风险。

后来崛起的拼多多、兴盛优选等赛道都吸取了 ofo 的经验教训,商业模型和产品机制还不完善的时候谨慎"冒头",耐心积累资本和渠道,等待时机成熟后,以最快速度占领赛道,掌控局面,直接奔向终点,不给其他大企业反应的时间。这时再去抢占市场对大企业来说成本太高,不划算,还不如进行投资分得赛道红利。当然,这也得益于拼多多和兴盛优选比 ofo 更依赖互联网,而非线下,投入的运营成本主要在人才上而不是实物生产上。同时,很早就"投奔"巨头企业,获得了很大的助力和看不见的"特权"。由此可见,花钱也是技术活,既不能"冒头"又不能被"压制",需要全盘考虑、分析形势。

投放作为一种放大的工具，是以大量金钱为资源成本的。参与同一市场的竞争企业，一旦资源成本消耗完就会出局，所以投放运营需要看准时机，将钱花在刀刃上。

企业在构建投放运营领域增长模型时，不仅需要关注关键词、资源、广告、ROI、商务等环节，还需要关注"特权"对企业的作用，以便进行战略判断和时机把握。

管理机制篇

数据管理、团队管理、战略管理和项目管理是增长活动中的四个管理机制。企业通过管物、管人、管势、管事四个维度全面掌控增长各方面的动向,实现最大性价比的增长效果。

在做增长时,有两个非常明显的极致精神,一个是匠心精神,另一个是机会精神。其中,匠心精神尽力用最低成本、最佳质量做出最令人满意的产品,以规避风险。机会精神尽力用最大的力量去攀高峰,通过借力打力的方式博最高的胜率,主动击退风险。这两者就像坐标系中的横轴,分别面向两个极端的方向,每个运营增长的从业者、创业家在积累经验点时都会无意识或有意识地向这两个方向扩展,一端扩展得越多,就会在这个方向有更大的突破。

在数据管理中,我们应该注重业绩还是质量?在团队管理中,如何识别人才和搭配团队?在战略管理中,如何进行解局和布局?在项目管理中,如何规划风险并制定迭代策略?本篇针对这些问题,结合匠心精神和机会精神进行深度解读。

第十一章

数据管理事务诊断

在互联网运营中,数据管理有着至关重要的作用。若无精准可靠的数据管理方式,任何增长项目或活动均难以取得真实有效的结果。数据是公平的基石,是衡量和判断真伪的关键。一些企业或部门轻视数据管理,不定期地进行数据清算,导致问题暗藏、滋生腐败,如数据造假、数据虚报、数据无效等,进而严重妨碍增长体系的健康运转。创业难,守业更难。守业意味着坚守数据的真实底线,这是公平、制度和规则的最好保护伞。

因此,数据管理需要清晰明确、上下关联、真实可查、可衡量、可统计地进行。同时,数据管理是互联网运营的"治病专家",是发现问题、解决问题的重要参考依据。例如,若某项目的数据下滑严重,可以通过问题定位、分析工具、策略输出、监督反馈四个步骤进行诊断和治疗。

本章从数据过程管理和数据分析管理两方面出发,介绍数据管理的相关理论和方法,围绕业务价值、资产价值、成本支出和数据图表等四个方面,对数据进行真实、有效的记录和结果汇总。数据管理的目标是在确保数据真实可判断、可衡量的基础上发现规律和推动改进,从而使其成为增长体系的重要支撑。数据管理框架如图 11-1 所示。

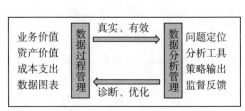

图 11-1 数据管理框架

第一节　数据过程管理

任何一个互联网领域的增长都是一个数据积累的过程。在这个过程中，用什么样的标准来衡量数据，是确保数据可衡量的前提。例如，在制定问卷调查时，针对上万用户做收入问题的调研。A问卷采用"普通填空题"的方式收集，B问卷采用"数值填空题"的方式收集。哪个问卷能提供便于分析的有效数据？答案是B问卷，因为数值形式的数据便于统计和分析。A问卷收集到的数据可能会出现汉字或拼音，需要再做一次数据清洗工作才能使用。因此，在做数据管理时，制定数据标准和数据填写规则是数据有效使用的前提。

作为互联网运营从业者，我们必须对什么是有效数据有一个基础的判断。在进行数据管理时，我们应该注意数据的质量和准确性。数据的质量是指数据的完整性、准确性、一致性、可靠性、及时性和可重复性等。而数据的准确性则是指数据与实际情况的一致性。数据过程管理中需要制定数据标准和规范，确保数据的质量和准确性。此外，数据分析管理中需要注意数据的可视化和分析方法的选择，以便更好地呈现数据的价值。

数据过程管理需要从互联网增长整体运营的角度规划，从每个独立的项目或运营体系中汇总价值和成本，输出"项目数据表"或"运营数据表"，再由部门整理团队内所有项目和运营的相关数据，汇总成"部门数据表"。最后，再对多个部门数据表进行汇总，形成"大盘数据表"。承上启下，将业务价值、资产价值和成本支出从下往上对齐，让每一笔价值产出都能找到落地路径和影响因素，让每一笔成本都能找到出处。每笔数据都能对齐产出和价值，这种成体系的数据过程管理便于控制增长运营的整体局面，将资源和精力花在效用大的项目和部门上，提高资源利用效率。数据过程管理如图11-2所示。

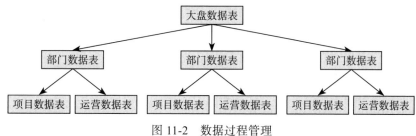

图11-2　数据过程管理

项目数据表和运营数据表由主要明细表（资产价值明细表、业务价值明细表和成本支出明细表)以及其他补充表(如渠道明细表、用户信息表等)组成。这些表格旨在记录数据明细,包括每天的结果明细和每个动作(行为)的明细。通过这些数据,我们可以详细了解每笔收入的来源、所有者、路径和影响因素。例如,图 11-3 所示的某私域价值产出明细表每天进行记录并定时向上汇总。

日期	中心化私域 每日新增用户数			中心化私域 每日留存人数			私域成交 - 客服 1		私域成交 - 客服 2	
	合计	客服 1	客服 2	合计	客服 1	客服 2	销售数量	销售金额	销售数量	销售金额
1 月新增用户截至最新日期总计	14574	10801	3773	12466	9792	2674	17	63788	15	38433
2021/1/1	156	25	131	136	21	115	1	4049	0	0
2021/1/2	219	69	150	306	86	220	0	0	0	0
2021/1/3	315	159	156	581	236	345	0	0	0	0
2021/1/4	458	257	201	990	480	510	1	3499	1	2439
2021/1/5	455	308	147	1400	773	627	1	3849	0	0
2021/1/6	375	239	136	1795	1002	793	0	0	0	0
2021/1/7	395	237	158	2091	1215	876	1	3849	1	3849

图 11-3 某私域价值产出明细表示例

部门数据表由部门团队中所有项目数据表和运营数据表中的业务价值、资产价值、成本支出定期汇总而成。只要部门内的这三个数据有产出,无论是短期项目还是长期项目、短期活动还是长期活动,都必须定期汇总。数据过程管理是企业各层级围绕业务价值、资产价值,以及成本支出,从最小闭环项目的运营路径中按照一定的时间段、时间点进行记录,然后层层往上汇总,通过"动态大盘"的可视化展现,确保整体数据反馈的真实性、有效性和及时性。

大盘数据表则由企业(或某些大企业的一级部门)内所有部门数据表中的业务价值、资产价值、成本支出定期汇总而成。有些企业还会在大盘数据中增加对每个部门的人力成本、行政成本等所有变动成本的核算,确保真实、有效地反映出人效及投入产出比,挖掘出有潜力的项目和人才着重培养。

在数据过程管理中,要确保数据的真实性、有效性和及时性。因此,企业需要围绕业务价值、资产价值,以及成本支出进行数据记录和汇总,同时进行可视化展现。通过这种方法,企业可以发现有潜力的项目和人才,从而提高整体效益。

一、业务价值

在计算一个项目或一个部门的业务价值时,主要包括直接转化和部门协同两部分。其中,直接转化是指在运营环节中直接将商品变现获得经济回报的行为,例如私域运营中卖出商品获得的直接收益。如图 11-3 所示,私域价值产出明细表中的私域成交部分数据即为直接转化的业务价值。这部分价值的判断直接关系到项目是否闭环、是否有发展潜力。只有闭环且直接转化价值高的项目才是成熟的商业模式,能够成长为金牛业务。

部门协同则是指协同、帮助其他部门实现直接转化业务价值的辅助产出。例如,A 部门提供用户给 B 部门进行转化,这时 A 部门就发挥了辅助产出的部门协同业务价值。但是,这时会面临一个难题:A、B 两个部门如何计算共同价值比较公平?

目前两种常用的方案如下:

1)方案一:B 部门按市场获取用户成本价将某一部分业务价值转给 A 部门进行登记。

2)方案二:A 部门对 A 渠道用户变现的价值做"双记"(即登记同样数值的业务价值量,但额外标注"双记"以便于识别该业绩价值量被重复记录,通用的三记、四记也是一样的道理,被多个参与单位重复记录)。

方案一更加高效,因为 B 部门拿到用户商机线索后可以直接按照市场价值划出一部分业绩给 A 部门;方案二需要等待用户被转化后才能计算出价值,但不会影响 B 部门的积极性,且两种方案在表现上看起来一样多,不会出现按照市场价值计算被认为太少或太不公平而影响合作积极性的情况。企业可以根据具体情况制定标准,但最好避免两种方案同时使用,因为这会导致方案二的业务价值看起来比方案一高很多,在员工个人绩效、部门绩效考核时难以服众。

业务价值是结果数据,在项目数据表中还需要补充业务数据明细表,记录整个项目路径的关键指标、影响因素和结果。业务路径相关影响指数使用"谁+做了什么+结果"的基础数据搜集逻辑,确保因果关系一致。业务基础数据记录逻辑如图 11-4 所示。

互联网基本数据指标如下:

1)**用户数据**:包括姓名、性别、出生年月、籍贯、婚姻、学历、收入、手机、邮箱、职业、昵称、ID、定位、标

图 11-4 业务基础数据记录逻辑

签、添加时间等。

2）行为数据：

①拉新：浏览量（PV）表示浏览次数，独立访客数（UV）则避免了一个人多次浏览被重复统计的问题。此外还包括下载量、用户注册量、添加好友、点击量、进群、关注、收藏、加入购物车、预订/预约等。

②活跃：日活跃率（DAU）、周活跃率（WAU）、月活跃率（MAU）、平均打开率（每小时、每日、每月的应用打开率）、用户平均使用时长等。

③留存：次日留存、7日留存、30日留存、流失率等。

④转化：下单数、ARPU（每用户平均收益）、ARPPU（每付费用户平均收益）、CLV（客户生命周期价值）、PUR（付费用户占比）、转化率、复购率、客单价等。

⑤其他：停留时长、跳出率、下单次数、收藏、关注、点赞等。

除此之外，在企业内部调取用户行为数据一般使用格式 User id（哪个用户）+Active（哪种操作）+Time（何时产生），以便更好地进行业务沟通、团队协作。

3）业务数据：总销售额（GMV）、付费人数、原创内容数、导流用户数等。这些基础数据可以通过表格的形式定时记录，是项目数据表中"业务价值明细表"需要记录的相关数据和数值，确保因果关系一致。明细表一般精确到每天，然后按照每周（或每月、每季度）向部门数据表汇总。部门数据表和大盘数据表只汇总结果，也就是最终的价值。过程路径作为备案一同汇总，以便于企业内的业务交流和绩效盘点时查询使用。但不是所有数据都需要记录，需要结合实际精力来合理安排，选择对业务影响最大的数据进行记录。

二、资产价值

公平和效率一直是社会和企业增长运营管理过程中必须面对的难题。在那些看重效率的企业中，业务价值排在第一位。因此，花费时间和精力来产出优质内容、经营品牌和企业形象的团队及成员可能会吃亏。这会导致做长期价值的成员和团队越来越少，大家都往短期业务价值方向转变，进而影响整个企业的可持续性。为此，需要用资产价值来对企业绩效考核进行补充，同时资产价值也是衡量一个企业综合实力的重要对象。

资产是一切可以产生价值的企业生产要素，例如用户、产品、信息和渠道。这些能产生价值的生产要素都是企业资产。本书第七章至第十章分别介绍了私域运营累积用户资产、电商运营累积产品资产、自媒体运营累积信息内容资产、投放运营累积渠道资源资产，这四个运营增长领域本身是以产出资产、累积资产形成规模效应为增长目的的。虽然搭建的增长体系以是否产出短期业务价值作为模型是否独立闭环的重要依据，但闭环的作用是检验资产的有效性，避免企业内部相互推诿，而不是忽略长期价值的累积。相反，长期价值是建立在有效的价值闭环体系上的。

企业整体运营中，部门协作是战略成功的必要条件。每个运营领域之间的资产互补、协同才能发挥出更大的作用。同时，在效率和公平的冲突中，需要通过对资产价值的衡量来弥补公平的缺位，注重效率的同时也要兼顾长期价值的积累。只有这样，数据过程管理才能高效、安全、可持续地为项目服务。

在企业中，资产价值的衡量和管理非常重要。首先，企业需要根据不同的业务领域建立相应的资产体系。例如，私域运营需要累积用户资产，电商运营需要累积产品资产，自媒体运营需要累积信息内容资产，投放运营需要累积渠道资源资产。其次，企业需要建立完善的资产管理体系，对各类资产进行监控和评估，确保资产的有效性和价值。最后，企业需要根据资产的贡献来进行考核和激励，以提高企业竞争力。

在实践中，资产价值的管理对企业的发展和成长有着重要的作用。例如，通过累积用户资产，企业可以建立起强大的用户群体，从而增加销售额和市场份额；通过累积产品资产，企业可以提升产品质量和竞争力，从而获得更多的市场份额和利润；通过累积信息内容资产，企业可以提高品牌知名度和美誉度，从而吸引更多的用户和客户；通过累积渠道资源资产，企业可以拓展销售渠道和市场覆盖面，从而增加销售额和利润。

例如，某企业管理了几十个自媒体账户，起初只记录了每个账户的粉丝情况，忽略了账户信息、负责人联系方式等内容。每次工作交接时都非常混乱，严重影响了工作效率。时间一长，一些账户仍在运营，但没有任何人负责，也不知道哪些账户的用户画像和业务相匹配，这导致企业资产的损耗十分严重。资产价值管理是企业运营和发展的重要基础和支撑。只有在注重效率和公平的前提下，才能实现企业的可持续发展和长期价值的积累。因此，构建资产价值管理体系，从分类、登记、调用、更新、货架五个流程出发，通过增加、删除、修改、查询和使用的方式充分发挥资产价值，将其作为绩效考核的重要因素,才能为企业的长期价值增长奠定基础。资产价值管理体系如图 11-5 所示。

资产价值管理体系	
分类	用户、产品、信息、渠道、其他
登记	属性、标签、位置、时间、负责人
调用	权限、流程、额度、时间、反馈
更新	盘点、损耗、修改、备份、增删
货架	类型、作用、规模、合作、案例

图 11-5 资产价值管理体系

有些资产会随着时间的推移贬值,有些则在不需要时被遗忘,需要时又想不起来,最终只能花很高的价格从外面购买。这些都是资产价值管理不当的表现。对于这些资产,应建立相应的管理机制和流程,及时记录和分类,对贬值风险进行评估和控制,以避免不必要的损失。例如,当某个自媒体账户长时间未被使用时,可以考虑进行一次调研,了解当前用户画像和市场需求,重新规划内容和运营策略,提升账户的价值和影响力。

资产价值管理体系的建立和运作需要全员参与,特别是对于自媒体账户等数字资产,需要制定具体的管理规范和流程,保证信息的安全和可靠。同时,应将资产价值作为绩效的补充,提供相应的激励和奖励,鼓励员工积极参与资产管理和优化,以提升企业的整体效益和竞争力。

1. 分类

将能够产生价值的生产资料按照用户、产品、信息、渠道和其他五个类型进行分类。用户是指能够产生连接的受众,例如关注自媒体的粉丝、留有电话号码的客户、加入社群的好友等;产品是指能够直接变现的用户需求物,例如会员权益(虚拟产品)、手机型号(实物产品)等,实物产品还需要有线下库存同步对应;信息是指能够产生传播价值、促进口碑、提升影响力、置换流量的内容,例如图文、短视频、广告素材等;渠道是指上下游供货商、经销商、投放平台、合作伙伴等能够产生价值连接的对象;不属于这四类的资产可以标记为其他,在互联网增长运营中有必要统计的话可以统计,例如办公用品,这些其实属于行政体系。将互联网增长体系看成一个大项目,不应从一个整体公司经营的视角来做数据管理。

2. 登记

将资产登记、录入到数据库中，需要先弄清楚存放→查询→使用的逻辑。存放需要记录清楚存放时间、位置；查询需要记录资产属性和标签；使用需要记录对应负责人的联系方式。例如对于2000个社群和40万名用户，需要记录登记时间、在哪个公司主体认证的企业微信上、企业微信名称、企业微信账号和密码、相关负责人及联系方式、相关微信号账号和密码、用户标签、每个微信号在哪些手机设备上、属于什么部门等信息。尽量充分地记录，以便于查询、对接、取用。

3. 调用

资产查询和使用需要相应的权限。有些权限只能查看资产状况，无法获得相关账号、密码等信息。有些权限可以看到部分资产的全部数据信息，但不能看到核心资产的相关数据信息。数据权限设置是为了更好地保护数据机密。在调用时需要申请对应的权限，并涉及申请流程（补充用途）、申请额度（数量）、调用时间、使用后的价值反馈等。资产被调用产生价值后，再进一步判断资产的有效性。

4. 更新

资产是由互联网领域各运营环节产生、累积下来的。随着运营的持续性，资产也会有相应的增加或减少。定时盘点可以确保数据管理过程中企业数据大盘的真实性，及时发现问题并排查问题。做出相应的损耗、增加、删除等更新记录行为，可以使资产数据正确、可控。同时，每次更新盘点后进行备份，有利于保障资产的安全性和可溯源性。

5. 货架

货架管理用于记录企业的资源、可提供的价值或能力。部门或外界需要根据货架中展现的资产价值，评估是否值得合作。因此，货架要充分介绍目前资产的类型、具体作用、往期案例及规模，让合作对象充分了解这些资产的价值，共同商定互补、双赢的合作方式。每一个成熟的企业或项目团队都应该有能够呈现的货架，可以用 PPT、PDF、视频、文档、表格、图片等方式呈现。

资产价值明细表需要在项目数据表、运营数据表中呈现，由部门数据表和大盘数据表做资产总量的汇总和呈现。应该定期对资产的有效性、有用性、成长性进行评估，为战略增长规划提供支持。

三、成本支出

成本支出和预算申请是互联网增长运营落地的关键环节。在追求增长的过程中，高效的成本支出管理系统可以帮助企业快速扩张，应对黑天鹅事件。例如，当企业的社群私域运营增长过快时，需要大量的人力、物力支撑，如果财务支出流程受阻，每阻一天就会损失数千个用户和业务价值。然而，财务部门通常更注重合规性，必须准备复杂的资料，经过多位领导的审核批准，按照规定开具发票等。有些互联网企业的项目会被财务部门卡死，这是财务成本支出管理混乱、管理困难导致的。

符合互联网运营的财务系统应该具备更高的效率。对于金牛和明星业务，应该适当开绿灯；在面对小额紧急支出时，应该快速响应，事后再核实排查；对于负债业务和"瘦狗"业务也不要过分谨慎，可以给一段时间进行谨慎评估，对一直负债无法闭环且没有战略价值的业务可以直接叫停。同时，企业应该培训员工有意识地准备预算支出成本明细表，以方便预算审批、财务对账、支出核查等流程。这不仅可以提高运营效率，还能输出成本支出优化策略，获得领导和财务人员的好感。

通常，互联网企业预算申请流程如下：

1）**预算申请函**：该函需要包含成本支出明细表，明确为什么需要花钱、花在什么地方，以及会实现什么效果的汇报逻辑，以获得相关领导和同事的批准。

2）**预算明细表**：该表中需要包含支付时间、购买资源、单价、总价、收款单位/收款人等信息。

3）**预算申请附件**：该附件可以包括相关合作方的信息、支出价格单价标准的制定方式以及往期案例等证据证明。

4）**支出明细表**：财务汇款后，需要准备支出明细表备份，以备财务清算和盘点时查看，避免出现费用支出反馈不足的情况，导致企业以为项目赔钱，财务受委屈，后来的费用越来越难批。支出费用表需要记录产出的价值和成果明细，与每笔费用挂钩，与对接人、业务方和渠道方挂钩，预算支出过程毫无漏洞、禁得起查，使预算支出更顺利。

无论是从业者还是企业家，在数据管理过程中，财务系统都是非常重要的。因此，需要具备从申请到反馈的流程意识，防止犯错误。同时，要注意预算申请附件的准备，以便更好地取得支持和批准。

四、数据图表

数据可视化不仅可以监控工作效率、及时发现异常，在日常工作中也是提高沟通效率的关键。及时获得最新数据以支撑汇报，让表达更加清晰流畅，有助于建立信任。因此，数据动态可视化的汇报在职场中显得十分重要，也是企业对外展示综合实力的关键。

数据可视化在营销中同样得到了广泛的应用。通过可视化的手段，我们可以更加直观地了解用户行为、产品销售情况等关键指标，从而做出更加准确的决策。例如，我们可以将用户行为路径可视化，从而更好地理解用户的需求，优化产品和服务，提高用户满意度。

因此，数据可视化不仅仅是一种工具，更是一种思维方式。通过数据可视化的方式，我们可以更加深入地了解数据背后的含义，从而更好地指导我们的工作和决策。

随着网络的发展，现在已经有许多专业制作数据动态的网站，如图表秀、阿里云数据等，可以直接采用这些网站的模板，导入相关数据即可生成漂亮的数据图表。此外，也可以使用 Excel、Python 等专用工具来绘制。

利用图表秀制作的数据图表如图 11-6 所示。

掌握这项技能只需要几天，但更重要的是要理解哪些数据适合用图表来呈现，以便更简单地传递数据结果，而不是制造混乱。

常用图表及其使用方式如图 11-7 所示。

1）"构成"的"静态"部分常用图表示例（如图 11-8 所示）如下：

①饼图：适用于单一系列数值（一维图），呈现数值所占总体的百分比，用于分析某一数值占整体比例的大小。绘制时数值没有负值且几乎没有零值，各个部分需要标注百分比。

②瀑布图：适用于两组数值（二维图），用于表达两个数据点之间数量的演变过程。

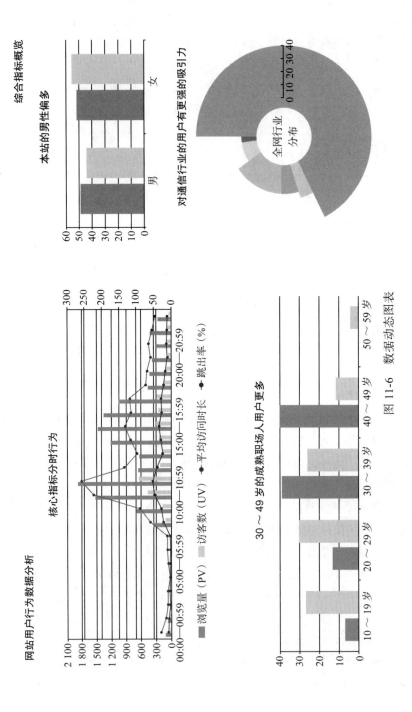

图 11-6 数据动态图表

图表应用	构成	静态	饼图
			瀑布图
		变化	堆积面积图
			百分比堆积面积图
			堆积柱形图
			百分比堆积柱形图
	关系	双变量	散点图
		三变量	气泡图
	比较	时间	折线图
			堆积折线图
			柱形图
			雷达图
		分类	柱形图
			可变宽度柱形图
			条形图
	分布	单变量	直方图
			曲线图
		双变量	散点图
		三变量	三维面积图

图 11-7 常用图表及其使用方式

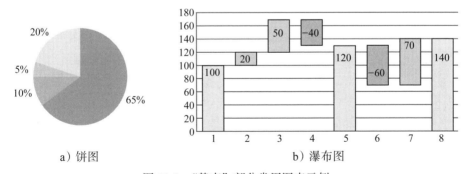

图 11-8 "静态"部分常用图表示例

其中,"变化"部分常用图表示例(如图 11-9 所示)如下:

①堆积面积图:适用于两组数值(二维图),用于显示每个数值所占大小随时间或类别变化的趋势线,可强调某个类别交于系列轴上的数值的趋势线。

②百分比堆积面积图:适用于两组数值(二维图),用于显示每个数值所

占百分比随时间或类别变化的趋势线，可强调每个系列的比例趋势线。

③堆积柱形图：适用于三组数值（三维图），用于反映整体随着时间或类别变化的趋势，又能看到某个分组单元的整体情况。

④百分比堆积柱形图：适用于三组数值（三维图），用于显示每个数值所占百分比随时间或类别变化的趋势线，可强调每个系列的比例趋势线。

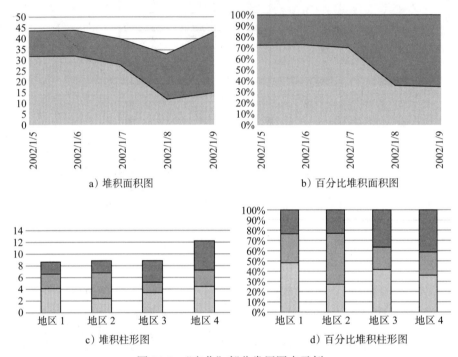

图11-9 "变化"部分常用图表示例

2)"关系"部分常用图表示例（如图11-10所示）如下：

①散点图：适用于两组数值（二维图），用于研究坐标点的分布是否具有一定的规律，从而得出自变量（预测）和因变量（目标）之间的联系或关系。

②气泡图：适用于三组数值，用于表示两个变量是否与另外一个变量的变化产生联系。

3)"比较"部分常用图表示例（如图11-11所示）如下：

①折线图：支持多个数据进行对比，用于显示随时间或其他属性而变化的连续数据，适用于在相等时间或相等属性下进行趋势分析。

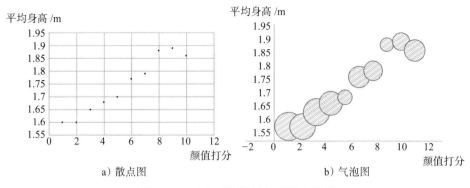

图 11-10 "关系"部分常用图表示例

②堆积折线图:支持多个数据趋势对比分析,在折线图的基础上,增加累加的总体数据发展趋势。

③柱形图:用于比较同一标准下的多个数据,随着时间或其他属性的变化而呈现出的趋势。

④雷达图:用于表示三个及以上定量变量的二维图表。

⑤可变宽度柱形图:适用于三个及以上维度的更多个定量变量的图表。

⑥条形图:和柱形图相似,用于比较统一标准下的多个数据。

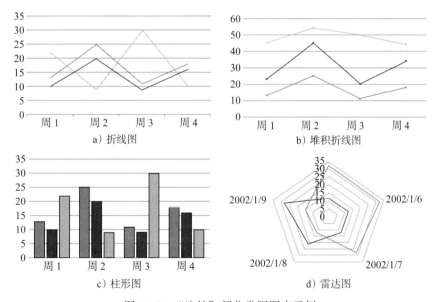

图 11-11 "比较"部分常用图表示例

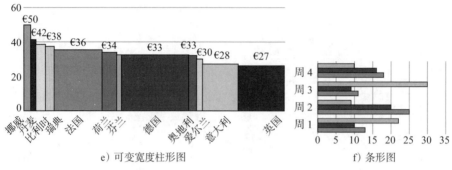

e)可变宽度柱形图　　　　　　　　　　f)条形图

图 11-11 "比较"部分常用图表示例（续）

4)"分布"部分常用图表示例（如图 11-12 所示）如下：

①直方图：用于表现数据分布情况，例如在某一系列数字中，出现频率最高的是 13~27，其次是 9~13。

②曲线图：用于分析趋势的图表，适用于一组数据较多时。

③三维面积图：适用于三个变量的趋势分布分析图表。

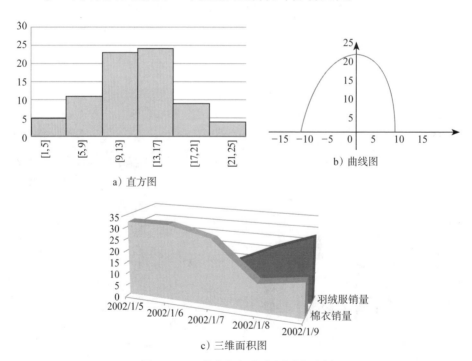

图 11-12 "分布"部分常用图表示例

第二节　数据分析管理

在互联网运营中，数据分析的目的主要有两个：提高企业综合实力和打造竞争优势。为了提升企业内部的综合能力，需要提高组织效率、培养更多的创新人才、制定合适的战略目标和盈利模型。这些能力需要通过数据分析找到提高的方法。例如，要分析市场机会，就需要了解该市场的盈利模式、各方占有率排名、上游（供应链）和下游（消费渠道）是谁、该市场在整个经济结构中的地位，以及该市场的法律监管、社会环境、技术环境等。此外，还需要了解该市场的用户特征，以便制定更合适的策略。这些都需要使用系统的分析工具进行判断，并结合运营领域的四个底层思维和四个运营领域输出策略，对策略进行效果评估和优化。最终得出数据分析报告，以更好地指导企业的发展。

一、问题定位

数据分析管理具有重要的功能，即发现问题、解决问题。通过监控数据过程管理输出的大盘数据表、部门数据表以及项目/运营数据表，可以识别数据异常项，然后查看业务价值明细表以找到具体问题。这是运营增长活动日常问题发现、诊断和治疗的过程。随后，需要进一步研究是否需要修改、如何进行修改、何时进行修改以及由谁进行修改等。可以采用5W2H问题定位法（简称5W2H法）来进一步明晰解题思路，更好地解决问题。5W2H问题定位法如图11-13所示。

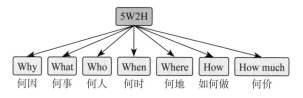

图11-13　5W2H问题定位法

1）5W的内容如下：

① Why：何因。为什么要这么做？理由是什么？原因是什么？

② What：何事。目的是什么？是什么事情？

③ Who：何人。由谁来承担？谁来完成？谁负责？和谁相关？

④ When：何时。什么时间完成？什么时机最适宜？什么时候开始做？

⑤ Where：何地。在哪里做？从哪里入手？

2）2H 的内容如下：

① How：如何做。如何提高效率？如何实施？方法怎样？解决方案是什么？

② How much：何价。做到什么程度？数量如何？质量水平如何？费用产出如何？

3）5W2H 法的应用举例：如何设计一款产品？

① Why：为什么要做这样一款产品？用户为什么需要这款产品？

② What：这是一款什么产品？做它的目的是什么？

③ Who：由谁来做这款产品？产品做出来给谁使用？

④ When：什么时候开始做这款产品？什么时候必须做出来？

⑤ Where：在哪里发布产品？从哪里开始做？

⑥ How：采用什么方法来做这款产品？这款产品做出来是如何运作的？

⑦ How much：做这款产品需要投入多少？能赚到多少？

5W2H 法是一种常用的管理工具，适用于各种项目的规划和实施，包括运营和营销。在运营中，5W2H 法可用于确定项目的目的和理由，规划项目的实施方案，分配任务和责任，以及评估项目的效果和成果。在营销中，5W2H 法可用于了解目标客户的需求和偏好，制订营销策略和计划，确定推广方式和渠道，以及评估营销活动的效果和回报。

使用 5W2H 法的提问方式，可以有效地分析和解决问题，确保项目的成功实施和顺利运营。例如，在设计一款产品时，我们可以使用 5W2H 法来确定产品的目的和价值，了解目标客户的需求和偏好，确定产品的功能和特点，规划产品的开发和测试，分配任务和责任，以及评估产品的质量和性能。

在实践中，我们需要注意以下几点：

1）**明确问题和目标**：在使用 5W2H 法进行提问时，需要明确问题和目标，避免模糊和不清晰。

2）**充分了解情况**：在回答问题时，应充分了解情况，获取必要的信息和数据。

3）**量化和衡量结果**：在评估项目时，可采用可量化、可衡量的指标和方法，避免主观和片面。

4）**持续改进和优化**：在实施项目时，应持续改进和优化，及时反馈和调整，确保项目的成功实施和顺利运营。

二、分析工具

在数据分析管理中，分析工具扮演着至关重要的角色。它不仅能够帮助我们得出正确的结果，判断发展趋势，还可以挖掘更高效的管理思路。例如，为了比较 GMV 业绩的增长效果，需要对本月数据与之前的数据进行对比，以准确分析出本月 GMV 业绩高出多少。如果连续一年 GMV 都以稳定、持续的方式增长，那么可以判断目前的增长运营模式是健康的。分析工具就是利用数据过程管理中收集的基础数据，得出一些结论和判断，根据这些结论和判断进一步输出策略和规划。

常用的分析方法主要有以下几种：

（1）对比分析　根据参照物，可以分为对内和对外两种对比。对内是自己的现状与过去的情况做对比，比如现在的进度状况与过去的进度状况做对比，现在的业绩与过去的业绩做对比。对外主要是和竞品做对比，衡量自身的优劣势，比如与竞品对比市场占有率，与竞品对比产品功能和功效等，从中找到自身优势做市场营销，找到劣势尽量弥补。

（2）平均分析　用计算平均数的方法来反映在一定条件下，总体的某一数量特征的平均水平，比如平均身高、平均成绩等，适用于计算差值不太大的数据，如果差值太大平均数就没有什么意义。例如某地区平均薪资，有的人几万元，有的人几百元，这样平均后的数据作用不大，既不能体现真实收入水平，又不能根据结果制定策略。类似的分析方法还有中位数（用于数值差距大的研究对象，找到中间水平）、众数（一组数据中出现次数最多的数值，在方差大的数据调研中可以反映大多数人的水平）等。

（3）象限分析　依据两个主要的维度，分别用其两个极端值垂直连线相交，划分出四个象限，将需要研究的数据分别对应到四个象限中。比如波士顿矩阵分析法，根据需求增长率和相对市场占有率，将项目分成明星、山猫等。

（4）交叉分析　它是一种用于分析两个变量之间的相互关系的方法。它将两个变量的数值分布到表格的横列和纵列上，形成交叉表，从而分析交叉表中变量之间的关系。交叉表也有两个以上的维度，维度越多，交叉表越复杂。交叉分析法也称作细分分析法，主要将多个维度的数据进行对比，以便更细致地判断出问题。例如，对某平台 194 个同款产品进行调查分析，主要采用好评率、价格、销量等指标，得到一个该平台 194 个产品数据的一维调查表，根据该数据表的好评率和价格两个变量得出交叉数据表，如图 11-14 所示。

一维数据表

产品编号	好评率	价格	销量
产品 1	85%	335	82
产品 2	90%	300	890
产品 3	84%	200	234
产品 4	80%	199	23
产品 5	97%	463	4
产品 6	78%	288	64
产品 7	87%	328	64
产品 8	77%	259	63

交叉数据表

好评率	0～200	201～300	301～400	401及以上	总计
61%～70%	4	13	10	3	30 个产品
71%～80%	4	10	36	5	55 个产品
81%～90%	4	21	21	4	50 个产品
91%～100%	1	7	35	16	59 个产品
总计	13	51	102	28	194 个产品

图 11-14　一维数据表和交叉数据表

（5）因素分析　它是一种用于确定数据中相互关联变量之间的主要关系的方法。我们可以使用因素分析找出数据集中的相对重要性，即哪些因素对整体结果产生了最大的影响。它也可以帮助我们缩小数据范围，找出数据中的重要变量。因素分析是一种有监督的学习方法，它需要一个数据集来确定数据中的主要因素。因素分析的最终结果是一个因子矩阵，其中每个因子都代表了数据集中的一种特征。

（6）相关分析　它是一种用于确定数据之间相互关联程度的方法。它可以帮助我们了解两个变量之间的关系，例如，我们可以使用相关分析来确定广告费用和销售额之间的关系。相关系数介于 −1 到 1 之间，其中，−1 表示完全负相关，1 表示完全正相关，0 表示没有相关性。相关分析还可以帮助我们找出数据中的异常值和趋势。相关分析示意如图 11-15 所示。

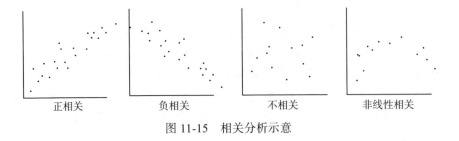

图 11-15　相关分析示意

（7）预测分析　也叫作趋势分析，是一种用于确定未来趋势和预测未来结果的方法。它可以帮助我们根据历史数据预测未来数据，例如，可以使用预测分析来预测未来的销售额、库存量和生产率等。预测分析通常需要一些统计模型和算法来处理数据，例如线性回归、时间序列分析和神经网络分析等。趋势是事物或局势发展的动向、大致方向，一般与核心指标的长期变化过程有关，用来推断未来的情形。例如，用户增长速度是否持续加快，是否存在周期性，是否稳定，是否存在拐点等，并分析背后的原因，以此来判断未来用户增长的情形。

（8）聚类分析　它是一种无监督学习方法，通过将相似的数据点分组为一个簇，从而在数据中发现模式。聚类分析可以帮助我们发现数据中的隐藏模式和分组方式，以及分组后的特征和规律。

（9）决策树分析　它是一种基于树形结构的分类方法，可以帮助我们根据数据特征和分类标准，将数据分为不同的类别。决策树分析可以帮助我们了解数据中的特征和规律，以及识别数据中的异常值和趋势。

（10）时序分析　它是一种用于解释时间序列数据变化的方法，可以帮助我们了解时间序列数据中的趋势、季节性和周期性。时序分析通常需要使用时间序列模型和算法，例如 ARIMA 和 GARCH 等。

（11）关联规则分析　它是一种用于发现数据中的关系和依赖性的方法。

一个成功的运营营销策略需要建立在深刻理解用户需求的基础上。以上分析方法有助于从不同角度深入挖掘用户需求，并根据不同的分析结果，制定不同的运营营销策略，从而推动业务的发展。

三、策略输出

当问题被定位后，需要针对问题提出解决方案，即策略输出。之前的章节已经介绍了四个底层思维和四个运营领域，可以从共性、经验、规则、技巧等方面进行策略输出。本小节着重介绍如何使用 A/B 测试判断策略的有效性，并进一步优化和迭代策略。

A/B 测试也可以理解为假设检验，即通过推断出新方案是否能够有效提升效果，然后进行实践验证，判断假设是否正确，并推动项目的不断迭代和优化，从而累积出显著的效果。很多互联网企业在日常运营中经常使用 A/B 测试来进行某些项目或策略的迭代。小到一个按钮的颜色、一个字、一个标点符号、一秒的差别等，都可能成为它的测试对象。

A/B 策略迭代思路如图 11-16 所示。

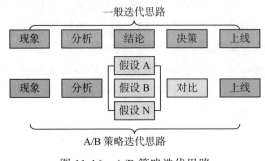

图 11-16　A/B 策略迭代思路

1. A/B 策略的优势

通过对现象进行分析并进行实验对照，能够有效地比较原方案和变化后方案的优劣，据此选择数据效果更好的方案，实现有效的迭代效果。此外，A/B 测试能够避免工作过程中出现多个想法和不同意见等分歧问题，通过对不同意见和想法进行测试，得出客观的结论，依靠有效的数据结论避免协作过程中发生冲突。

例如，在某自媒体短视频运营过程中，为了提高短视频的点击率，需要对封面进行策略优化。通过 A、B 测试，对同一内容做了 A、B 两种封面，A 封面为蓝色背景，B 封面为黄色背景。经过同样数量、通用画像用户池的测试，发现黄色背景的封面点击率更高，因此决定之后的短视频封面都采用黄色背景。

2. A/B 策略的迭代流程

A/B 策略的迭代流程包括选定问题、提出假设、记录变化、投放上线、问题排序等步骤。通过对现象的发现，确定紧急且重要的问题进行针对性解决，同时进行头脑风暴提出优化方案或解决办法。在同样的环境下使用不同的方法，观测最终结果的变化，并将最终结果进行排序。将得出结论最好的方案应用到实际的运营体系中，对运营体系进行优化，同时记录新问题或待改良的点，进行下一环节的 A/B 策略迭代流程。具体的 A/B 策略的迭代流程如下：

1）**选定问题**：通过对现象的发现，确定排序靠前的问题，并有针对性地解决。因此，需要选定某一个问题点，进行测试和优化。在解决问题之前，一定要有优先级的判断，不能因为有客户投诉，或有用户反馈就要立即解决。需要从有多少用户投诉、多少用户反馈、所占比重多少、负面影响多大等方面进行衡量，优先处理紧急且重要的问题。

2）**提出假设**：根据四个底层思维，从用户调研、用户画像等方面进行头脑风暴，提出优化方案或解决办法。根据资源等限制条件，选择测试的自变量数量，以设计对应数量的测试路径。

3）**记录变化**：自变量选定后，在同样的环境下运营不同的方法，进行两个或两个以上方法的测试，观测最终结果（即因变量）的变化，并将最终结果进行排序。

4）**投放上线**：将之前 A/B 测试得出结论最好的方案应用到实际的运营体系中，对运营体系进行优化。然后观察整个运营体系的过程是否出现新的问题、是否有其他需要继续改良的环节，并将问题记录下来。

5）**问题排序**：发现新问题或待改良的点，加入问题清单进行排序，根据紧急和重要程度，对排序靠前的问题进行下一环节的 A/B 策略迭代流程。

A/B 策略迭代思路是优化所有运营路径的基础，需要通过对数据的严格记录和判断，得出真实有效的策略方案。不断进行有效的测试和迭代是增长运营高效运转的保障，也是综合实力竞争的保障。

四、监督反馈

数据分析管理的最后一步是监督分析结果的落地，督促具体的行动是否准确执行，形成新的数据过程明细表，更新数据过程管理的工作流程。例如，分析出短视频 A 方案使用蓝色封面的点击率不如 B 方案使用黄色封面的点击率高，建议以后的视频封面主要使用黄色。但在企业运营中，很多数据分析建议并没有得到落实，导致"白做工"。这是因为管理层没有重视，或者落地员工认为分析结果不正确不愿意去执行，还可能是因为企业觉得提升效果有限，不值得费力去改变流程。这些原因都可能导致数据分析结果无法落地执行。

在企业运营中，这种情况发生的概率不低。不能理想主义，认为"对"的事情一定会得到支持和执行。例如，大部分人都知道读书是对自己好的一件事，但真正去执行的人不多。这就是结果推进、落地的难点，需要建立监督反馈的机制去克服。一些有远见的管理层在面试数据分析岗位时，喜欢问一个问题："获得数据结果后你会怎样去推进？"这其实就是在考验面试者的执行能力。只有真正去推进过分析结果的人，才会明白落地有哪些难点，是否能够攻克。

数据分析结果落地执行的难点在于"人"，落地需要企业认同、管理层认可、人员认真执行。因此，我们需要逐个突破，从企业文化、管理流程、执行力等多个方面入手，确保数据分析结果真正落地执行。

1. 企业认同

企业是否批准执行数据分析结果的方案，完全取决于最终分析结果的价值及其成本和风险。因此，数据分析管理方需要输出一个系统化的完整分析报告，对各种利弊进行权衡。数据分析报告最重要的是根据数据推导出的结论，洞察数据背后的真相，而不是被数据欺骗。例如，某电商公司2021年4—8月的产品销量如图11-17所示，公司员工小王、小丽分别对2021年4—8月的销售情况进行汇报。

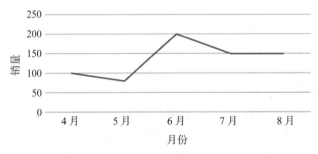

图11-17 某电商公司2021年4—8月的产品销量

小王根据数据做出的汇报只单纯地陈述了销量的变化情况，没有结合实际情况进行分析，容易让人误解7月和8月的销量变差是公司销售能力的问题。相比之下，小丽汇报时结合了实际情况，有理有据地解释了销量变化的原因，并阐述了推广策略的价值和规划建议，更容易得到企业的认同。

具体来说，小丽的汇报指出5月是为6·18活动做蓄力和预热，销量受到了影响，6月正好是6·18活动，当月销量提升了100%。尽管7月有所回落，但 8 月的销量稳定，并明显高于 4 月的销量。因此，通过 6·18 活动的推广，销量整体稳定提升了 50%，产品进一步拓宽了市场，这表明针对 6·18 活动的策划方案是有效的。同时，小丽提出了在双十一活动时可以继续使用这套方案的建议，为公司未来的营销规划提供了有益的指导。

因此，汇报中的数据分析应该结合实际情况，注重解释数据背后的原因。同时，营销人员应该关注市场活动对销量的影响，并制定有针对性的推广策略，以提高销售业绩和扩大市场占有率。

2. 管理层认可

在许多企业中，分工明确，有数据分析部门、运营部门和销售部门等。这些部门都有各自的思考逻辑，因此在协调时会遇到沟通壁垒。例如，销售部门和运营部门很难用专业的数据逻辑格式［例如 User id（哪个用户）+Active（哪种操作）+Time（何时产生）］去沟通需求数据，更难以获得更深入的分析结果。同时，每个业务部门都有自己的核心目标，有紧急且重要的任务，数据分析部门不理解业务，直接要求业务部门执行数据分析结果，很难得到业务部门领导的认可。

因此，数据分析管理方需要更加主动、积极地融入业务部门的业务，了解其现阶段最主要的目标，并结合目标提出具体的落地方案和路径。这样，业务管理人员就能明白根据数据分析结果得出的策略能够实现他们当下追求的目标，同时落地路径清晰明了，只需安排人员执行就可以了。数据分析结果被落地的概率就大大增加了。

3. 人员认真执行

很多时候，数据分析策略的结果还是无法落地，甚至直接领导安排的重要任务也无法被一线执行人员落地。这是因为人不是机器。例如，某企业做了精细化客户运营管理计划，要求门店销售人员为每个进店客户打上标签，标记性别、购买产品、年龄、进店时间等信息。但是，部分销售人员会直接拒绝这项任务，部分销售人员表面上答应但实际上会偷懒，最终导致策略无法落地。如何才能让策略有效落地呢？我们需要考虑这件事对一线员工是否有好处，是否增加了他们的工作量。只有解决了这两个问题，才能让一线员工认真对待任务。

例如，亚马逊为电话客服设置了激励机制。当客户投诉时，客服会把投诉原因搜集起来。每提交一条真实的投诉信息，客服就会获得奖励。虽然这增加了一线员工的工作量，但是由于有好处，所以一线员工的参与积极性很高。他们很快提交了大量投诉信息，直到这些问题都被解决。通过这样的方式，企业的服务体系不断完善，企业获得了更强的市场竞争力。

综上所述，数据分析管理从发现问题、解决问题到落地执行和监督全过程，帮助数据过程管理进行诊断和治疗。数据过程管理准确、有效地提供真实数据。两者相辅相成，共同形成互联网运营增长过程中的数据管理体系。

| 第十二章 |

团队管理人才培养

团队管理是一个由初创到完善的过程,需要按照三个步骤来进行。首先,要设定正确的团队目标,明确团队的使命和愿景,确保所有成员对目标的理解和认同。其次,要用正确的方式组建团队,建立起协作和信任的关系,以确保团队的有效沟通和高效执行。最后,要用前瞻性的目光规划团队的发展,不断优化团队的组成和运作方式,以适应不断变化的市场和业务需求。根据三个步骤打造的团队管理模型如图 12-1 所示。

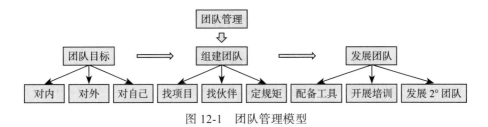

图 12-1 团队管理模型

第一节 优秀团队的三个目标

建立企业旨在解决商业活动中交易成本和沟通成本不断攀升的问题,同时提高资源利用效率。随着商业的发展,为了更好地提高资源开发和使用效率，减少交易环节所需的成本，逐渐出现了一些兼并或收购行为，即将小商家合并为一个企业，在企业内部进行合作，无须签订复杂的合同，减少了沟通成本，也可以降低发生毁约等行为的概率。

团队的形成也是如此，在企业内由最小可协作的集体单位构成，彼此之间为企业战略目标下细分的子目标努力。团队内合作成本最低，资源利用效率最高，沟通效果也最好。充分发挥这一优势能更快、更好地实现目标。

然而，许多企业并没有发挥出团队的真正作用，反而团队之间相互提防，各自为营。这样的团队无疑会导致工作效率低下，同时，团队内部缺乏意义感、使命感以及奉献精神，很容易陷入内耗。要想使团队成员减少内耗，相互成就，需要实现三个目标：对内让成员获得成就感、对外实现业务目标、对自己提升管理者的管控能力。

在团队的建立中，我们不仅需要考虑成本和效率的问题，还需要关注团队的使命和价值，提高团队的凝聚力和目标感。此外，管理者需要具备更好的沟通和协调能力，引导团队成员共同追求目标，实现团队乃至企业的长期发展。

一、对内：获得成就感

在工作中，成员需要意义感。有意义的工作可以让成员在社交关系中得到认同和认可。人离不开社会群体，建立一个人人为他人、他人为人人的美好社会，是每个人的意义来源。每个人一开始都愿意为社会发展做出贡献，这也是意义推动工作的关键。因此，做有价值和正确的事情是培养成员意义感、促使其内驱、发挥超我能力的关键。有意义的工作能让成员获得成就感，成就感是对自我认可的一种体现，对成就是否满足是一个人幸福与否的关键。

在《第五项修炼：学习型组织的艺术与实践》中，彼得·圣吉分析了奉献、投入、遵从之间的区别：投入是成为某个事物一部分的选择过程，而奉献是形容一种境界，不仅仅是投入，更是心中认为必须为愿景的实现负完全责任。这反映出不认同或没有愿景的成员可能仅仅满足于服从上级指令，在工作中难以发自内心地投入、奉献和自主承担责任。"遵从""投入""奉献"这三个成员表现是团队管理的分水岭。

团队管理的目标之一是让成员获得成就感、意义感和幸福感。笔者认为，这三个感觉的实现路径如下：

1）成就感源于一件件成功的事情。被不断认可的人成长速度惊人，自身能量也惊人。

2）意义感源于对工作的内在认同。有意义的工作可以让成员在社交关系中得到认同和认可。

3）幸福感源于对生活的感受。对现象的满足是一个人幸福的关键，也是成员再攀高峰的能量源。

在现代职场中，员工可能会陷入毫无意义的工作状态。这种状态下，他们会觉得既无所事事，也极度疲惫。这种现象被心理学家称为"习得性无助"。这种心理状态会导致员工在面对困难和挑战时，既缺乏动力也缺乏解决问题的能力。他们处在一种不断消耗和透支精力的环境中，就像一条在缺水环境中挣扎的鱼，只能无力地呼吸，最终耗尽所有生命力。

对于管理者来说，责任在于有意识地帮助团队成员恢复活力。天鹅到家的前运营主管肖卓在这方面做得尤为出色。他会指派新成员进行一些基础但必要的工作，例如统计团队的周报、整理会议纪要或协助其他成员完成任务。每当任务完成后，他会公开表扬成员的亮点，根据他们的优势为他们安排合适的工作，以便他们能充分发挥自身优势，得到团队的认可。这种以利他主义为导向的方法是提升团队活力的有效途径。

在日常管理中，优秀的管理者会有意识地让团队成员获取正能量，而不是极端地逼迫他们提高工作效率。团队存在的最重要目标是让每个成员获得能量，其次才是实现业务目标。团队的项目可能会失败，但团队精神和活力必须保持。管理者需要去点燃每一个成员的精神火花，汇聚整个团队的活力，让微光汇聚成光束，光束汇聚成星河。这就是管理的真谛，即让每个成员都能超越自我，以同样的方式去照亮他人，为社会培养出更多的优秀人才，推动社会进步。简而言之，管理的本质在于点亮他人，而作为一名管理者，首先要做的就是自身发光，然后去照亮他人。

二、对外：实现业务目标

成功驾驭一个行业或项目，强大的团队力量是不可或缺的要素。团队的力量主要从两个维度来衡量：专业能力与行业深度。两者的交叉融合形成了团队的综合实力，它是赢得竞争的基础，并且为实现业务目标提供了重要保障。团队实力分析如图12-2所示。

团队实力主要根据团队成员的专业能力和对行业的认知程度来评估。例如，假设团队成员 A 的专业能力达到了 5 分，行业认知为 1 分；而成员 B 在行业认知上达到了 5 分，专业能力则为 2 分。若他们联合共同达成业务目标，那么团队的实力将体现为专业能力 5 分，行业认知 5 分，这个团队能够解决的问题和达成的项目目标大体上也能达到 5 分。但如果与 6 分的团队竞争，他们将处于劣势，且差距越大，失败的概率就越高。这只是一个估算标准，实际上许多专业能力和行业认知的水平都难以准确衡量。因此，在团队组建过程中，面试评估的重点是这些能力的侧重点，高度依赖于面试官的眼光和经验。

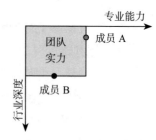

图 12-2　团队实力分析

1）专业能力指的是技术能力，比如平面设计、软件应用水平、开发能力等。评价标准主要看能够完成怎样的设计作品、能解决哪些技术问题，以及能实现哪些功能。

2）行业深度主要指的是市场认知水平，例如能否准确掌握用户需求、能否产出有效策略以及能否判断市场机会和风险等。

只有专业能力和行业深度相互结合，才能有效地解决具体问题，实现业务目标。在定位思维章节中已经提到，市场的变化受应用方案升级的影响。因此，增长依赖于应用方案的不断提升。而专业能力与行业深度的综合运用是推动应用方案升级的关键因素。例如，通过行业深度，我们能够准确识别出用户对热点推文的需求。然而，这时仅有能够创作热点内容的专业能力还不够，我们还需要能够及时创作并从市场中获得有效反馈的人才。如果专业能力不够强，即使我们能够识别机会，也无法将有效的策略付诸实施；如果缺乏行业深度的能力，仅有技术上的巧妙操作也无法取得成功。因此，团队实力是由各个成员的能力组合而成的。通过合理组合团队成员，满足业务目标对团队能力的基本要求，才能实现我们的目标。

三、对自己：提升管理者的管控能力

团队管理的水平取决于实际管理者的能力。对于合格的管理者，有以下两个判断标准：

1）他们是有能力的人。

2）他们具备通过间接手段实现业务目标的能力。

如前所述，有能力的人指的是那些在一些项目或成就上有所建树的人，即使这些项目与他们要管理的项目无关。只有这样的人才有可能激发他人的潜力。只有通过完整独立地完成一些项目和事情，才能形成事物推进的逻辑闭环。如果没有这种闭环的业务推动逻辑，就容易做出错误的判断。光说不练的行为很容易导致认识上的混乱，且自身没有足够的信心，无法获得团队成员的认可，很难发挥出团队的真正实力。因此，很多企业的管理者都是从一线晋升而来的，而不是仅凭读过管理专业就担任管理职位。

与此同时，优秀的技术人员如果要升职为管理者，还需要培养一项技能：间接完成项目的能力，也就是不再亲自执行任务，而是通过沟通、指导、安排和培训的方式让团队成员来完成。这是成为一名管理者的必经之路。许多新手管理者由于自身的业务能力强，很容易因为成员表现不佳而认为自己亲自动手更好，于是自己独立完成任务，这是错误的，因为这样会导致成员无事可做。如果他们一直做不好，就会一直被闲置，这就无法形成一个团队。管理者最主要的任务是让成员学会如何获取能力，通过合理的任务分配、指导和培训培养员工，以培养更多优秀的成员，从而发挥团队的作用，这才是管理者应该做的事情。

间接完成项目的能力分为两个阶段：第一阶段是能够管理少数人完成特定的业务，第二阶段是能够管理少数管理者完成更大规模的业务。一个管理者的水平应该通过管理的规模和层级来体现。然而，并不是仅凭带有足够多的成员就能成为优秀的管理者，而是要根据他们带领的团队的战斗力和完成的业务质量来评判。

第二节　建立团队的三个步骤

许多从事增长工作的人最初是作为专业技术人员加入互联网企业的。要想晋升为管理者，需要从众多竞争对手中脱颖而出，同时还可能遇到空降领导抢占职位的情况。在互联网高速发展的时期，晋升机会较多，各大互联网企业争夺人才，对管理人才的需求很大。然而，随着互联网进入成熟期，快速发展的互联网企业逐渐减少，晋升机会也逐渐减少。在晋升管理层之前，互联网企业需要考察一个人是否具备领导力，而领导力需要通过带领团队完成项目来培养。

以下是打造一个合格团队的重要步骤，也是晋升管理层并提升个人管理水平和领导能力的机会：

1）**主动寻找任务**。自己积极主动地寻找工作任务比等待企业给予机会更为有利，这也是培养领导力（能够找到正确方向的能力）的关键。

2）**组建团队**。找到能够协助完成业务并相互认可的优秀伙伴，制订共同目标和计划，并通过协作完成业务。

3）**制定公平的规则**。在建立团队之后，合理分配任务，使团队成员信服，并减少不必要的冲突和摩擦。

这三个步骤是打造一个合格团队的重要环节，是晋升管理层的必经之路，同时也是提升个人管理水平和领导能力的机会。在这个过程中，机会是可以自己创造出来的。

因此，作为互联网从业者，要不断提升自己的领导力和团队管理能力，善于抓住机遇，积极主动地塑造自己的职业发展道路。

一、找项目

成熟的互联网企业已经建立了主要的商业模型，有了充足的资源。因此，在这些企业中存在着许多机会，可以利用现有资源进行更多探索和尝试，这是在良好平台工作所具备的优势。在成熟的互联网企业中，主要的商业模式已经成熟，市场竞争趋于稳定，这为企业成员提供了更多自主探索的机会，并容许更多的试错行为。因此，在成熟的企业中寻找项目时，可以积极利用企业的资源来挖掘新项目，这对企业和从业者自身的发展都是有利的。通过挖掘项目、实施项目这样的成长循环，逐步获得企业和领导层的认可，可以申请并争取到更大的项目机会，从而逐渐锻炼自己的专业能力和管理能力。

对于没有成功商业模式的企业或个人来说，如果要进行增长工作，需要从前面章节所学的四个运营领域中，采用定位思维的方法找到一个方向，并将其落地为至少一个独立且闭环的商业模型。通过以上的探索和实践，无论是在成熟的互联网企业还是在缺乏成功商业模式的情况下，都可以逐渐提高自己的增长能力，不断提升自身的专业素养和管理水平。

1. 项目挖掘

在挖掘新业务和新需求方面，可以通过对企业现有用户群体的深入了解来实现。增长运营的核心在于企业了解用户和让用户了解企业产品的循环过程。在第四章中，介绍了通过绘制4D用户画像的方法来洞察用户的共性需求，结合市场情况，找到机会市场。再结合定位思维的三圈定位法，确定自身具有竞争优势的范围且具有发展前景的方向。例如，美团在其外卖业务和团购业务成熟后，拥有大量的城市用户。此时，根据市场机会，可以发展"解决最后一公里"的共享单车赛道，美团用户的特征（如上班族、学生等）符合"最后一公里"通勤服务产品的目标用户画像，这是一个良好的项目方向。此外，满足"解决手机移动充电"需求的项目也是美团的一个机会市场，因为在餐饮团购业务中，线下门店有大量需要及时充电的用户，例如电影院、酒店、餐饮店、桌游店等。这些地方人流大，需求量大。同时，这样的项目还能帮助加盟美团的商家增加收入，补充商家运营权益，为美团的主营业务提供支持。

可以发现，一些成熟的企业拥有丰富的优质资源，这些资源经过成熟商业模式的打磨和积累，可以孵化和延伸出更多的可能性。此外，这些企业还具备成熟的管理机制，成员能够在深刻了解企业用户画像的基础上，迅速识别市场机会，判断方向，组建团队并占领相应领域的市场。例如，美团已经进军社区买菜、打车、培训、装修、医美、小说等领域，不断进行新的尝试和突破。因此，在寻找项目时，从事增长项目的从业者不应设限，不要觉得自己职级低、刚入职而不应冒险，或认为这些事情不符合岗位和领导的要求，要相信自己有能力去实施，并持认真态度对待这些项目。从业者通过实践和探索这些项目，能够快速成长。

2. 审批立项

发现项目的能力培养了自己的方向感，而推动项目落地则会培养自己的综合领导力。为了获得企业、同事、合作伙伴和投资人的认可，需要进行项目分析和项目汇报。在沟通的过程中遇到阻碍是正常的，特别是在发起一个大型项目之前。利益相关方会考虑更多的因素。因此，可以先利用现有资源进行最小可行产品（MVP）尝试，并准备充分的案例和数据。随着规划的完善和效果的逐步呈现，利益相关方将会感受到其中的利弊关系，也会感受到你的决心和毅力，这样获得支持的概率会增加。即使最终没有通过审批，也可以了解企业否决项目的原因，并根据结果反馈进行调整，挖掘新的市场机会。在申请立项时,尽量避免越级汇报,要通过直接领导进行沟通和推荐,因为直接领导更了解向上管理。如果直接领导有顾虑和其他考量,那必定是基于他的视角。直接领导的支持可以为项目提供额外的保护,在适当的时机会推动项目的进展。

在企业中,项目立项是一个极其重要的过程。以下是一些方法、技巧和注意事项,更详细的项目管理方式将在本书第十四章项目管理的相关内容中介绍:

1)明确项目目标和范围:在进行项目立项之前,必须明确项目的目标和范围,以更好地规划项目的进程和进行资源分配。

2)确定项目需求:在明确项目目标和范围之后,需要进行详细的项目需求分析和定义,以确保项目能够满足用户和利益相关方的需求。

3)制订项目计划:制订项目计划是项目立项的关键步骤,需要明确项目的时间表、任务、交付物和里程碑,以确保项目能够按时完成。

4)确定项目资源:为确保项目按计划进行,必须适当分配项目所需的人力资源、财务资源和物质资源等。

5)加强沟通:在项目立项的过程中,需要加强与利益相关方的沟通,了解他们的需求和期望,及时解决问题并消除误解。

6)风险评估:在项目立项之前,应对项目进行全面的风险评估,以识别和评估可能存在的风险和障碍,并制定相应的管理和控制措施。

7)审批程序:在企业中,通常需要经过审批程序,以确保项目符合企业的战略和目标,并获得必要的支持和资源。

8)监控和评估:在项目实施过程中,需要不断地监控并评估项目的进展和成果,及时调整项目计划,并对项目进行总结,以提高项目管理的效率和质量。

二、找伙伴

组建团队并不需要获得明确的授权,而是需要掌握一定的资源,并拥有可靠的任务计划,这样才能成功组建自己的团队。在本书所涉及的四个运营领域中,前三个运营领域的门槛相对较低,适合从 0 到 1 的突破和资源积累。这些资源可以帮助从业者在企业中获得更多的话语权和分配权,通过业务拓展来承接更多的价值转化业务。基于这些资源积累,从业者可以申请调配人员(可以通过借调或招聘的方式组建团队),即使资源有限,也可以先找兼职人员来搭建外包团队。同时，这些资源积累也可以帮助创业者实现变现，从而获得直接的资本用于招募团队成员。

在找伙伴时，需要根据业务需求来选择具备相应能力的成员，以满足业务要求的底线。为了实现业务目标，需要拥有两个方向上（即匠心精神和机会精神）的人才，以确保具备完成业务所需的基本实力。此外，还需要有意识地培养具备强大能力、忠诚稳定的人才，通过这三类人的组合来构建一个成长、稳定且可靠的团队。

1. 能力强的成员

能力强的成员具有激发团队积极性的能力，能够提供高效的方法、路径和模型，这些思维工具对团队的发展至关重要。缺乏能力强的成员将使整个团队的战斗力提升缓慢，无法在竞争中取得优势。然而，能力强的成员通常具有强势的性格，在工作中可能不太愿意服从安排，更倾向于有自己的想法和方式。这些成员更适合成为合作伙伴，可以充分发挥他们的优势，将有挑战性的任务分配给他们，同时给予他们较好的奖励和待遇。提供适当的福利待遇是留住这些人才的关键，同时也能为团队树立成长的榜样和标杆。不要介意这些人才离开，要保持良好的关系，支持他们开拓自己的事业或追求更好的机会。

2. 忠诚的成员

忠诚的成员并不一定要看学历，甚至学历较低但具备符合工作需求的能力的成员更合适，因为他们在就业市场上的机会相对较少，更加珍惜机会，懂得感恩。选择情商高、情感细腻、工作时间较长的成员作为亲密合作伙伴。在团队工作中，他们与管理者协作，积极提出建议，带动团队形成民主氛围或维护领导的权威性。这类成员最好具备较强的数据分析和表格处理技能，能够有效地完成处理数据资产等核心工作，这类工作需要稳定可靠的人来做。同时，职能型岗位应与业务线岗位隔离，避免能力强的成员与亲密合作伙伴发生利益冲突，影响团队和谐。

3. 稳定的成员

稳定的成员在团队中占据绝大多数，他们追求稳定和安全的生活。正是因为大多数成员追求稳定，他们成为团队或企业的基石，确保团队或企业的稳定性和可持续性。稳定的成员通常没有太大的野心，他们的专业技能和业务能力相对平均，这使得他们能够更好地配合、协同和沟通。在选拔这类人才时，主要考虑他们的学习能力，即是否能够学习并应用业务所需的技能和工具。这也是许多互联网企业在招聘过程中考虑成员稳定性和学历的原因之一。学历高代表学习能力强，能够快速掌握专业技能和行业知识，并在工作中做出良好的安排。有时候，虽然候选人的能力突出，但缺乏稳定性，也可能无法通过面试。

一个战斗力强、协同能力强、可信任的团队由稳定人才、能力人才、心腹人才三类人才构成，如图 12-3 所示。任何一个角色缺失都会导致团队不稳定，不能健康发展、相互促进。这三类人才所占比重可以根据管理者自身情况来定。如果管理者的业务能力特别突出，能够压制能力强的成员，可以招纳更多能力强的人才，但需要在沟通上花更多的精力。如果管理者精力不足，专业能力、业务能力不是特别突出，则需要招纳更多的稳定人才和心腹人才，确保团队的稳定性。团队稳定、和谐是做事的前提。如果能力强的人才太多，冲突也会比较多，有时不得不舍弃一些能力强的人才，这是许多团队的无奈之举。

图 12-3　团队人才组建三角模型

因此，作为一名从业者或一线"打工人"，应该用管理者的思维来判断自己属于哪一类人才。如果自己能力强但沟通和协调能力较弱，就需要做出抉择，是放弃专业能力的发展，甘于平庸，过上稳定和谐的生活，还是坚持己见，不断地向更深的专业领域突破、成长，去面对未知的风险。

这三类人才的培养侧重点是：对于能力人才，应该培养他们的管理意识，让他们快速成长到更高的平台；对于稳定人才，应该培养他们的专业能力和业务认知，使他们稳步成长，发展成为企业的中坚力量；对于心腹人才，应该培养他们的外联能力，让他们积极参加企业和政府举办的活动，帮助团队形成内外部的影响力。

三、定规矩

无规矩不成方圆。每个企业家、管理者甚至个人都有一套对内对外的规矩，使他们在社会交往中获得优势。规矩也可理解为对事物的判断形成的行为准则，是人生历练积累下来的信条和理念。好的信条和理念可以让人获得他人的信任和支持，从而脱颖而出。围绕个人的成熟信条和理念构建完整的行为模式就是自己的规矩。而好的信条和理念是围绕个人和团队的愿景、愿望形成的。管理团队也不例外，需要给团队树立目标、愿景，然后在日常工作中为实现目标、愿景而共同约定一些行为准则并达成一些共识。这些行为准则和共识就是团队的规矩。在团队中定规矩是为了更好地实现团队的三个目标，因此团队规矩由目标、制度、流程三个部分构成。

1. 目标

当一个国家面临内部纷争或混乱时，为了团结民众、整顿秩序，往往会树立一个外部敌对目标，并宣称消除这个敌人后，国家将迎来美好的未来。在这种情况下，全国人民就能够团结一致，共同对外。团队管理也是如此，团结协作的前提是确立一个共同认可的目标，这样才能让成员们团结一致，为实现更大的集体成就而努力。这种追求共同进步的远大目标也被称为愿景。能否制定出让成员认同并为之奋斗的愿景，是团队领导者领导水平的体现。这种领导水平的差距会进一步导致团队之间的差距。正如本章开头所提到的，成员遵从、成员投入、成员奉献会产生不同的凝聚效果。

在团队中制定目标时，需要明确目的和目标的实际作用。目标是为实现目的服务的，但许多企业却将目标变成了目的。例如，某些互联网企业为了实现业务增长，采用200%业务目标增长的管理方式。所有的管理措施，包括晋升、奖金、绩效、表彰、任务分配、汇报方式等，都围绕实现200%业务目标展开。在这个过程中可能会发生更严重的损失，如数据作假、透支企业社会信誉价值换取短期增长、断章取义的PPT汇报掩盖企业真实状况和问题等，这些工作都构建了一个虚假的数据繁荣。同时，这些不为目的服务而为数据服务的目标，使企业陷入"人有多大胆，地有多大产"的制度腐败中。

笔者提倡的目标制定方式是按照团队成员的最低能力标准制定，也就是团队成员能够毫无压力、轻松达到的标准。这样做有以下几个好处。

1）**团队成员通过达成目标获得成就感**。避免在高压的目标下走向两个极端，变成永远的失败者或变成数据上的艺术家。

2）**团队成员能够获得创意实践的想象空间和实践精力**。原来生硬又高压的目标绩效管理方式，适用于工业社会、自动化生产力主导的效率时期。而随着经济社会的发展，我们已经进入智能化主导的市场经济环境。创造性是第一生产力，要让员工拥有创造性，首先需要去掉高压的枷锁，留给他们自由思考的空间，同时让他们有精力和意愿去推动创意的落地和实现，不要用机械化和高压的任务填满他们的时间和精力。

3）**较低的目标给了方向错误矫正的机会**。在高压的目标下，成员往往来不及思考这个目标是否正确，只会一门心思去完成，通过加班一倍的时间实现一倍的效率来完成既定目标。但在互联网时代，信息变化多端，大部分工作模式都很快会被淘汰，需要紧跟变化。那么，制定的目标很可能就是一个错误的目标。这时有潜力的成员就会面临两难：是完成制定的目标还是去实践自己认为正确的另外一个路径？往往有这种想法时，出现的另外一个路径才是增长突破的关键。但高压的目标和管理会扼杀这种创造力，使错误的目标得不到矫正，增长无法突破。

2. 制度

任何追求成就的群体或团队都需要建立一套制度，以引导受管理者采取符合目标的行为。对于这样的行为，应给予奖励。例如，对于提出有效改进方案的成员进行升职加薪，对于完成更多订单任务的成员给予奖金，甚至可以将这些表现突出的成员树立为榜样，鼓励其他成员学习和效仿。同时，应杜绝成员从事错误行为，对这类行为进行惩罚。例如，对于收受贿赂的情况，视情况给予降薪、开除等处理，对于多次迟到或未完成工作任务的成员，给予警告和批评等。很多时候，人是懒惰、松懈的，因此需要严格的管理者进行监督和及时纠正。有些新任管理者不想得罪人，不想为难人，因此对团队成员一再宽容，最终导致团队无法完成目标。这实际上对成员自身也不利。

设置低目标时也存在严重的问题，这是200%绩效目标在某些情况下能够发挥作用的原因。我们无法否认高目标所带来的推动作用，我们需要做的是在原有基础上审视其优劣，并找出适应当前发展环境的管理制度。低绩效可能引发员工懒惰、工作敷衍等问题，然而，这些问题是否一定要通过高压的绩效来强制管理？这种管理方式的弊端已在前文阐述，笔者更倾向于采用其他方法来解决员工懒惰和工作敷衍的问题，而非依赖高压的绩效。

以下是激发员工工作积极性而非依赖高压管控的几点建议：

1）设立无上限的创意激励奖，鼓励成员提出并实践突破性的创意策略。
2）多组织培训活动，让成员明确自己的职责和目标，以便更好地完成任务。
3）建立数据统计的标准和真实性要求，对汇报艺术和逻辑漏洞零容忍，营造公平的工作环境。
4）对于工作积极性和热情不高的成员，可以考虑调整岗位，将他们安排到更适合的行政岗位，以合理分配工作任务。

此外，愿景是激发成员内在动力的重要因素。当成员为伟大的目标或愿景而努力时，他们将会有超越个人能力的表现。愿景对个人来说可能看似微不足道，但实际上影响深远。企业在成立时通常会形成一个愿景，这个愿景成为企业内每个团队的终极目标。

例如，苹果电脑的愿景是让每个人都拥有一台计算机。作为一家企业的宏伟愿景，在细分到最小的灵活组织——团队时，需要更加具体化。苹果电脑销售团队可能会说："为了让每个人都拥有一台计算机，我们每年要卖出几百万台。"生产研发团队可能会说："为了让每个人都拥有一台计算机，我们要研发出成本更低、功能更强的计算机。"售后客服团队可能会说："为了让每个人都拥有一台计算机，我们要为每个客户提供优质服务，降低客户投诉率。"这是每个团队为实现目标或愿景而努力的具体行动和口号。

值得注意的是，在制定赏罚制度时，许多企业都是围绕业绩和公司利益制定赏罚规则的。例如，全勤奖、加班补贴、绩效奖等。这些都过分强调了业绩的重要性，而忽视了道德规范。这类企业过多甚至会影响整个社会的价值观，让人们觉得只要业绩好就能得到奖励，进而过度逐利而忽视自身的道德修养。这给社会带来的危害比想象的要严重得多，但这并没有得到多少企业的重视。

世界是一个共同体，所有正向的引导最终会使个人受益，所有负向的引导也会传导到个人。

3. 流程

团队管理的基本方法是确保成员之间的行为一致。例如，在军训中，训练口号、步调、转向等标准行为和动作，目的是更好地听从指挥、配合行动。团队管理也是类似的，需要制定上下班时间，规定日报、周报、月报等汇报流程，对工作任务要明确完成时间和结果交付时间，对会议应确定主题、沟通流程，进行记录复盘、问题跟进等工作。每位管理者都应形成自己的习惯和有效的流程方式，引导成员按照流程开展工作。在合作过程中，如果遇到冲突或流程上的问题，需要进行修正和补充。可以说，管理者的工作大部分是制定流程、监督流程的实施，通过正确而适当的流程促使成员完成工作，共同实现团队目标。

团队管理中的工作流程包括项目流程、汇报流程、培训流程和其他有利于管理工作开展的流程。这些流程的合集就是整个管理的规则。这些规则中都应包含具体的时间、方式、目的、执行准则以及相关人员等信息，使流程能够顺利运转，发挥其作用。因此，管理者的主要工作是搭建和运营好流程链，让成员按照流程进行运作。同时应根据业务需要和市场环境优化流程中不足的地方，提升管理的工作效率。

综上所述，建立一个高质量团队的步骤包括找项目、找伙伴和定规矩，这样才能组建一个团结一致、目标清晰、有发展前景的高质量团队。高质量团队是完成任务的保障。

第三节　发展团队的三个方法

在经营互联网企业时，会遇到一个工作问题：当某类不属于自身企业的产品有益于企业的相关业务时，是否应该去支持这类产品？例如，A企业开发了一款非常出色的产品，虽然这款产品对用户有益（有益于自家用户），但如果不是企业本身的产品，企业顾及市场竞争一般不愿意支持它。这是商业价值高于社会价值的典型案例。在团队管理中，类似的情况也会出现：虽然A同事业务能力强，对工作负责，但他与我关系不好，因此不能给他任何发展机会；虽然A部门的业务对公司非常有利，但因为站在不同的阵营，不能让它发展壮大。这种私心过重的想法或行为非常危险，它是限制企业或团队发展的根源。想要发展团队或企业，必须站在更广阔的视角做决策，例如从社会价值的角度评估企业业务的必要性，从企业价值的角度评估部门业务的必要性，从部门价值的角度评估成员业务的必要性，而不是从个人的角度考虑。承认他人的优秀是发展团队的第一步，对我们有益、对社会有益的事情，应该支持并学习。打压和忽视只会限制自己，不主动接受风险和危机以求成长，最终会被现实打败。

举例来说，杉杉股份有限公司是一家起家于服装市场的企业。随着时间的推移，服装市场的竞争越来越激烈，这迫使该公司寻求新的发展方向。公司的管理层决定寻求咨询公司的帮助来进行转型。咨询公司的专家提出了两种不同的建议。部分专家建议公司进入房地产市场，但其他专家则认为新能源市场的机会更大。虽然新能源市场的技术已经有所突破，但市场应用能力仍需进一步完善，因此这种选择存在一定的风险。然而，基于更广泛的社会价值视角，该企业最终选择了新能源市场。成长必然伴随着风险和危机，无论是企业、团队还是个人都是如此。只有在相对不那么安全的环境中，人才能时刻保持警惕，发挥出超凡的能力和水平，过于安稳的环境不利于增长这个命题。在做增长时需要意识到"世界共同体"的基本前提，这样在进行增长相关活动时才不会相互攻击、自取灭亡。

团队发展的基础是更高的视角和拥抱挑战的心态。团队需要探索和学习最先进的思维和实用工具来武装每个成员，点亮他们的技能。然后，培养成员的业务能力、认知水平和发展意识，通过对这些软性能力的培养，让成员之间的配合更加紧密，并让成员找到自己成长的方向，形成自驱力，获得成就感。最后，发展团队还需要建立更多优质、专业的人才连接，通过这些高阶人才的支持，全面培养团队成员的综合能力和认知深度。因此，发展团队的三个方法是：配备工具、开展培训和发展 2° 团队。

一、配备工具

在互联网企业的运营中，一个强大的工具可以大幅提升工作效率。例如，以前设计海报需要专业设计师使用 PS 等设计软件花费数天时间完成，而现在可以利用在线海报设计网站，通过选择模板迅速高效地设计出实用的海报，非设计专业的成员也能快速获得基本的设计能力。此外，AI 应用已经初步发展，腾讯推出了 AIDesign，只需几秒即可智能设计出多款符合需求的

LOGO，并且可免费商业应用，为中小个体品牌提供了更高效、成本更低的创作方式。随着时代的发展类似的工具不断涌现，作为团队负责人，需要时刻关注这些前沿工具，及时发现更高效的工具并替换现有工具，确保每个成员都使用前沿、高效的工具，以保持团队的领先优势。

人类与动物的最大区别在于人类具备使用工具的能力。工具不仅仅指实用业务软件或可见设备，还可以是思维方法、学习能力和管理流程。这也是为什么许多互联网企业在招聘时倾向于选择高学历人才，高学历在一定程度上代表了该成员的自主学习能力，能够更快地学习工具的使用方法和技巧，更容易接受新的知识和经验。一些常用的工具，如 KPI（关键绩效指标）和 OKR（目标与关键结果）是企业评估员工绩效的基础，能够提高组织的协作效率和激发组织的积极性；又如，PEST 分析（大环境分析模型）能从宏观角度分析外部环境，而 SWOT 分析（优势、劣势、机会、威胁分析）则是基于内部和外部竞争环境、竞争条件等因素进行分析的方法，这两种工具都能帮助企业分析发展中的机会和风险。

使用工具、养成用高效率工具的习惯、形成探索前沿工具的意识是团队发展的重要行为。现如今，ChatGPT 应用越来越火热，很多从业者都在推广它。它能够辅助程序员更高效地输出代码，也能帮助内容创作者输出相关观点和灵感。如图 12-4 所示，如果想输出一篇关于"互联网设计师兼职攻略"的文章，通过 ChatGPT 可以获得灵感，这节约了更多的创作时间并补充了个人缺乏的相关思路和观点。

> 作为一名平面设计师，有什么方法让我在工作之余接到大的设计单子呢？
>
> 1. 网络推广：使用社交媒体、自己的网站或作品集等展示自己的作品。
> 2. 加入行业社区：加入有关平面设计的社区，和其他设计师一起交流并建立人脉。
> 3. 投标竞标：对公开的设计招标进行投标，增加曝光机会。
> 4. 主动联系客户：搜索适合的客户，主动联系，介绍自己的作品和服务。
> 5. 保持高质量的作品：确保每次作品都是高质量的，让客户满意并把你推荐给其他人。
> 6. 提高专业能力：不断学习专业知识，在竞争激烈的市场中保持竞争力。

图 12-4　ChatGPT 应用案例

笔者积极参与互联网行业交流群，通过热心成员的分享，获取了高效率工具的信息，并迅速采用了这些工具。在过去，主要依赖线下行业交流，或者线上社群和资讯内容的分享来获取行业内领先的高效率工具信息。然后，结合专业领域的人脉和专业信息平台的检索，获得更详细的资料和购买渠道，再将其应用于团队中。因此，要获得高效率工具，需要加入更多高质量的行业圈子，关注更多前沿科技领域的动态，探索隐藏在"冰山下"的渠道，获取最新的情报，以确保团队能够保持高战斗力的工作状态。

二、开展培训

培训是性价比最高的投资。在培养和发展团队成员时，许多新任管理者倾向于按照自己的思路指导成员工作，以确保工作不会出现太大的差错。然而，这种管理方式只会导致两种结果：要么达到预期，要么未达预期。对于那些擅长思考、具备自主判断能力的成员来说，这种管理方式会限制他们的个人成长，容易引发他们的反感并发生冲突。由于时代在不断变化，固有的经验也会随着社会的发展逐渐失去适用性。例如，2018年之前，大力发展互联网是主流，而5年后，移动互联网和人工智能的应用成为主要舞台。如果在这个时候管理者仍然坚持网站的重要性，并拒绝接受新成员提出的布局移动端的建议，那么将会错失发展的机会。

在团队中，需要不断涌现出新的思想和方法来跟上时代的变化，而培训是实现这一目标最好的方式之一。在互联网高速发展的时期，新技术每一到两年就会有重大变革，而在三到四年的时间内，这些技术已经得到广泛应用。这些变化影响着社会环境和人们的生活习惯，也逐渐塑造了新一代年轻人的行为习惯。同时，大多数产品的用户群体也在不断变化，因此需要不断吸引新一代年轻人和新的用户。如果不了解这些新用户的需求和新一代年轻人的想法，就会被市场抛弃，逐渐落后于时代。一个成长的团队需要引入新成员，引入新的思想和方法。因此，培训团队成员仅仅按照管理者意愿工作是不够的，这样的团队的发展受限于管理者个人的成长水平，无法发挥出团队作为一个整体的力量。培训团队成员的目标不应仅仅是让他们和管理者思维一致，复制出一群思维模式完全相同的人，这种管理方式无疑是失败的。进行培训而不限制具体实施方案和思路，那么失败也会败得"别具一格"，获得更多经验。

正确的培训方式应该是"相互学习、共同成长"。管理者应该引导和组织成员进行培训，通过这种间接的方式来影响成员。"三人行必有我师"，让成员之间在培训中进行信息的输入和输出是最好的方式，更有利于彼此了解、建立信任，并提升团队的凝聚力。

　　举例来说，笔者从一位领导那里学到了很好的培训方法。他的方法是：每周五团队成员会轮流抽出一小时的时间进行分享，分享的内容可以是对业务的新理解、新学到的知识、新阅读的书籍、新掌握的技术和方法等。通过这种分享的方式，团队成员之间的共同话题多了，交流更加频繁，日常关系变得更加融洽，彼此之间更加理解和包容。每个成员在分享后都变得更加自信，在团队内获得了能量，并经常就自己的发现和想法展开交流和互动。整个团队的氛围变得开放、协作、坦诚和务实。此外，该领导还经常邀请其他部门的销售冠军、客服主管以及相关业务部门的优秀同事来团队开展经验分享和业务介绍等活动。通过多方位的培训，以间接的方式帮助成员解决问题、克服障碍。这种方式既是培养领导者间接管理员工数量和深度（深度即管理多个层级）的好方法，也是非常好的投资方式，让每个成员都得到充分的发展，逐渐变得优秀，成为对企业和社会有价值的中坚力量。人点亮人的管理方式从沟通交流开始，从培训分享开始，有更高的发展愿景，才能打造出具备发展潜力的团队和企业。

三、发展 2° 团队

　　团队仅依靠自身力量进行发展的模式是有限的，在企业或社会中的影响力也是有限的。要实现快速发展，需要获取更多资源并走捷径。这就需要拓展 2° 团队，也就是让与团队目标一致，形成利益关系并提供支持的个人、团体或单位等，成为团队的盟友、合作伙伴和后援支持。2° 团队可以包括接受团队咨询服务的顾问专家，与团队密切合作的外包人员、兼职人员，与团队目标一致的高层领导或其他部门同事，以及认可团队业务和愿景的忠诚用户与推广渠道等。这些个人和单位都可以被视为 2° 团队，为团队的业务和成长提供帮助，促进团队更快、更有效地实现业务目标，取得更多的集体成就。

　　例如，在 2020 年，一些垂直电商平台受到大数据算法升级对市场的影响，增长业务受阻。在这种情况下，一部分企业及时求助相关专家，共同分析市场形势，并发现了大数据算法应用市场下内容矩阵的重要性。于是，它们将打造自媒体内容矩阵作为市场竞争的战略。接着，它们寻求相关的自媒体增长专家的帮助，在这些专家的协助下，攻克了自媒体运营中的难题，使企业成功转型并获得市场升级带来的红利。

然而，也有一些企业由于觉悟得太晚，无法及时解决自媒体内容运营的难题，导致陷入两难境地。因此，扩展 2° 团队对于团队的业务和发展至关重要。它可以为团队提供必要的专业知识、资源和支持，帮助团队应对挑战并获得成功。通过与 2° 团队的合作和互动，团队能够更好地发挥自身优势，实现更大的成长和进步。

将能够与团队目标形成利益关系的单位和个人视为 2° 团队，有利于强调共同的利益和目标，充分发挥集体意识，实现"得道者多助"的效果。举例来说，如果团队需要快速了解某个行业问题，可以寻求专门的顾问进行咨询。一般的合作关系是顾问帮助解答问题，提供经验分享和分析。然而，采用 2° 团队的方式合作时，可以将顾问视为与团队目标方向一致的利益共同体，让顾问分享团队成功的红利。这样，顾问将以团队的成功为服务目标，不仅可以更有方向感地帮助解决业务问题，还会考虑企业的长远规划，并提供适当的支持，整体的积极性、配合程度和意愿也会更高，这就是 2° 团队管理的效果。

然而，2° 团队毕竟不是团队目标的直接受益者，需要通过适当的沟通来维系，就像用户和产品形成相互了解与了解用户之间循环促进的关系一样。沟通是连接 2° 团队与团队的关键。团队管理者需要具备沟通的意识，既要积极建立合作关系，又要做好汇报和信息搜集的工作。有效的合作关系是在一次次成功合作的基础上建立起来的。即使合作的项目很小，也是建立 2° 团队成员和拓展成员之间联系的一种方式。举例来说，邀请其他部门的优秀同事来分享工作经验，是一种初步合作的方式。在双方共同了解之后，就有更多的业务往来和合作机会。同时，做好汇报和信息搜集工作，盘点团队的进度和资源，时时更新和总结输出相应的产品货架（是指团队资产价值的汇总盘点）和进度成绩，让 2° 团队成员充分了解团队的现状和发展情况，在力所能及和合作共赢的基础上提供相应的支持和帮助，从而促进团队更好地发展。

团队管理是实现团队价值和项目成功的关键。本章总结了优秀团队的三个目标、建立团队的三个步骤，同时提出了发展团队的三个方法。通过这些策略，团队管理者可以提升团队的绩效和凝聚力，实现长期的成功。

| 第十三章 |

战略管理形势掌控

在市场竞争中,企业需要进行战略管理,以实现在时机把握和策略执行两方面的竞争优势。战略管理的目标是争取消费者的支持,即赢得市场的认可,进行战略分层,并在各个环节上制订详细的战略计划。接着,根据战略层级的规划,做出战略决策,并提供可行的执行方案。最后,进行战略布局,最终取得成功。战略管理模型如图13-1所示。

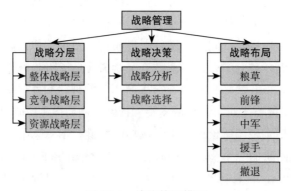

图 13-1　战略管理模型

战略一词源自军事领域,在现代商业中,战略的重要性和有效性不言而喻。互联网竞争也离不开战略的运用。过去出现过团购行业的千团大战、租房业务的公寓大战、视频平台的全媒大战、教育机构的网课大战、社区电商的团长大战等竞争"战役"。这些发生在互联网各个行业的竞争，背后涉及各企业之间的战略角逐、高层的比拼，最终脱颖而出的都是战略高手。

在此过程中，战略、战术和策略之间存在着微妙的差别。笔者在互联网企业竞争中对战略和战术的理解是：战略是聚焦、战术是抄底，这两个方面是构成整体战略的核心要素。聚焦的核心在于整体规划，抄底则意味着在正确的时机精准出击。聚焦是整体规划的核心要素，也是战略实施的前提。在激烈的市场竞争中，企业需要聚焦，将有限的资源集中在最有效的领域，以实现效益的最大化。抄底则是指企业在市场下行周期中寻找机会，快速拓展市场份额，抢占市场主导地位。

以团购业务市场为例，2010年，美团、饿了么、百度、拉手、口碑、窝夫、蘑菇街等企业在竞争中崭露头角。当时，尽管美团的资本实力并非最强，但美团更加注重国内互联网的发展情况，从而发现了市场中的机会。在广告投放方面，其他竞争对手更多依赖于国外的经验抢占互联网流量，而忽略了国内互联网的发展特点。当时智能手机刚开始兴起，许多地方还未普及。因此，美团采用线下地推的方式瞄准二三线城市的商户，将有限的资金投入到最关键的领域，实现了聚焦。在一线城市，互联网发展较为成熟，用户之间的触达较为便捷，流量投放越多，用户"叛变"的可能性也就越大，没有任何企业能够真正垄断市场。相反，二三线城市的互联网普及程度较低，这意味着企业能够更好地获得用户的信任。同时，B端商户对流量广告的接受度较低，需要通过面对面的商务拓展才能更容易达成合作。

这个例子展示了在竞争激烈的市场中战略的制定和执行是多么重要。值得注意的是，尽管聚焦和抄底是整体战略的核心要素，但它们并不是孤立的。聚焦和抄底需要相互协调，才能实现整体战略目标。通过聚焦资源，企业能够在有限的条件下实现最大的效益。同时，抄底战略也为企业在市场下行周期中寻找机会，快速扩大市场份额，取得竞争的领先地位提供了有效的方法。在战略决策中，深入理解并适应市场的特性，针对不同区域和用户需求制定差异化的策略，是企业取得成功的关键。

在制定竞争策略时，企业需要综合考虑市场环境、竞争对手和消费者需求等多个因素。以美团为例，它在团购市场中的成功除了选择聚焦和抄底的战略外，还考虑了消费者对优惠购物和本地生活服务的需求。通过在本地生活服务领域的布局，美团进一步扩大了市场份额，并增强了消费者的忠诚度。

在竞争激烈的市场环境下，2011 年下半年，许多资本方面对巨额广告支出未能实现预期的货币转化效果，因而停止向团购市场注入资金，导致美团的许多竞争企业无法获得投资并逐渐退出市场。而美团抓住了行业下行的机会，快速拓展了市场。美团通过两个关键举措取得成功：首先，在竞争对手无法获得融资的情况下，公开展示其银行账户上存有 6200 万美元的资金；其次，发布了"血战 50 天"的口号。这两个举措大大提升了美团的士气，使其成为团购行业占有率第一的胜利者。

综上所述，竞争战略的制定需要全局思考、高层规划和决策，并结合市场环境、竞争对手和消费者需求等因素进行调整和完善。只有在市场竞争中做好聚焦和抄底这两个核心动作，才能脱颖而出，赢得市场份额和消费者的信任。同时，企业也需要做好撤退的准备，即止损，以保持实力并持续作战。

美团的市场战略胜负手如图 13-2 所示。

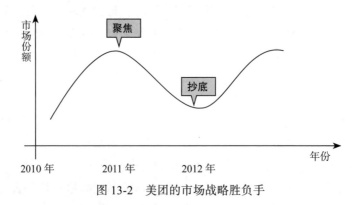

图 13-2　美团的市场战略胜负手

所以整体战略管理的公式是

$$战略管理 = 聚焦 + 抄底 + 止损$$

在制定战略时，精准聚焦有效的推广渠道和抓住最佳时机是基于对"民心"的感悟。可以说，战略的最终目标是赢得市场的信任，即"得民心者得天下"。

作为一名从业者，笔者参与过许多互联网企业的活动，最深刻的感受是互联网行业的从业者普遍具有较高的素质和生活质量，面对下沉市场时往往表现得与用户"脱节"。有些从业者无法理解为什么用户明明有更好的选择却不愿做出决策,这是因为下沉用户与一线城市运营者在思维上存在巨大差异。这种差异体现了对"民心"感悟力的不同,敏锐的市场识别能力需要建立在最基本的价值观的基础之上:为社会创造真正有价值的产品或服务,真正解决用户的问题。这听起来很简单,但对于远离真实用户的从业者来说却很难实践。

只有拥有"民心"感悟力,才能精准地聚焦营销推广和产品研发的关键领域。而抄底则是根据市场情况准确预测未来趋势,在恰当的时机最大化地利用资源。在恰当的时机采取精确策略是战略取得胜利的关键。

第一节　战略分层

根据麦肯锡公司咨询师迈克尔·波特(Michael Porter)提出的战略分层理论,笔者结合以往的项目运营经验,重新梳理出一套适用于互联网的战略分层模型,即IT战略分层模型。

IT战略分层模型包括三个层级:整体战略、竞争战略和资源战略。

1)整体战略: 围绕战略的核心目标展开,通过聚焦来找到正确的方向,即聚焦和抄底是胜利的关键策略。

2)竞争战略: 为了获得竞争优势而形成(或能够形成)的规模区域优势。利用本书介绍的定位思维、用户思维、产品思维、传播思维等四个底层思维方法来打造适合互联网企业的竞争战略,这些底层思维方法本身就是帮助增长找到突破口形成竞争优势的工具。

3)资源战略: 是指企业拥有的可转化为市场价值的资源数量和生产资源的能力,例如用户、产品、内容、渠道等资源,这些资源可以转化为经济价值。资源战略是竞争的"入场券",而竞争战略则是战略取胜的关键要素。

这三个层级构成了完整的IT战略分层模型,如图13-3所示。

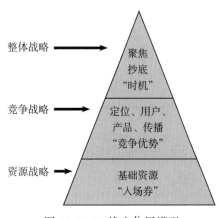

图13-3　IT战略分层模型

一、整体战略层

这里介绍的整体战略是围绕着"得民心者得天下"这一理念开展的。警惕市场竞争所形成的波动，发现并应对企业生存和发展的重要问题，是企业最高层级的战略。企业的整体战略决定着未来的发展方向，影响着企业是否能实现使命和目标。通常，企业的整体战略分为三个关键方面：聚焦、抄底和止损。聚焦意味着确定一个正确且有效的方向，然后集中资源等待适当的时机；抄底意味着在市场竞争的波动中寻找最佳的入场时机；止损则是指及时识别市场中的风险，并权衡利与弊，选择适时止损以保持实力。面对市场竞争和与竞争对手的博弈，这三个策略是企业必须掌握的关键技巧。在制定整体战略时，企业应考虑当前的市场环境及内部资源，从而做出明智的决策。

1. 聚焦

在企业发展过程中，"得民心者得天下"并不仅仅是指企业的使命或愿景，而是指企业应该基于用户的真实需求，获得使命感，去做真正有价值、真正解决用户需求的事情。以海底捞为例，其战略聚焦在"服务"上，让用户真切感受到贴心的服务。为了实现这一目标，海底捞不仅要求员工保持良好的心态和主人翁意识，而且赋予一线员工免单以及赠送菜品、零食和礼物的自主权，使服务更具人情味。然而，在许多企业中，这种管理制度下的自主权是不可能存在的，因为它们害怕员工犯错和出问题，处在这种管理制度下的员工往往宁愿少干甚至不干。显然，这样的管理制度无法满足提升服务的战略目标的要求。

企业应该聚焦在真正有价值、真正解决用户需求的事情上。在面对市场竞争时，许多企业逐渐迷失了自己，遇到市场上升期开始盲目追赶，各领域都要涉及一点；遇到市场下行期又产生恐慌，紧急避险和撤退，没有正确的信念坚守下去。例如，飞鹤奶粉和白象方便面都是坚持做真正有用的事情，它们或许没有高明的营销技巧，但是它们都坚持做对社会、对用户、对员工真正有价值的事情。从整体战略的长期视角来看，只有做真正有用的事情才能使社会价值、企业价值、用户价值这三者统一，让企业度过市场波动的风风雨雨。

总之，企业要想在市场竞争中脱颖而出，就必须聚焦在真正有价值、真正解决用户需求的事情上，同时注重履行社会责任，不断调整和改进自身的战略，以适应市场的变化和用户需求，实现可持续发展。

2. 抄底

抄底是一项真正的技术活，也是企业战略水平的重要体现。抄底一般发生在市场的下行期，在大家都不看好、形势环境不利于企业发展的情况下，依旧看好市场、坚定不动摇的企业并不多，因为这需要冒很大的风险。抄底的另一面是给自己"造势"，通过准确把握时机，快速开拓市场，引导整个市场波段回暖，使市场波段逐渐与企业自身的发展波段重叠，从而获得对整个市场的操控能力，最终取得胜利。

共享单车市场的例子说明了抄底的重要性。2018年，ofo和摩拜单车都面临资金链断裂的风险，其回款缓慢，损耗和运营支出费用巨大。这时，哈啰单车采取了两个举措：一方面，宣布与永安行合并，并获得蚂蚁金服20亿元的融资；另一方面，推出免押金骑车。这两个举措使哈啰单车在两个月内注册用户增长了70%，日订单量增长了100%。这两个举措既重振了市场信心，又快速扩大了市场份额，实现了快速抄底入局。

在实际操作中，抄底需要企业具备较强的市场洞察力、业务能力、资金实力和风险控制能力。同时，建立完善的市场研究体系、敏锐洞察市场变化、准确识别市场机会也是抄底的重要前提。抄底时，企业需要综合考虑市场环境、企业自身实力和发展前景，避免盲目跟风、盲目冒险和盲目进攻等问题的出现。

总之，抄底是一项高风险、高回报的投资策略。企业需要谨慎决策。

3. 止损

市场进展到中后期，继续胶着的比拼很可能会陷入两败俱伤的局面。例如对于ofo和摩拜单车之间的竞争，曾有很多投资方极力撮合两者共同经营市场，但最终两家企业都没有"活"到最后。市场竞争不一定要你死我活，止损是一个保存实力、见好就收的折中战略。如果难以分出胜负，可以考虑相互合并，及时止损，让双方共同获胜。例如，摩拜单车找到美团，让美团对其进行收购，这样的结果相对较好。对自身情况和市场竞争情况进行分析，如果实力相差太大，又没有足够的自信去竞争，选择成功概率大的企业谈合并也是一种好的方式。

除了相互合并，还有其他一些止损的方法，例如削减成本、减少投资、收缩业务范围等。这些方法可以帮助企业在持续亏损的情况下及时减少损失，保持实力。同时，企业也可以采取一些止盈的手段，例如通过出售业务、转移资产、分拆上市等方式，将已经成功的业务变现，获得收益。这些方法可以帮助企业及时获利，同时也可以避免继续承担债务的风险。

综上所述，企业在市场竞争中应根据自身状况和市场动态灵活调整策略，以适应各种不同的场景和挑战。同时，企业还应该注重对自身核心竞争力的提升，以保持持续发展的动力。

二、竞争战略层

竞争战略是整体战略规划下的子战略，其主要目的是在某一领域改进或建立竞争地位，进而提升整体的领先地位或差异化的优势。竞争战略的目的是塑造企业的核心专长，使企业能够长期保持难以被抄袭和复制的优势，确保企业的稳定发展。可以采用增长12G模型中的四个底层思维工具打造竞争战略层，因为这些底层思维工具本身就能够帮助企业取得优势，并找到竞争的突破口。例如，通过产品思维打造价格优势，通过技术和流程的优化降低生产成本，从而打造具有低价格和高实用价值的商品，获得长期专长的竞争优势。

同时，竞争战略应服从于更高一层的整体战略，确保战略的方向一致，以维持整体竞争优势。例如，确定取得价格优势这一战略专长与整体战略是否一致，是否符合核心战略的目标需求。举例来说，如果整体战略是在市场下行期精准抄底，需要通过低价格的产品快速抢占市场，那么这个竞争战略与整体战略是一致的；反之，如果不符合整体战略，就属于不匹配的战略，需要谨慎推进。

以品牌战略在整体战略中的从属关系为例，美团与饿了么都从外卖领域的市场千团大战中脱颖而出，最终美团险胜饿了么，占据了市场的主导地位。当产品商业模式和资源比拼相差无几时，很难确定最终获胜的关键因素，但笔者认为美团的品牌战略更胜一筹，成为其取得胜利的关键。美团品牌设计的主色调是"黄色"，黄色的服装格外醒目，给人一种阳光有活力的感觉。在品牌竞争中，这些看似细微的细节可能是决定成败的关键因素。

可以根据四个底层思维，衍生出更多具体的竞争战略。例如，通过产品思维来提升产品的价值输出，可以采取创新战略、成本优化战略和价格战略；通过定位思维对市场进行细分，可以采取差异化战略；通过用户思维挖掘共性需求，可以采取合作战略；通过传播思维进行市场推广和宣传，可以采取市场开拓战略。以下是这些竞争战略的相关介绍和案例：

（1）创新战略　通过不断的产品创新和技术研发，提供具有差异化特点和独特价值的产品。例如，苹果公司通过推出创新的 iPhone 系列产品，不断引领市场潮流，赢得了消费者的青睐。

（2）成本优化战略　通过降低生产成本和提高效率，以更具竞争力的价格提供产品或服务。例如，沃尔玛以低廉的价格和高效的供应链管理，成为全球最大的零售商之一。

（3）价格战略　通过灵活的定价策略来与竞争对手展开价格竞争，以吸引更多的消费者或占据更多的市场份额。例如，亚马逊通过大规模的价格优惠和促销活动，实施低价策略，迅速扩大了其在线零售业务。

（4）差异化战略　通过定位和差异化的产品特点，满足特定消费者群体的需求，建立竞争优势。例如，耐克公司通过与顶级运动员的合作以及创新设计，树立了在运动鞋和运动装备市场上的差异化品牌形象。

（5）合作战略　通过与其他企业或机构进行合作，共同开拓市场或实现互利共赢。例如，阿里巴巴与蚂蚁金服合作，在电商领域建立了庞大的生态系统，实现了跨平台的合作与共享。

（6）市场开拓战略　通过广告、促销和渠道拓展等手段，扩大市场份额和品牌影响力。例如，可口可乐通过面向全球范围的广告和品牌推广活动，成功进军全球市场，成为全球最具知名度的饮料品牌之一。

以上是竞争战略的一些例子。在实际应用中，企业可以结合增长 12G 模型的四个底层思维因地制宜、因势利导地延展出具体的竞争战略，使竞争战略服务于整体战略，形成"IT 战略分层"的一致性，依据这种一致性选择正确的战略及战术，规避不匹配的战略和战术，最终在市场竞争中获得胜利。

三、资源战略层

资源战略的目标是获取更多可以在市场中进行价值交易的生产资料，通过低价值资源与高价值资源的交换，实现资源价值总量的增长和累积，从而提升企业的综合竞争实力。这是中小企业在发展初期面临的关键问题，也是四个运营领域增长模型的基础运用。通过这些增长模型，企业可以在市场中构建盈利的商业模式。因此，资源战略是参与市场竞争的基本前提，是企业资源竞争投入水平的体现，可视为市场竞争层次的"入场券"。在定位思维的相关内容中介绍过，不同的资源投入水平决定企业能够在多大的市场中竞争。投入水平高的企业可以在更大的市场中竞争，而投入水平低的企业则最好在更细分的小市场中积累资源。

在市场上，货币是最容易交换和最能准确衡量价值的资源代表。因此，其他资源最终都会被转化成货币形式，以实现价值的累积。能够通过商业模式转化为货币的生产资料都被视为资源，是资源战略重要的获取和累积对象。例如，自媒体运营通过输出优质内容来吸引平台用户的注意力，而这些注意力可以转化为货币价值，通过将其引导至产品实现变现。因此，内容和产品这两种资源通过商业模式的运营可以被交换成货币。如果最终获得的货币价值大于内容生成和产品生产的成本，那么这个商业模式就符合资源战略的要求。此外，交换得到的价值越多、利润越大，商业模式就越成功，企业就能够快速成长，并积累原始资源和资本，提高市场占有率。

成功的资源战略案例有很多，其中包括阿里巴巴、腾讯和京东等大型互联网公司。阿里巴巴通过线上集市模式，将交易平台作为资源转化为商家的资源，实现了整个生态系统的良性循环。腾讯通过自身的社交和游戏产品，积累了大量用户和数据，构建了强大的生态系统。京东通过提供优质的服务和高效的供应链管理，与用户建立了深厚的信任关系，成为用户首选的购物平台之一。这些公司通过不同的商业模式，实现了资源的优化配置和流动，从而实现了企业的快速发展。

在市场竞争中，企业需要具备整体的战略思维，根据市场变化调整策略，才能在竞争中生存和发展。否则，缺乏战略意识，未能抓住机遇及实现增长的企业可能会逐步被市场淘汰。

在互联网竞争中，资源战略不仅意味着商业模式的快速累积和持续累积能力，还包括资源整合能力。与传统行业竞争不同，互联网竞争的时间容错率较低，因为互联网信息交流效率很高，很多时候企业很难平稳地度过一个发展阶段。一旦高效的商业模式出现，就容易被具备更多资源和资本能力更强的企业盯上，这时市场会因竞争而产生动荡的波动曲线。这条曲线变化多端，许多缺乏经验的企业家会在市场动荡中迷失方向，这也对企业家的领导能力提出了挑战。

为了应对互联网的发展特点，资本投资成为互联网企业资源战略中至关重要的高效资源整合方式。对于企业家而言，融资能力成为战略竞争的重要判断因素。因此，除了商业模式的运作效率，资源战略还应该具备快速整合和获取资源以应对危机的能力。

上述提及的三个战略层面之间具有相互关联的战略属性与相应的战术一致性。在实施过程中，需要逐层递进，通过战术策略来解决资源战略层面的主要目标。同时，资源战略需要根据竞争战略层面的目标来确定优先级。最终，竞争战略需要服从于整体战略层面的核心目标，为整体战略提供强大而有效的竞争优势。

第二节　战略决策

战略决策是在战略分层之后，通过对市场环境、竞争情况以及企业自身的情况进行综合分析，确定具体的战略层级目标。然后围绕这些目标，制定相应的方案、方法和策略。最后，根据整体战略的需要，对各项战略进行优先级和重要性排序，选择最佳的战略进行规划。

在制定战略方案之前，需要对企业当前的内外部环境进行分析，并明确企业的战略目标，在这个过程中可以利用一些战略环境分析工具来进行。确认企业的战略目标后，企业管理者将战略专家或其他相关人员组织起来，共同参与制订详细的行动计划，以实现战略目标。

因此，战略决策包括两个关键步骤：战略分析和战略选择。

一、战略分析

在制定整体的战略方案时，首先需要明确一个目标。这个目标是通过对市场环境、竞争状况以及企业自身的情况进行综合分析后确定的。通过分析企业面对市场竞争的优劣势，面对市场环境的机会和风险，我们可以确定企业的定位，确保该定位与企业的整体战略目标一致。这样做可以使企业专注于真正有价值的业务和领域，并为其长期发展奠定基础。

在战略分析方面，有许多实用的分析工具，例如 PEST 分析、SWOT 分析、行业生命周期分析、外部因素评价矩阵分析、行业竞争结构分析等。这些分析工具可以帮助企业识别自身的优势、劣势、机会和威胁，了解政治、经济、社会、技术、环境和法律等因素的影响，了解所处行业的发展阶段，分析行业竞争力量，评估企业内外部因素，并分析企业在价值创造过程中的各个环节。

在制定整体的战略方案时，应当综合运用各种实用的分析模型，以实现企业长期发展的目标。在实际运用中，还需要注意避免分析过程中的主观性和片面性，注重行业的整体趋势和变化，避免忽视市场的真实需求和用户反馈。只有系统、科学地运用这些分析工具，才能制定出更具针对性和有效性的战略，推动企业不断发展和壮大。下面介绍七个常用的战略分析工具的使用方法。

1. PEST 分析

PEST 分析也被称为大环境分析，是从宏观视角对外部大环境进行分析。不同市场具有不同的特点和经营需求，因此分析的内容可能会有所差异。由于 PEST 涵盖了许多影响因素，因此需要结合实际情况，重点考虑对自身具有重要影响的特征。PEST 包括以下影响因素：政治与法律（Political and legal）、经济（Economic）、社会与文化（Social and cultural）、技术（Technological）。PEST 分析模型如图 13-4 所示。

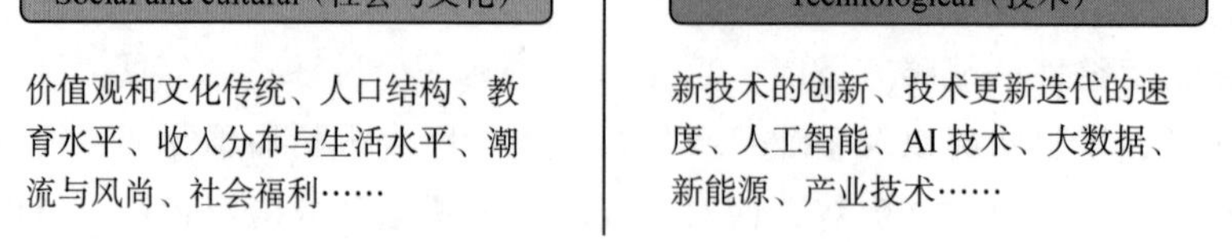

Political and legal（政治与法律）	Economic（经济）
政治体制、政治稳定性、环保制度、竞争规则、税收制度、劳动法、消费者权益保护法、安全规定……	经济增长、经济结构、经济体制、汇率、消费者信心、通货膨胀率、利率与货币政策、税收……
Social and cultural（社会与文化）	Technological（技术）
价值观和文化传统、人口结构、教育水平、收入分布与生活水平、潮流与风尚、社会福利……	新技术的创新、技术更新迭代的速度、人工智能、AI 技术、大数据、新能源、产业技术……

图 13-4　PEST 分析模型

请注意，这里提到的 PEST 分析图和影响条件分类仅为示例，在实际应用时需要根据具体情况进行调整和优化。例如，政治与法律因素可以包括政府政策、法律法规和政治稳定性等；经济因素可以涵盖通货膨胀率、失业率和消费者购买力等；社会与文化因素可以考虑人口结构、文化价值观和社会趋势等；技术因素可以包括创新技术、数字化趋势和竞争技术等。将相关的影响条件填入适当的类别中，并进行分析和评估，这样的可视化表达方式有助于团队的讨论和决策过程。

通过进行 PEST 分析，企业可以更好地了解外部环境的影响因素，并据此制定相应的战略和决策。这种分析可以帮助企业抓住机遇，应对挑战，并提高市场竞争力。通过优化 PEST 分析模型，企业可以更全面地评估外部环境因素，并有针对性地制定策略，这对企业的战略规划和决策制定至关重要。

2. SWOT 分析

SWOT 分析是一种基于内部和外部竞争环境、竞争条件等因素的分析方法。它通过调查、分析来列举与研究对象密切相关的各种内部优势和劣势以及外部机会和威胁，并依照对应情况进行分类和排列。最后通过系统思考，将各种因素相互匹配并加以分析，从中得出一系列结论，作为决策的参考依据。其中，S（Strength）代表优势（企业内部），W（Weakness）代表劣势（企业内部），O（Opportunity）代表机会（企业外部），T（Threat）代表威胁（企业外部）。

SWOT 分析的步骤如下：

1）首先调查和分析研究对象所处的内外部影响因素和相关数据。

2）搜集到足够的数据和影响因素后，可以采用会议、专家咨询、头脑风暴等方式进一步展开，挖掘更多可能性。

3）将搜集到的影响因素按照内外部优劣势和重要性进行排列，并放置在优势、劣势、机会、威胁这四个象限中。

4）最后根据分类现象，进行重要影响因素分析和交叉分析，得出决策所需的重点内容：如何运用内部优势最大限度地发掘外部机会（SO）？如何运用内部优势来应对或规避外部威胁（ST）？如何通过内部的劣势寻找新的机会（WO）？企业的劣势是什么，如何应对外部威胁（WT）？

SWOT 分析如图 13-5 所示，该图将影响条件归类到指定区域中，以便进一步思考和讨论。

请注意，此处的 SWOT 分析图仅作为示例，在实际应用时需要根据具体情况进行调整和优化。将影响条件分类并放置在相应的象限中，这样的可视化方式有助于团队的讨论和决策过程。

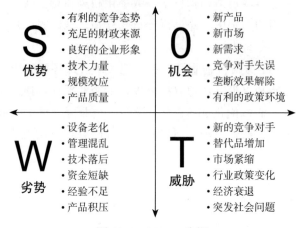

图 13-5　SWOT 分析

通过优化 SWOT 分析模型，企业可以更全面地评估内外部因素，并基于分析结果制定相应的战略和决策。这种分析方法有助于企业发现优势和机会，应对劣势和威胁，并在竞争中取得优势地位。

3. 行业生命周期分析

行业发展状况对企业有着重要的影响，常用的分析方法之一是行业生命周期分析。行业生命周期描述了一个行业的发展过程，不同行业具有各自的形成期、成长期、成熟期和衰退期。

1）**形成期**：行业刚刚兴起，小型企业较多，竞争压力相对较小。重点关注技术研究和产品创新，营销方面注重广告宣传。

2）**成长期**：行业产品逐渐完善，市场迅速发展，部分企业销售额和利润快速增长，吸引了更多企业进入，竞争日趋激烈。在这个阶段，企业需要提高产品质量、降低生产成本，以在市场竞争中获得优势地位。

3）**成熟期**：行业市场发展放缓，趋于饱和状态，市场份额竞争残酷，销售额增长变得困难，甚至可能出现下降。这个阶段市场上出现大量合并和兼并的情况，竞争非常激烈，未能占据市场份额的小型企业逐渐退出，行业开始由分散向集中转变。企业需要采取有效的成本控制和市场营销策略来应对这一阶段的挑战。

4）衰退期：市场开始萎缩，行业规模缩小，经济效益下滑，剩余企业逐渐减少。在这个阶段，企业需要评估行业是否还有持续发展的价值，或者考虑直接退出该行业。

根据行业市场所处的生命周期阶段，企业可以制定相应的战略和战术。例如，在形成期可以加大研发力度，抓住机遇；在成长期要加快市场份额的增长，获取竞争优势；在成熟期应拓展第二市场以保持增长曲线；在衰退期可以减少投入或选择退出。

行业生命周期分析有助于企业了解行业的发展趋势，把握市场机遇和挑战，并制定相应的战略来适应行业变化，这种分析方法能够帮助企业做出明智的决策，提高市场竞争力。行业生命周期模型如图 13-6 所示。

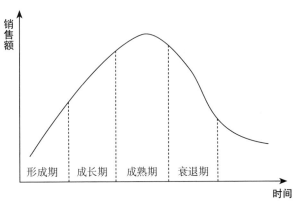

图 13-6　行业生命周期模型

4.外部因素评价矩阵分析

外部因素评价（EFE）矩阵是一种常用的，对企业的关键外部因素进行分析和评价的方法。通过 EFE 矩阵，企业可以综合考虑所面临的机会和威胁，评估自身对外部环境和竞争的反应是否有效。以下是使用外部因素评价矩阵的五个步骤：

1）列出关键因素：列举机会和威胁这两大类关键因素，数量应控制在 10～20 个。首先列举机会，然后列举威胁，尽量具体和详细地描述，可以使用百分比、比率和对比数字进行说明。

2）**为每个因素赋予权重**：为每个因素分配一个权重值，范围从 0 到 1，表示其重要程度，所有因素的权重之和应等于 1。

3）**给出评分**：根据企业目前的战略评估对关键因素的反应程度，并给予相应的评分，评分范围为 1 到 4。4 分表示反应良好，3 分表示反应超过平均水平，2 分表示反应为平均水平，1 分表示反应较差。

4）**计算每个因素的加权分数**：将每个因素的权重乘以其评分，得到每个因素的加权分数。

5）**汇总加权分数**：将所有因素的加权分数相加，得到企业目前战略的总体评分，从中可以识别出当前的优点和不足。

假设 EFE 矩阵的平均分数为 2.5 分。如果总加权分数低于 2.5 分，说明企业对外部影响因素的反应程度相对较差，企业需要改进经营战略以适应外部宏观环境的变化。如果总加权分数高于 2.5 分，说明企业对外部影响因素能够做出较好的反应，企业的经营战略是积极有效的。

通过 EFE 矩阵的分析，企业可以全面评估外部环境的机会和威胁，并根据评估结果制定相应的战略来应对外部变化。这一分析方法有助于企业了解自身在行业竞争中的优势和劣势，为制定战略决策提供参考依据。某企业的 EFE 矩阵如图 13-7 所示。

关键外部因素	权重	评分	加权后分数
机会			
国内对中小企业提供贷款便利	0.1	3	0.3
国内有相关扶持政策	0.2	4	0.8
市场竞争压力小	0.1	3	0.3
市场扩张速度快	0.1	4	0.4
人力资源充足	0.05	2	0.1
交通运输便利	0.05	3	0.15
威胁			
潜在竞争者较多	0.1	1	0.1
环境污染严重	0.05	3	0.15
税负压力较大	0.05	3	0.15
需要从国外引进技术	0.05	1	0.05
知识产权保护力度不够	0.05	2	0.1
居民收入差距过大	0.1	2	0.2
总计	1		2.8

图 13-7 某企业的 EFE 矩阵

5.行业竞争结构分析

如果在一个行业中存在不同的竞争威胁，可以用迈克尔·波特提出的波特五力模型来进行分析，通过潜在进入者、替代品、行业中现有企业之间的竞争、购买者的谈判能力以及供应者的谈判能力等五种威胁来对整个行业的竞争结构进行分析，进而判断企业所处的行业竞争环境。波特五力模型如图 13-8 所示，可以按照这五个方向逐个分析企业目前面临的行业竞争情况。

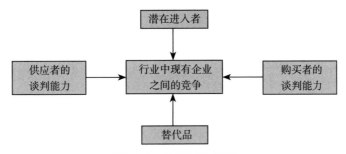

图 13-8　波特五力模型

波特五力模型分析的内容如下：

1）潜在进入者威胁：是指新竞争者进入市场后对现有企业构成的威胁程度。威胁的大小取决于进入市场的障碍（门槛）、市场潜力以及现有企业的反应等因素。进入市场的障碍包括产品、资本、成本、技术、销售渠道、政府政策、规模经济、自然资源、人才、地理环境等方面。新企业进入行业的可能性取决于其主观估计进入后能够获得的潜在利益，以及花费的代价和承担的风险。潜在进入者威胁如图 13-9 所示。

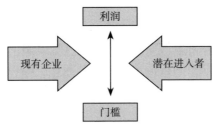

图 13-9　潜在进入者威胁

行业市场的集中度和行业的增长速度会直接影响竞争的激烈程度。此外，固定成本、产品特色、用户增长费用、退出壁垒等因素也会对潜在进入者产生影响。例如，在互联网电商行业中，淘宝、京东、拼多多和唯品会等企业之间相互竞争，彼此之间的潜在进入者威胁不可忽视。

2）**替代品**：替代品的价格、质量和用户偏好等因素都会影响替代品对原有产品的竞争压力。替代品销售增长率、技术能力和盈利状况等方面的考察可以反映替代品对原有产品的竞争强度。例如，电动牙刷是传统牙刷的替代品，随着电动牙刷销量的逐步增长，传统牙刷市场的竞争力发生了变化。

3）**行业中现有企业之间的竞争**：行业中的现有企业根据自身情况，运用各种手段，在市场上占据有利地位和争夺更多消费者。

4）**购买者的谈判能力**：购买者作为产品买方，可以通过压价、要求更好的服务或产品等方式来影响卖方企业的竞争环境，增加竞争压力。购买者的谈判能力受到购买数量、自主生产能力、市场竞争对手数量以及其他更优选择等因素的影响。购买者的议价能力强会给卖方企业带来竞争压力。

5）**供应者的谈判能力**：供应者作为为企业提供材料、资源和服务的一方，可以通过提价、降价或改变产品和服务质量等方式来影响企业，使企业处于不利地位。供应者的谈判能力受到供应者数量、替代难度以及购买者对供应者的依赖程度等因素的影响。供应者的议价能力强会给购买者带来成本竞争压力。例如在手机行业中，由于芯片的供应者数量较少，议价能力较强，导致手机品牌竞相购买，形成成本竞争压力。

通过对竞争威胁的综合分析和评估，企业可以制定适合自己的战略和策略，更好地应对市场竞争。

6.价值链分析

价值链由战略管理学家迈克尔·波特提出，他认为，企业的每项生产经营活动都是为顾客创造价值的经济活动，构成价值创造的动态过程是企业所有互不相同但又相互联系的价值创造活动叠加在一起构成的，这种连接就是价值链。企业通过比竞争对手成本更低、更优质地开展价值创造活动来获得竞争优势。价值创造活动由主体活动和辅助活动两部分构成，也可以理解为企业从生产到销售的整个过程，这个过程被理解为价值链，整个价值链中创造同等价值的成本比竞争对手更低，就可以取得竞争优势。主体活动是指企业生产经营的实质性活动，一般分为原料供应、生产加工、成品储存、市场营销、售后服务这五个主要环节。辅助活动以支持主体活动为主，内部之间又相互支持，包括采购、技术开发、人力资源管理和企业职能管理等。价值链分析模型如图 13-10 所示。

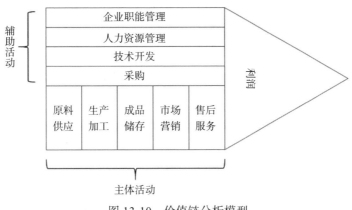

图 13-10　价值链分析模型

价值链分析通过单项能力分析和综合能力分析，来发现企业这一价值活动环节存在的优势和劣势。单项能力分析是对每项价值活动进行逐项分析；综合能力分析是对价值链中各项价值活动之间的联系进行分析。

7. 内部因素评价矩阵

外部因素评价（IFE）矩阵是一种用于分析企业内部战略影响因素的工具，可以有效地确认企业的竞争地位。IFE 矩阵的建立需要通过以下五个步骤：

1）列出在内部分析过程中确定的关键因素。建议选择 10～20 个关键因素，并将其区分为优势和劣势两个方面。

2）为每个因素赋予权重。权重的取值范围为 0～1，表示其重要程度，其中 0 代表不重要，1 代表非常重要。确保所有权重之和等于 1。

3）对所有关键因素进行评分。评分范围为 1～4 分。其中，1 分表示重要劣势，2 分表示次要劣势，3 分表示次要优势，4 分表示重要优势。

4）将每个因素的权重乘以其评分，计算得出每个因素的加权分数。

5）将所有因素的加权分数相加，得到企业的总加权分数。

通过以上步骤，可以建立 IFE 矩阵并评估企业的内部战略影响因素。该矩阵将有助于确定企业的优势和劣势,并为制定相应的战略提供指导。某企业的 IFE 矩阵如图 13-11 所示。

关键内部因素	权重	评分	加权分数
优势			
1. 运营效率高	0.1	3	0.3
2. 线下门店数量多	0.2	4	0.8
3. 独家经销商数量多	0.05	2	0.1
4. 物流体系完善	0.05	1	0.05
5. 拥有核心技术专利	0.05	1	0.05
6. 品牌知名度高	0.1	3	0.3
劣势			
1. 融资能力差	0.1	2	0.2
2. 客户满意度低	0.05	2	0.1
3. 产品成本较高	0.05	1	0.05
4. 人才流失严重	0.05	1	0.05
5. 零售终端效率低	0.2	2	0.4
总计	1		2.4

图 13-11 某企业的 IFE 矩阵

二、战略选择

战略方案是围绕战略分层目标制定的有效策略和方法。所有策略和方法都要从属于整体战略,保持方向和作用的一致性,确保整体战略的聚焦能力。同时,战略选择还需要遵从有效性。有效的战略管理包括有效战略、有效战术、有效止损等,这样才能使最终选择的战略符合市场竞争需要,能够帮助企业获胜。因此,战略选择的重点是一致性和有效性。

1. 战略选择的一致性

要让整体战略聚焦的方向与定位重叠,保持战略对企业经营管理的全面指挥和控制。以海底捞为例,根据市场分析,优质服务是该行业发展的基石,因此海底捞将战略聚焦在服务上,通过提高服务质量来实现市场圈定,即市场定位。海底捞在用户心目中定位为"服务最好的火锅店",从而使其成为用户心中与火锅服务相关联的首选品牌。

确立整体战略为"服务"后,围绕提升服务水平规划一系列的竞争优势。

例如人才战略，提高员工的幸福感和自主权，让员工能够开心、主动、自觉地服务客户。又如品牌战略，提高海底捞的服务口碑和知名度，打造吃火锅免费做指甲、洗鞋等额外服务，让客户对海底捞的服务产生超出预期的惊喜："原来海底捞的服务还能做到这个地步。"一般的火锅店在餐饮服务中再如何努力和标准化，都还是在客户对餐饮服务的预期内，而做指甲、刷鞋则完全超出了客户的预期。战略要做的优势就是"超出预期"而不是符合预期或达到预期，这样才能形成领先优势和差异化优势。

通过以上战略措施，海底捞能够实现战略目标与市场定位的一致性，确保整体战略聚焦的方向与企业经营管理的全面指挥和控制相重叠。这样的战略选择为海底捞带来了竞争优势，使其在市场中脱颖而出。

确定打造竞争优势的方向后，就需要有足够的资源来做支撑。因此，首先需要评估所需资源的投入，并迅速获取资源配额，充分发挥资源战略的作用。例如，可以通过高薪和良好待遇来吸引人才，以实现招聘服务人员和店长的目标。同时，可以通过开发和生产更高质量、更高效率的产品，优化生产链、配送链和交易链，在提升产品质量的同时加快销售速度，获得更强的资源获取能力。四个底层思维可帮助企业制定正确有效的策略和方法，四个运营领域可用于打造资源获取能力的增长模型。因此，通过建立互联网全域增长视角，运用增长12G模型，企业可为整体市场竞争制定战略规划。

资源战略与竞争战略是从属关系，它为竞争战略提供必要的资源储备和供给。竞争战略的目标是实现整体战略的目标和行动，确保其与整体战略定位的一致性，从而形成完整的战略规划。企业战略方案的选择是为了确定各个战略方案的有效性和可行性，并加以实施，以使实际结果对企业来说是最有效、最满意和最适宜的。影响企业战略方案选择的因素是多样而复杂的，既包括企业过去的战略、企业文化、企业内外部环境、企业权力结构，也包括管理者对风险的态度和竞争者的情况等。因此，为了更好地输出有效的方法，可以召开专家小组会议，充分发挥企业内各领域人才的特长，补充和完善整体战略方案的细节，确定优先级和重要性，并通过项目管理的方式分配任务和监督落实。

2.战略选择的有效性

在进行战略选择时，常常需要主动或被动地应对市场变化，以确保所做出的选择能够避免市场占有率下滑或实现市场占有率的有效增长。例如，ChatGPT的出现对互联网的问题查询市场造成了巨大冲击，因为ChatGPT能够按照需求快速、准确、精准地回答相关问题。这属于技术应用创新带动市场升级所构成的市场环境动荡，国内互联网信息服务市场中份额最大的企业——百度首先面临巨大的挑战。作为国内最大的搜索引擎和信息检索平台，百度如果不及时针对这一危机做出正确的战略部署，在互联网信息查询市场的占有率很可能下降。

然而，这也是百度的一个机会。如果能够沿着ChatGPT的技术应用思路进行产品创新，并推出能够取代ChatGPT的产品，百度不仅能解决当前的危机，还能因信息领域市场升级而获得红利。那么，百度是怎样做出正确战略选择的呢？在ChatGPT上线时，百度在第一时间制定了"文心一言"的应用战略部署。这是一种面临市场危机时被动应对的正确战略，是不可避免的选择，是必须坚决执行的战略决策。

在战略管理方面，大公司通常表现出更为迅速的反应能力。例如，腾讯在微信上线时也出现了相同的情景。然而，中小企业对于战略管理的意识往往不足，可能会认为战略是与它们无关的"大词汇"。实际上，由于技术应用的突破所带来的市场升级，会出现两种情况。一种情况是一些企业敏锐地意识到并果断地应对市场升级所需的技能，例如，一些垂直电商转向建立自媒体矩阵；另一种情况是一些企业反应迟钝，缺乏战略意识，完全没有意识到市场的变化，不知道如何克服新的难题，这些企业的战略部署主要依赖于管理者的经营水平和认知能力。

以上描述了企业在面临被动选择正确战略时的情况。在市场相对稳定的时候，企业又应该如何选择正确的战略进行探索和部署呢？为确保战略选择的有效性，可以从以下四个方面进行确认：战略的可执行性、明确的目标、竞争优势以及风险的可控性。这样的确认可以帮助企业在战略选择过程中保持准确性和合理性，从而提高战略成功实施的可能性。

1）**确保战略可执行**：企业需要考虑内部资源和能力、财务状况、技术水平、市场环境、政治环境、法律环境等因素，以确保战略的可行性和可持续性。同时，还需要考虑可能出现的困难和挑战，并制定相应的应对措施。

2）**确保战略目标清晰**：战略的目标应该明确具体，以便企业内部理解和实施。需要考虑到企业的长期目标和短期目标，以及战略实施过程中可能出现的变化和调整。战略目标需要与企业的使命、愿景和价值观相一致，且易于员工理解和接受。

3）确保战略具有竞争优势：企业需要深入分析市场和竞争对手，确定自身的优势和劣势，制定具有竞争优势的战略方向；需要考虑自身的核心竞争力、市场定位、产品和服务的差异化、客户需求和趋势等因素。

4）确保战略风险可控：企业需要考虑各种可能的风险，并制定相应的应对措施。需要采取制订风险管理计划、建立风险监测系统、定期评估风险和效果等控制战略风险的措施。同时，需要及时发现和应对可能出现的风险，确保战略的实施过程中不会面临较大的问题。

综上所述，确保战略选择的有效性需要从多个方面进行考虑。企业需要确保战略可执行、战略目标清晰、战略具有竞争优势和战略风险可控。在制定战略时，企业需要综合考虑内外部的多种因素，制定具有可行性和可持续性的战略方向。此外，企业在战略实施过程中需要定期评估战略的风险和效果，并进行调整和改进，以确保战略的可持续性和成功性。

第三节　战略布局

战略布局分为粮草、前锋、中军、援手及撤退等五个方面。其中，"粮草"是指内部资源和优势，为战略提供支撑和准备，并考虑资源的消耗和支撑时间。俗话说，"三军未动粮草先行"，粮草就是需要提前累积的资源。而"前锋"则是指寻找突破口，相当于竞争战略中为企业创造的领先优势或差异化优势。例如，降低价格进行价格战是否真的有效果？效果如何？能否达到抢占市场的目的？如果前锋失败，则需要及时考虑是否更改战略。如果取得了初步的竞争战略优势，则布局"中军"以扩大规模，并在合适的时机全面出击，快速占领市场。例如，海底捞通过人才战略有效提升产品的服务质量，在取得初步的人才战略优势后，加大投入开设分店，迅速抢占市场。而"援手"则是指连接更多外部支持，以确保作战时后方的稳定，并在竞争过程中通过合适的渠道获取资源来弥补损耗。例如，某企业在进行价格战时与上下游合作企业签订合作协议，以短期合作的方式低成本地占领市场，并在成功后恢复正常单价并长期合作。最后，"撤退"也是不可忽视的一环。打仗时不能盲目冲动，需要有撤退计划，设定止损点，实时盘点资产，应对可能发生的撤退风险。

前文已经规划出按照战略管理分层的方式进行策略和方案的输出。在本节中,我们将在此基础上进行整体布局,运用战争思维来类比互联网战略竞争中的节奏把控,将已经形成的方案按照调兵遣将、排兵布阵的方式具体运用,从全局的角度应对风险,进行作战指挥。

(1)粮草 企业作战中所消耗的粮草是一种重要的资源,它在企业的价值交换中扮演着关键角色。资源储备越充足,企业在作战中就越有持久力。同时,粮草不仅是企业自身需要发展的资源,还可以通过战略思维来进行作战。在竞争中,可以锁定竞争对手的"粮仓",拦截对手的流量,从而解决自身危机。举例来说,分析出竞争对手的资源关键路径是公众号搜索排名。若排名位置具有优势,则可以吸引更精准的用户流量,这是解决危机的关键策略。因此,评估企业是否有能力取代竞争对手在公众号排名上的位置是至关重要的。实现这一战略需要拥有具备公众号增长经验的人才,这可以通过招聘和培养来实现。这就是全面战略思维下的策略输出和调兵遣将的方法。

(2)前锋 前锋象征着企业拥有的领先优势或差异化优势,需要验证这种优势是否能带来市场竞争的优势地位。前锋需要先进入市场进行交锋,探测市场的真实情况,一旦取得成功,就进一步验证和确认该优势的有效性。这需要了解市场竞争的综合防御力量,根据数据评估中军行军路线的可行性,并确定将领和军队的具体调遣和策略。同时,还需要根据竞争对手的前锋(竞争对手的领先优势和差异化优势)的表现,有针对性地制定攻守策略。实际上,这就是将产品以 MVP 的形式投放到市场中,观察市场对产品的反应,评估现有、潜在竞争对手的实力和风险程度。这样可以避免忽视潜在威胁,通过资源的特殊优势赶超竞争对手,抢占市场红利。

(3)中军 中军是己方的主要战斗力,不能轻易暴露和出击。需要先由前锋探测合适的时机,结合之前交战的经验,制订一个短时间内进行决战的计划。在决战前,必须做好鼓舞士气的工作,以提振斗志,全力以赴争取胜利。例如,在 2011 年下半年,美团公布其银行账户上有 6200 万美元,然后发布了为期 50 天的激烈战斗口号,指挥全体员工迅速进入市场。同样,识别竞争对手的士气、中军实力和动向,并制定相应的对策,是占领市场所需考虑的重要因素。只有了解对方的底牌,才能估算出最佳的进军时机。

(4)援手 援手在战略布局中起到助战和提高士气的作用,例如获得

××企业的投资、与××集团达成协作协议等。同样，关注竞争对手的联盟信息，识别真伪和动向，也是战略布局的重要内容。通常会寻求"大资本"作为援手，既能避免赛道被资本侵占，又能获得强大的支援力量。例如，拼多多依靠腾讯，在微信生态系统下利用砍价活动实现了快速增长。

（5）撤退　没有任何战争是一定会胜利的，因此必须准备好撤退计划，以保存实力。在规划战略时，撤退也是必须要提前考虑的因素。例如，俞敏洪在教育市场遭受了不可抗力的重创后，有意识地准备了撤退方案，预留了充足的员工遣散费用和用户服务订单退款费用。这种策略为他的东山再起提供了信任基础。员工和以前的用户大多认可他的承诺，在后来创办东方甄选时，仍有优秀的人才加入，有用户愿意再次支持他并购买他的产品。这展现了一个成功的撤退布局。

战略管理是从全局的角度来规划市场竞争的，并包含着强烈的对抗和博弈行为。本章从互联网的整体视角出发，指导企业规划有效、有力且可持续的战略博弈思路，帮助企业或项目在市场竞争中掌握打败大多数竞争对手的方法。利用四个增长底层思维和四个增长运营领域，可以通过推己及人的方式来研究真正的竞争对手。同时，要牢记并非为了增长而增长，而是为了服务于正确的战略目标。

| 第十四章

项目管理活动落地

项目是一种通过整合资源,按照规定的时间和成本完成既定计划和达成质量目标的活动方式。例如,修建一座桥、开发一款 App 或策划一场活动都可以视为项目。不同规模的项目都旨在满足特定目标、解决特定问题和完成特定任务,是整合各种资源和能力的具体实践。

12G 增长模型实际上包含了 12 个项目,旨在通过完成这些项目来实现战略目标并推动增长,通过在不同方向上的掌控和实施来实现互联网增长效果。本书从互联网全域增长的角度出发,介绍了如何构建、整合和协调这 12 个项目的作用,以解决增长无效、增长乏力和增长不可持续等问题,促进企业的良性发展。

项目具有独特性、一次性、临时性等特点,并且都有明确的目标。在互联网企业中,项目经常被用于解决问题、开拓新方向和实现战略目标,是增长运营活动中不可或缺的管理工具。比如,某企业计划在抖音短视频平台上进行业务布局,需要动员运营人员来执行,这便构成一个业务拓展的新项目;某企业的 App 应用需要增加一个新功能,需要组织开发团队执行,这也是一个新项目;某企业策划了一个线上比赛活动,需要组织活动策划人员执行,这同样是一个新项目。

此外,项目管理中还需要注意一些关键要点,例如项目立项时的风险评估、项目进度的把控、项目成本的控制等。在实践中,还需要根据项目的实际情况进行灵活调整和变通，以达到最终目标。

总之，项目管理是一项复杂而重要的工作，在互联网企业的发展中扮演着至关重要的角色，能够帮助企业解决问题、开拓新方向和实现战略目标，促进企业的良性发展。在互联网企业中，项目通常由企业内任职产品经理、产品运营和用户增长岗位的人员执行。项目管理框架如图14-1所示。

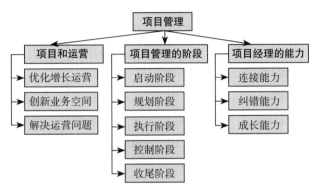

图 14-1　项目管理框架

需要注意的是，本章内容参考了《PMBOK指南》，旨在分享项目管理对于运营增长的重要性。若希望深入、系统地学习项目管理，建议读者阅读PMP资格认证考试的相关书籍。

第一节　项目和运营的迭代关系

在日常工作中，为了保持运营流程的一致性和重复性，需要遵循标准的话术和工作流程，以便快速、准确地回答客户的问题。然而，在互联网企业面临激烈的市场竞争时，原有的标准化、重复性的运营方式可能不利于应对多变的竞争环境。因此，结合项目管理来优化运营流程、突破运营瓶颈和解决运营问题变得十分必要。

例如，可以启动一个智能客服应用开发项目，让智能客服与人工客服协同工作，共同解答基础和高频问题，以减轻人工客服的工作负担，提高客服响应速度和服务质量。项目管理可以为运营团队提供一种系统化的方法，以有效应对运营活动中的变化和不确定性。它涉及项目的规划、组织、执行、监控和收尾等阶段，以确保项目能够按时、按质、按预算完成。通过引入项目管理的原则和技术，互联网企业可以更好地应对快速变化的市场需求，提高运营效率和竞争力。

举例来说，假设一家互联网企业面临日益增长的客户咨询量，人工客服难以满足需求。该企业决定启动一个智能客服应用开发项目，项目团队将制订项目计划、定义需求、开发应用程序，并与人工客服团队紧密合作。通过引入智能客服技术，该企业能够快速回答客户的常见问题，减轻人工客服的工作负担，提高客服响应速度，从而增加销量和客户满意度。

一、项目和运营的区别

项目管理在增长运营中发挥着重要的作用，是指通过立项解决增长运营工作中的问题，优化运营环节，同时开辟新的业务路径，帮助增长运营突破瓶颈。增长运营则是将项目管理交付的成果应用于增长运营体系中，形成可持续的自我迭代和优化的增长运营体系。

在实践中，项目与运营有明显的区别。项目通常是独特的、有时限的，例如修建地铁、制作海报等。而运营则是重复性的工作，如日常打卡和搬运等。项目和运营的区别见表14-1。

表 14-1 项目和运营的区别

要素	项目	运营
目的	特殊的	常规的
责任人	项目经理	部门经理
时间	有限的	相对无限
管理方法	风险型	确定型
持续性	一次性	重复性
特征	独特性	普遍性
考核指标	以目标为导向	效率和有效性
资源需求	多变性	稳定性

举例来说，飞猪是阿里巴巴旗下的在线旅游平台。平常酒店运营需要执行烦琐的预订、入住手续，为了使酒店管理人员更高效地处理预订、入住等事宜，企业启动了飞猪酒店管理系统开发项目。这个项目的目标是让酒店客人的入住过程更加顺畅，减轻人工客服的工作量，提高客服响应速度和服务水平。其中，飞猪酒店管理系统的开发属于项目，而日常预订、入住手续等工作属于运营。

二、项目和运营的关系

项目和运营之间存在密切的关系，它们相互促进，相互支持。项目能够帮助运营工作不断迭代和完善，提供更有效的方法和途径，而运营的持续产出则为项目提供资源和条件。

举例来说，在公众号的运营过程中，为了提升文章的质量和数量，可以通过文章征集和作者培训等方式进行测试，以验证是否能够解决这个问题。在这个例子中，日常的文章写作属于运营工作，而通过文章征集和作者培训等方式进行测试则是一个项目。当项目取得成功（即文章数量增加和质量提升）后，将所获得的经验应用于运营工作中，可以提高运营效率。

在互联网企业中，项目和运营之间存在协同配合和分工合作的关系，通常可以归纳为以下三种情况：

1）优化增长运营：通过设立项目活动，改进产品或运营体系中的某个缺陷或功能，取得成功后将其应用于运营工作中，以优化增长运营效果。

2）创新业务空间：通过设立项目活动，开发新产品或新业务，旨在提高销量或资源利用效率，取得成功后将其应用于运营工作中，以开拓新的业务空间。

3）解决运营问题：通过设立项目活动，解决出现的问题，旨在恢复或取消出现问题的增长运营工作，并重新分配资源到其他项目中。

这些情况展示了项目与运营之间的密切关系和互动作用，它们共同推动着互联网企业的发展。

1. 优化增长运营

项目管理通过立项和组建团队，找到优化增长运营体系的方法，并将有效的方法应用于增长运营体系，以提升整体效率。通过连续进行第一个、第二个和第三个项目的优化，让增长运营体系跟上市场竞争的变化，保持领先的运营水平。项目管理对增长运营的促进关系如图14-2所示。在第七章到第十章介绍的四个底层思维逻辑中，思路是挖掘有效策略并验证其有效性，然后将其应用于原有的运营体系中。通过"思维"和"工具"的共同作用，不断优化和迭代增长运营体系，从0到1不断完善并提升效率，产出更多资源，助力战略取得优势。

举个例子，在已经成熟闭环的私域运营体系中，可以通过第十一章介绍的数据管理方法，诊断出私域运营体系中最薄弱的环节，然后立项针对该环节进行优化。例如，如果发现拉新环节较弱，可以通过立项的方式调派专门的人或团队解决这个问题。项目团队可以运用定位思维、用户思维、产品思维、传播思维等逻辑方式，得出具体、可行的策略方案。例如，开发微信小程序，在微信中推广小程序，让用户通过扫码直接加入私域，经过测试验证后，预期每天从小程序运营中获得 1000 名用户。最后，将该方案交付给私域运营增长体系，在私域运营增长体系的拉新环节中新增"小程序运营"的工作，从而实现私域运营增长体系每天新增 1000 名用户的目标，完成增长运营体系的整体优化。

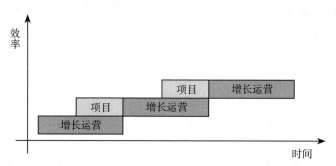

图 14-2　项目管理对增长运营的促进关系

通过项目管理的持续推进以及运用相关的思维逻辑和工具，可以不断提升增长运营体系的效果，并为企业创造更多机会和资源，使战略取得成功。

2. 创新业务空间

项目管理根据战略管理的规划，通过立项的方式去开拓新的业务领域，从 0 到 1 地搭建可以有效运转、闭环的运营模型，然后交付给战略规划组织，安排运营团队进行持续运营。自媒体项目只有先满足战略规划需要的从 0 到 1 闭环的要求，才能进入之后的常规运营工作中。如果自媒体项目没有达到战略规划的要求，则需要继续努力或宣布失败。用项目管理拓展增长运营的示意如图 14-3 所示。

在许多互联网企业新开的自媒体业务项目或其他增长领域的业务项目中，通常让项目落地的负责人跟进后续的日常运营工作。也就是将原来的自媒体项目经理直接变成自媒体增长运营体系负责人，负责之后的日常运营工作。因为该项目经理在开拓该领域时积累了足

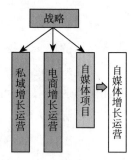

图 14-3　用项目管理拓展增长运营的示意

够的认知和经验,对该运营体系更了解,能规划出更合理、更切实际的优化方式。同时,在一个大的运营体系下,通常会有无数小项目,根本不需要用特别复杂的项目管理流程去实现,这样反而会本末倒置。例如,某员工在自媒体运营中发现竞争对手在发文章时喜欢在末尾放下期预告,该员工效仿该方法,发现确实增加了一定的阅读量,就自己直接替换上,并不需要走复杂的立项、审批流程。所以在日常工作中,项目管理和增长运营相互交错,而优秀的增长从业者既能做项目管理又能做增长运营的工作,具备迭代、优化、突破思维的优秀增长从业者是很受欢迎的。同时需要注意,增长运营会产生大量的重复性工作,随着项目的不断开拓和迭代,会累积许多运营工作拖累项目的进度,这时必须要有管理思维,学会向上争取资源,给自己组建团队,分担多余的、不重要的项目和运营工作。这就要参考本书第十二章团队管理的相关内容了。因此,增长 12G 模型中的各模块是相辅相成的。

3. 解决运营问题

在日常运营过程中,由于受到策略生命周期和市场环境的影响,增长运营体系或产品会出现问题,导致效果下降或直接暂停。这时需要启动项目来解决问题。例如,某电商运营直播时被恶意投诉导致禁播,这时需要快速立项解决突发状况。比如,向直播平台客服反馈找到解封的方法,并做出解封期间的工作安排,尽最大努力降低损失。当然,也有些增长运营路径和产品效果直接停止,暂时没有解决方案能够拯救,这时也需要通过立项的方式对这些情况进行处理。比如,将剩余资源、人力和任务分配到其他运营工作或项目中去,保障整体战略的稳定性,最大限度地降低局部影响。用项目管理解决增长运营问题的示意如图 14-4 所示。

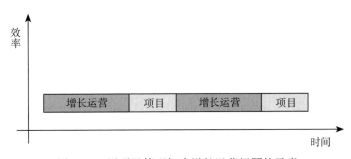

图 14-4 用项目管理解决增长运营问题的示意

项目管理的目的是识别出哪些是项目，以及如何用项目管理的方式更快、更有效、更妥善地处理中大型项目。对于极小的项目，只需要具备项目思维即可，无须根据复杂的流程来处理。项目管理是一个全局、完整的资源管控过程。除了独立项目的管理外，还有多个子项目、多个项目集以及运营的管理，目的都是为企业战略目标服务。互联网增长项目管理是通过一个个项目来完成的，项目成果最终作用在企业的战略运营体系中。

第二节　项目管理的五个阶段

项目管理主要涉及项目的五个阶段，分别是启动阶段、规划阶段、执行阶段、控制阶段和收尾阶段。每个阶段都有其特定的重点方向。通过学习和应用五个阶段的项目管理方法，可以全面掌握并监督项目的各个细节，有条不紊地推进项目的实施。

一、启动阶段

在项目启动阶段，首要任务是对项目内容进行充分的了解。可借助第十一章介绍的5W2H法，全面地了解项目，并据此进行规划。通过5W2H的七个维度，可对项目进行细致入微的了解。在项目启动阶段，可以运用思维导图的方式对这七个方面的内容进行整理，全面呈现项目认知和布局，以指导后续的规划和任务安排。项目管理思维导图如图14-5所示。

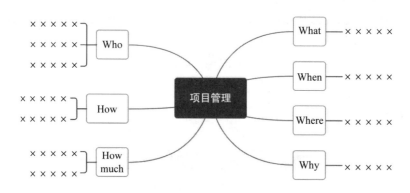

图 14-5　项目管理思维导图

项目管理思维导图可以帮助项目负责人系统地梳理项目的各个方面。它可以清晰地呈现项目的目标、范围、需求、风险和关键路径等重要信息，项目负责人应按照项目管理思维导图与领导和相关人员进行充分沟通，明确各个方面的内容，以避免项目结果与领导和客户的期望不一致。在许多互联网企业中，很多项目的最终结果与领导和客户所期望的相差甚远，导致项目失败，不得不重做或者直接放弃，而这往往是前期沟通不到位所引起的。

在沟通过程中，项目负责人应主动听取各方的意见和诉求，并做出及时的调整。通过深入了解、多次沟通和仔细核对，项目负责人可以确保项目启动阶段顺利进行，避免需求与成果不匹配，从而为项目成功打下坚实的基础。

二、规划阶段

项目立项启动后，需要根据项目章程和明确的项目范围、目标，制订一个高效、按时按量完成的执行计划。制订执行计划时，需要进行任务分解和优先级排序。任务分解的目的是帮助项目高效、可控地实施。如果不对项目进行分解，项目执行将变得困难，就像让一个人立定跳 5 米远一样，很多人会觉得无法做到而放弃。但如果将 5 米的距离分解为一步一步走的过程，就会变得容易，人们更愿意去尝试，这就是可落地的规划。然而，有些项目在开始阶段很难进行详细的分解，不清楚能够达到什么水平。例如，初次运营公众号，如果没有足够成熟的经验，管理者和执行人员根本无法准确判断需要多长时间才能增加 10 万名用户。这时，可以根据战略目标和市场情况先定一个目标，通过目标驱动项目规划，进行任务分解，然后实施。随着工作的推进，以及行动反馈和基础数据的收集，项目的目标会逐渐变得明确。这样，就可以持续地调整和优化项目的具体工作指标，并根据资源情况调整项目的进度和质量。

项目分解可以通过工作分解结构（WBS）来实现。W 代表工作（Work），B 代表分解（Breakdown），S 代表结构（Structure），意思是将项目分解成最小的工作包，以便于管理、追踪进度，进行责任分配，并实现相互关联。通过完成每个工作包，最终实现整个项目的目标。每个工作包可视为一个独立的子项目，它们合并后将构成整个项目集。因此，分解出最小的工作包进行管理，确保每个最小的工作包按时完成，是项目规划的重点。将项目分解为最小的工作包不仅有利于管理，还有助于进行风险管控和优先级排序。例如，如果一个最小的工作包没有按时完成或没有达到预期，可以及时发现问题，并将问题控制在最小工作包范围内尽快解决，以防问题扩大而影响更大的任务目标。在项目中，可以跟踪每个工作包的具体实施情况、进度和负责人，从而反映整体的情况和进度。项目管理 WBS 如图 14-6 所示。

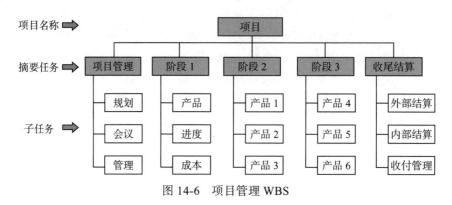

图 14-6　项目管理 WBS

通过合理的任务分解和优先级排序，项目负责人可以更好地规划和管理项目，确保项目按时按量地高效完成。同时，WBS 的使用有助于项目团队跟踪工作包的实施情况，及时发现和解决问题，以保证整体项目顺利进行。

在规划一个具体项目时，需要将其拆分为具体的阶段，通过按照阶段划分，可以对存在前后关系的任务进行并列管理。同时，根据前后关系的区分，可以有效地提升工作效率。每个阶段都有主要目标和任务，将任务拆解成最小化的工作包，使每个最小化的工作包都能够估算出具体的工作量和所需时间，就可以清晰地将任务分配给相应人员，这有利于任务的分派和管理。同时，可以在项目进行的各个阶段及时识别问题任务，并采取应急管理方案。

举个例子，假设要开发一个具有读书打卡功能的小程序，用户每天完成 10 分钟的阅读任务即可完成当天的打卡。该小程序的开发过程可以划分为以下几个阶段：项目立项管理，小程序功能规划设计，小程序功能 1、2、3 的开发，小程序 UI 设计，小程序用户行为数据库的建立，小程序测试，小程序上线等。每个阶段又可以进一步细分为许多子任务，例如小程序功能 1 的功能开发、UI 设计、数据跟踪方式的确定，以及功能 2 的功能开发、UI 设计、数据跟踪方式的确定等。

通过合理的项目阶段划分和任务拆解，项目管理者能更有效地掌控项目的进度和质量。这样的分解结构有助于团队成员明确各自的职责和任务，更好地协同工作，从而提高项目的整体效率和质量。

三、执行阶段

项目规划完成后，应依照规划进行实际的执行。在执行过程中，需要进行信息记录或数据收集，保证高效的沟通和及时的问题反馈，同时要强调项目的范围和目标，确保所有工作都是方向明确，并且按时、按需和按照要求完成的。如有必要，可根据问题反馈及时调整项目计划。执行阶段主要把控信息的及时传递，确保进度、质量和问题的解决。清晰规划项目的各个落地环节十分重要，可以使用燃尽图或者甘特图来进行管理。燃尽图和甘特图如图 14-7 所示，这两个图可以用来管理项目进度。

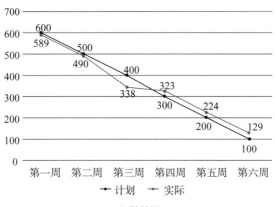

图 14-7 燃尽图和甘特图

项目执行阶段的沟通管理是最重要的环节，需要对项目进行过程跟进、定期汇报、阶段性成果交付等，通过沟通来推动项目落地。

1. 过程跟进

在项目执行阶段，制订项目团队的日常沟通计划是推动项目落地的主要手段。例如，通过每日晨会和周例会等多种形式的会议，实时跟进项目的进度和当前状态。在会议中，团队成员可以简要地分享昨天的工作成果、今天的任务计划，以及可能遇到的问题和挑战。这样的会议有助于团队成员相互了解各自的进度，从而更好地进行配合。对于进度落后的子项目，应尽早提供必要的支持；而对于表现出色和效果显著的子项目，应给予适当的表扬和肯定，以激励团队的工作热情。通过这种方式，可以推动项目按照预期效果落地和执行，并及时纠正偏差。

2. 定期汇报

定期汇报是确保项目资源和掌控进度的重要手段。通过对项目资源和进度的定期汇总，可以复盘执行过程中遇到的问题，优化工作流程并提高工作效率。例如，可以定时、定期地对项目的资产进行盘点，并对达成目标的进度情况进行汇总。这有助于避免工作计划遗漏，及时复盘在项目执行过程中遇到的问题，吸取经验教训，并分享有效的经验和方法，进一步完善工作流程和工作制度。同时，向关键的相关人员进行定期汇报，可以让他们及时了解项目的进度、结果和状况，以便更好地获得支持和帮助。

3. 阶段性成果交付

使用工作分解结构（WBS）将项目拆分为阶段性目标是确保项目按计划推进的关键步骤。每个阶段性目标可以看作一个阶段性的里程碑，针对每个里程碑设定具体的交付物或指标，以确保项目在完成一个阶段或里程碑后能够顺利进入下一个阶段。这种做法有助于风险管控，避免最终交付成果与预期目标不一致的情况发生。以设计项目为例，设计师在设计作品之前通常会进行初步沟通，然后根据沟通内容绘制线稿。接下来，使用第一个阶段的交付物（线稿）与客户进行沟通，以确保其符合预期。如果符合预期，则进行下一步的上色工作，并使用第二个阶段的交付物（上色后的设计作品）再次与客户进行沟通，以此类推。这种阶段性的交付方式可以有效地检测是否存在偏离预期的情况，并在中途进行必要的修正或返工，以确保最终交付成果与预定目标保持一致。因此，对于阶段性成果的交付，应与领导和客户进行正式的沟通，并至少通过电子邮件进行确认。

通过过程跟进、定期汇报和阶段性成果交付这三个沟通管理方式，项目可以在规定的要求和范围内正确推进。

四、控制阶段

项目控制贯穿项目启动到项目收尾的全过程，旨在确保项目按时、保质完成。它通过实时核查，及时发现偏差，并采取纠正或变更计划等补救措施。控制阶段通常涉及对执行阶段收集的数据进行分析和处理，或者进行抽样检测等工作，以实时了解项目进度和质量是否符合要求，一旦出现偏差，就及时采取纠正策略。对于无法纠正和补救的，需要及时向上级汇报。例如，在开发一款游戏时，需要游戏测试人员对游戏机制进行测试，及时发现游戏中的不合理之处或不符合项目要求的错误（Bug），然后测试人员提交工单，让程序员进行修正。经过反复测试确认没有问题的游戏，在上市前还需要进行内测和公测等，以进行大范围检测，并进一步完善产品。因此，控制阶段是及时发现问题、解决问题的过程，而问题的发现主要围绕项目管理三要素（质量、时间和成本）展开。项目管理三要素如图14-8所示。

图14-8 项目管理三要素

1）**质量**：在项目中，质量是最初设定的目标与最终完成结果之间的差距的判断指标。例如，"研发一款App"项目，需要制定相应的评判标准，然后在项目结束时根据这个标准来判断是否成功（合格）。这个标准可以是实现某项功能，也可以是能具体衡量的数据。

2）**时间**：项目需要在规定的时间内按照质量要求和成本要求完成。延期可能导致项目失败或成本资源的增加，合理规划时间是项目管理的重要内容。

3）成本：成本是指完成项目目标所需要付出的全部代价。成本包括沉默成本、财务成本和社会成本。沉默成本是指执行该项目所放弃的其他潜在收益，通常在项目启动阶段进行评估；财务成本涉及所有可以量化的费用，如人力成本、设备费用、材料费用、场地租赁以及不可预见的风险储备等，是项目执行阶段的主要指标；社会成本主要在大型项目中考虑，包括但不限于环境污染、社会不稳定和文化影响等。

项目管理三要素构成了一个三角形，任何一个要素的变化都会影响其他要素的变化。项目管理需要维护好这个三角形，以便顺利完成项目。如果任何一个要素未能达标，都将给项目带来风险。因此，在项目启动之初就需要尽快排查、识别项目中的风险。例如，需求描述不清晰导致项目多次返工，关键负责人离职或生病、项目预算没有及时下拨等，这些都有可能影响项目的时间、成本和质量。很多项目未能按时、保质完成，都是项目过程中出现意外情况导致的。因此，需要以尽早完成项目为目标，争取在前期腾出更多的缓冲时间来应对风险，而不是将时间安排得满满当当或将工作拖延到最后几天进行赶工。

五、收尾阶段

项目收尾阶段的主要流程如下：

1）确保项目涉及的所有文件和可交付成果已经进行了完整的检查，确保其为最新、最全和最完整的版本，并且不存在待解决的问题。

2）确保可交付成果已经交付给相关负责人，并获得其对接收成果的审核无误的正式签字或邮件确认。

3）确保所有资源和成本的使用都记录在册，并且没有任何拖欠款项，进行了最终结算和安排。

4）结束所有与项目相关的活动，撤销相关账户的权限，并收回与项目相关的设备和工具。

5）对项目成员进行妥善的安排，记录成员在项目中的成长和变化，同时征求他们对之后类似项目的改进意见。

6）处理多余的资源和相关材料，确保项目资料的安全性，进行资源的妥善交接和处理。

7）向为项目提供帮助的相关人员进行最后的汇报和感谢。

8）根据企业的项目管理制度要求，编制详尽的最终项目报告。

即使项目失败或被终止，也需要完成收尾工作，包括详细记录项目失败或暂停的原因、登记项目已完成阶段的成果和收获。在这种情况下，收获不仅仅是指项目成果，还可以是项目经验、项目感悟和成员的成长等方面。

不同的项目具有不同的规模，因此执行的步骤可能会有所不同。例如，修建一座桥可能是一个大型项目，而制作一张海报则是一个小型项目。虽然项目管理可以分为五个阶段，每个阶段都存在许多细节，但并不是每个阶段都需要在每个项目中完全执行。项目管理应根据项目的需求进行适当缩放，以实现最高效率。不能为了追求完美的管理而过分耗费精力，导致项目的价值与投入不成比例，进而影响最终成果。

第三节　项目经理的能力构建

项目管理是一个综合性的控制过程。项目经理需要与各方联系，以推动项目的有效实施。在这个过程中，项目经理不仅能够结交更多的人、与更多的人合作并赢得信任，还能够开阔视野，接触更多的事物和问题，不断磨炼自己，实现快速成长。因此，能力构建可以分为连接能力、纠错能力、成长能力等三个方面。通过项目管理，可以培养和发展这些能力，使自己具备压制竞争对手、无往不胜的控场能力。

一、连接能力

在正式和规范的中大型项目中，持续的沟通是必不可少的。沟通是项目经理推动项目进展的关键路径，甚至有人认为项目管理就是沟通、沟通和再沟通，由此可见其重要性。作为项目经理，需要主动且频繁地进行沟通，通过积极主动的沟通，不断地与具有影响力和资源的人建立联系。这样，可以建立起双方的信任，逐渐得到认可，并为未来的项目奠定良好的信任基础。当面临项目需求时，可以迅速地找到能够解决问题的人，凭借彼此的信任和了解，迅速达成合作意向，并解决那些其他人难以解决的问题。这种连接能力会随着一个个项目的完成而不断累积，最终使项目经理成为资源和信息连接的中心枢纽，难以被替代，形成个人竞争优势，并逐渐受到周围人的重视，从而提高了自身在所处环境中的影响力。

二、纠错能力

项目是一次性的、独特的。当与运营结合时，它们会相互促进地成长，并具备巨大的潜力。例如，开始进行私域运营时，可能只考虑销售产品。然而，随着私域用户的增多和更多运营策略的尝试，人们发现私域运营不仅可以销售产品，而且可以招募忠实的合作伙伴、分销商和渠道商，还可以培养内容输出达人，拓展资源置换等合作方式。这增加了私域运营的重要性，超出了最初的想象。因此，每个项目最终都会有独特的惊喜。

如果脑海中闪现出一个好的想法，不妨采用项目管理的方式来实现它。因为每一次实现都涉及解决不同的问题，探索不同的领域。通过这样的反复实践，你将逐渐培养出独特的洞察力、应变能力和创造力。

举例来说，在处理其他项目时，你能够迅速识别关键问题，及早预防潜在风险，这就是洞察力；当面临突发情况或项目失败时，你不会让局面失控，而是按照规划的流程坚定地一步步实施，通常情况下会柳暗花明，这就是应变能力；由于你总是尽可能地实现脑海中的想法，逐渐认可了自己的能力，你的思维也不再受限，可以自由畅想，并时不时地产生许多奇思妙想的方案，这就是创造力。

洞察力、应变能力和创造力将使项目经理能够审查项目并判断项目过程中的问题和方向偏差，并能够有条不紊地进行校正，这就提升了纠错能力。

三、成长能力

是否能够完成自己认为正确或有意义的事，是判断一个人是否成熟的关键。这里的事可以理解为一个项目。只有当一个人能对自己的行为负责，并认可自己的思想和判断时，他才能成为一个独立的成熟人。在一些企业中，判断一个人是否成熟常常从该人是否能控制情绪、情商是否够高、是否服从命令、是否能处理好同事关系等方面进行衡量。这些衡量标准往往是出于对团队或企业内部稳定性和减少冲突的考虑。然而，在当今的互联网环境中，如果每个人都放弃了自己的个性，那么企业就失去了生机。因此，判断一个人是否具备独立性，能否发挥自己的潜能去承担他应该承担的事情和他想承担的事情，才称得上是成长。

笔者曾策划了第一届线上桌游展,得到了各大品牌方的认可,并催促尽快启动第二届。在多方因素的影响下,笔者匆忙地启动了第二届。然而,在活动现场出现了重大失误,忘记将邀请的达人添加到群组中进行节目分享,结果导致活动中途出现了断档。粉丝们开始抱怨,甚至有人在现场带头挑事。面对现场的混乱和对自己的失望,笔者选择了逃避,中途离开了现场。然而,当时无偿担任主持人的朋友接手了这个"烂摊子",并通过自己的指挥逐渐恢复了秩序,使活动重新有条不紊地进行,直到最终成功落幕。

事后,这位主持人朋友对笔者说:"如果你负责一个项目,要么不做,要做就做好。即使中间出现混乱,也要学会自己收拾残局,不能让别人替你背锅。"这番话让笔者感到十分羞愧。从那时起,无论项目的困难程度如何,笔者都能冷静下来,按照既定的节奏逐步纠正错误,即使项目失败,也坦然面对。形成这种工作理念后,笔者负责的项目从0到1成功的概率逐渐增加,落地的效果也越来越好。

通过不断攻克项目中的行业或专业问题,并积累足够的连接,形成高价值的纽带,最终会使项目经理成长为行业或专业领域的权威。因此,项目管理有助于个人的成长。

总结融合篇

回顾前面的内容，我们可以发现：增长12G模型的运营路径是通过四个核心思维去寻求增长优势，并形成获取资源的方法；通过四个运营领域构建商业模式，整合资源并将其转化成资金，以赚取价值差异，而差异是我们实现有效增长的核心所在；最后，要在商业竞争中保持竞争优势，企业需要不断地完善自身的技术或影响力，在这一过程中，通过四个管理机制累积的资源来进行技术创新和社会价值创造，进一步产生更有效的资源，实现企业的可持续发展。这就是增长12G模型在增长商业循环中的整体应用思路。

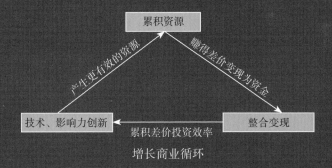

增长商业循环

第十五章

增长 12G 模型总结

我国互联网的发展已有近 30 年的时间，在这期间，运营增长发挥了极大的作用和价值。然而，与编程不同的是，人们常常觉得运营是没有门槛或技术的岗位，甚至有人认为企业是否设立运营岗位并不重要，只要有程序员开发产品，销售员去销售就行。这种观念导致部分企业轻视运营技能，使其在互联网红利退潮时难以持续增长，迅速陷入增长瓶颈。

而如今，互联网运营进入下半场，正是运营作用凸显的时候。随着互联网的普及和渗透程度的增加，"垄断"用户的门槛已经不再坚固，效率也得到了极大提升。

曾经取得成功的互联网企业，如果不重视运营在未来发展中的作用，也将无法保证安全，会面临影响力被细分和产品技术被替代的威胁。而影响力和产品技术正是一个组织、一家企业发展的基础。

第一节 增长 12G 模型整体运用

增长 12G 模型是根据增长商业循环规律构建的，分为三大方向，共 12 个板块。它站在互联网全域的视角下，解决企业增长无效、增长乏力和增长不可持续等问题。

增长 12G 模型的运用基于四个底层思维，这四个思维起着关键作用：

1）**定位思维**：通过分析市场确定具有竞争优势的业务范围，来确立企业的目标市场和产品差异化定位。

2）**用户思维**：采用有效方法挖掘目标用户的共性需求，以此为基础开发针对性更强的产品和服务。

3）**产品思维**：打造具有攻击力的武器，开发具有竞争力的产品，以在市场竞争中获得优势。

4）**传播思维**：制造共识，同化用户，引导用户与产品形成认同，形成相互绑定的意识共同体。

增长 12G 模型指导企业从 0 到 1 搭建商业模式的落地路径，其中四个运营领域起着关键作用：

1）**私域运营**：通过搭建私域运营体系，建造可以积蓄力量的基地，构建起企业自己的用户生态圈。

2）**电商运营**：通过搭建电商运营体系，进行资源整合，提升整体价值，转化为更具流通能力的货币资源。

3）**自媒体运营**：通过搭建自媒体运营体系，打造内容输出循环，持续输出影响力。

4）**投放运营**：通过搭建投放运营体系，放大商业模式效果，实现弯道超车，获得资源竞争优势。

增长 12G 模型还指导企业维持可持续发展的管理路径，其中四个管理机制起着关键作用：

1）**数据管理**：妥善管理物质，提高数据的质量和利用效率。

2）**团队管理**：妥善管理人员，打造高效、具有凝聚力的团队。

3）**战略管理**：妥善管理态势，制定清晰的企业战略，推动企业发展。

4）**项目管理**：妥善管理事务，确保项目的顺利推进，实现预期效果。

总体来说，增长 12G 模型是一个全面而系统的增长框架，可以帮助企业解决在不同阶段遇到的增长难题，实现可持续发展。增长 12G 模型的作用如图 15-1 所示。

本书基于增长 12G 模型，提供了

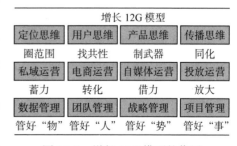

图 15-1　增长 12G 模型的作用

四个底层思维的策略工具、四个运营领域的落地模型以及四个管理机制的管理思路。这些内容能够有效地指导和帮助企业应用增长 12G 模型。

一、四个底层思维的策略工具

对于四个底层思维的策略工具，本书提出了以下方法：

1）定位思维可以运用三圈定位法，结合市场机会圈、自身优势圈和发展潜力圈，来确定具有竞争优势和发展空间的范围，以推动增长。

2）用户思维可以采用 4D 用户画像法，从用户的基础属性、社交属性、消费属性、需求和思想属性四个方面挖掘共性，融合共性，并制定出符合目标用户需求的有效策略。

3）产品思维可以运用开火车模型，打造拉动增长的火车头产品，引导后续推出一系列溢价产品、利润产品，以及相互促进的产品组合。

4）传播思维可以采用六级传播法，逐层连接用户，实现用户认知、信任、参与、认同、共识和愿景形成的同化效果，从而完成增长思维的闭环。

在增长 12G 模型的运营路径中，底层思维起着至关重要的作用。其中，增长优势指的是企业在市场竞争中的优势，例如成本、用户规模和技术等。这些因素都是在这四个底层思维工具的指导下形成的，它们是决定企业增长能力的重要因素。

通过运用底层思维工具，企业可以更清晰地认识自身的优势、市场机会和潜力，更好地满足目标用户的需求，提升产品和服务的质量以及用户体验，从而实现增长目标。四个底层思维工具如图 15-2 所示。

二、四个运营领域的落地模型

对于四个运营领域，本书总结出以下运营体系：

1）私域运营的优势在于可以留存用户并进行长期的培养，但需要借助外部流量。因此，需要通过搭建拉新、留存、激活、转化和裂变五个环节来充分发挥其作用。

2）电商运营的优势在于资源整合和转化变现能力强，但市场竞争激烈。因此，需要提升价值来增强竞争力。同时，需要通过搭建爆款、矩阵、成交、渠道和截流五个环节来充分发挥其作用。

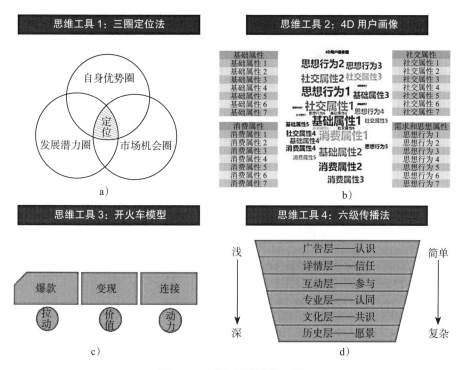

图 15-2　四个底层思维工具

3）自媒体运营的优势在于可以通过优质内容获取流量，但变现行为与公益传播的属性相冲突。因此，需要通过搭建平台、内容、粉丝、变现和聚合五个环节来充分发挥其作用。

4）投放运营的优势在于能够快速获得目标资源，但门槛较高，在没有成熟的商业模式之前盲目进行投放容易失败。因此，需要先形成前三个领域的完善商业模式，然后通过搭建关键词、资源、广告、ROI 和商务五个环节来发挥其作用。

每个互联网增长领域都需要搭建重要的环节和闭环链路，根据该领域的特点发挥自身优势，规避或弥补劣势。这四个运营模型之间相互促进，共同累积有效资源，以实现企业战略目标。四个运营领域模型如图 15-3 所示。

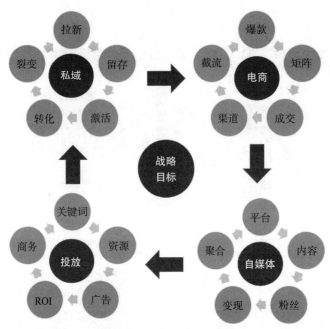

图 15-3　四个运营领域模型

三、四个管理机制的管理思路

对于四个管理机制，本书提出了以下管理思路：

1）数据管理分为数据过程管理和数据分析管理。数据过程管理包括数据的收集、存储、处理和传输。数据分析管理则包括数据的挖掘、分析、诊断和优化。通过数据过程管理提供真实有效的数据给数据分析，让其做诊断，通过数据分析管理解决运营过程中的问题，优化运营体系。

2）团队管理的核心是树立正确的团队目标、搭建团队以及培养团队。在此过程中，重要的是要锻炼自身的广度和深度能力，并发挥 2° 团队的额外作用，帮助团队攻克难关。

3）战略管理需要从战略分层出发，设立每个战略层级的具体目标。根据战况分析和方案分析做出战略决策和具体规划，最后进行战略布局，把握战略时机进行对抗和博弈。

4）项目管理需要理解项目与运营的关系，形成项目管理五个阶段的意识。通过多次项目的锻炼，提高自身的能力，实现增长，并为下一次增长打好基础。

四个管理机制思路如图 15-4 所示。

第十五章 增长12G模型总结

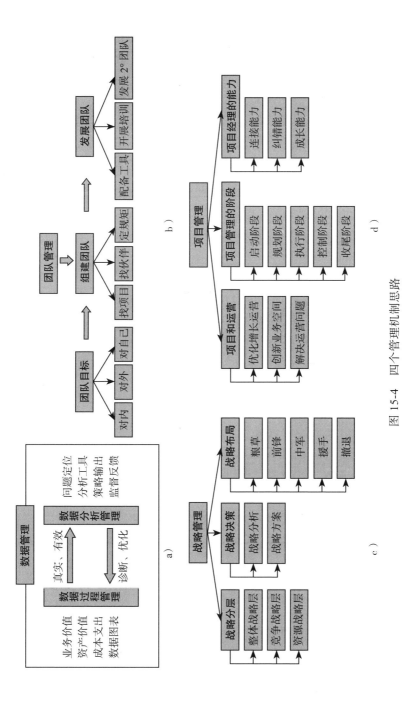

图 15-4 四个管理机制思路

第二节　增长 12G 模型与互联网发展规律

在互联网时代，创造力被视为企业的第一生产力。与创新不同，创造力要求形成有效、可实施的具体落地事物。创新指的是新的想法、新的产品，但并不保证其实用性、有效性或可行性。因此，企业需要更加灵活、敏捷地关注和激发团队的创造力，以跟上时代的变化。盲目扩张已经不可取，企业需要注重创造力的发展，以保持增长的持续性。

在这个过程中，每个人都需要具备运营的能力，保持个体的独立性和完整性，并以此作为发展目标和成长方向。这样，每个人都可以成为能直接连接的个体单元，以应对环境变化带来的挑战。

一、创造性生产力得到释放

随着应用技术的普及，几乎所有与互联网相关的企业都或多或少地受到影响。相关企业不可避免地面临市场升级所带来的影响，但有些企业能够抓住市场升级的机会，迅速超越竞争对手；而另一些企业则固守原有的经营方式，导致原有市场逐渐被新技术应用取代。因此，市场升级既是机遇，也是挑战。作为企业和个人，我们应该如何应对当前互联网技术的不断创新和普及呢？

1. 企业创新：从吞并到创造

过去，为了保持竞争优势并实现快速增长，许多企业通过并购同类或互补企业来整合资源，迅速提升市场份额。在企业内部进行资源整合和合作，能够更高效地应对市场竞争。然而，这种多层级管理体系下的企业模式逐渐显现出弊端，员工的生产力和积极性都不高。在这种环境下，服从管理对于企业整体而言是有益的，因为这是一种抱团取胜的策略。然而，互联网的高效特性能够放大每一个优势，同时也能放大每一个劣势。多层级管理的企业创新能力较弱，缺乏灵活性，使创造性的生产力很难得到释放。面对当前互联网环境带来的创造性优势，这些问题将被无限放大。

在互联网时代，企业必须从简单的并购路径转向注重创造力的创新路径。企业需要打破层级，激发员工的创造性生产力，给予员工更多的自主空间，推动企业的创新发展。同时，企业也需要注重个体和小团队的发展，让更多人才发挥自身的才华，以保持企业的活力和竞争力。例如，谷歌公司一直秉持"20%时间"规则，允许员工将 20% 的工作时间用于个人感兴趣的项目，这激发了员工的创造力，带来更多创新和竞争优势。

2. 个人 IP：创造力的表现

很少有企业能够通过输出官方内容，在短视频或图文自媒体领域取得巨大成功。相反，个人和小团队更能用心经营内容，并常常获得意外的收获。例如，抖音小杨哥、抖音李子柒、快手辛巴、公众号罗振宇等个人 IP 在网络上取得了较大的成功。这种成功不仅因为个人更适合做 IP 内容，更重要的是个人的创造性生产力得到了较大的释放，这是一些庞大、僵化的企业无法孵化的潜力。在以效率为主导的互联网行业中，创造力显得极为重要，其作用和效果会被无限放大。在互联网的后半场，创造性生产力仍将持续开发和释放，让个体和小团队发挥更大的作用。

在互联网时代，每个人都需要具备一定的运营能力，同时，运营能力还可以帮助个人应对环境变化带来的挑战。例如，中国的"网红经济"就孵化出一系列成功案例，一些人通过打造个人 IP 实现了财务自由和事业成功。

然而，个人和小团队在运营过程中也存在着可持续性弱的问题。这种问题不仅表现在内容无法稳定、质量难以保证、难以维持大量的输出上，还涉及个人的复杂原因。人是要生活的，而不仅仅是赚钱的工具。如果个人和小团队仅将自己看作赚钱的工具，就会失去创造性。这两者之间的矛盾使得个人和小团队的运营增长业务难以持续。同时，个人和小团队需要应对复杂的市场竞争，要弥补的短板太多，很容易失去平衡，难以持续、稳定地壮大。另外，个人和小团队还需要应对人的感性问题。一旦成名，环境的剧烈动荡和压力对人的伤害是巨大的，如负面评论、网络暴力等。这些问题会造成个人或小团队与社会脱节，使其难以持续发展。

本书提出的增长 12G 模型能够从运营能力方面帮助个人或小团队弥补短板，让他们顺利度过启动期和动荡期。然而，要实现持续的增长，个人或小团队需要了解增长的相关知识，不断加强自身能力，打造正向循环，持续输出高质量内容。

二、互联网创业容易守业难

互联网信息传递的快速高效为商业发展带来了加速效应。许多企业通过信息的快速流通找到了商机，并取得了创业成功。例如，淘宝提出了"让天下没有难做的生意"的口号，初期确实带动了一些企业家的创业成功。然而，随着应用技术的普及，创业门槛不断降低，市场逐渐陷入了完全竞争状态。这意味着任何人都有可能在短时间内赚到一笔钱，但很难实现持续的高速增长。

克莱顿·克里斯坦森是哈佛商学院的教授，他提出了破坏性创新理论，认为技术进步通常会带来新的市场机会。这些新机会往往在原有市场的边缘产生，因此常被原有市场的领导者所忽视。这些新兴市场的需求与原有市场存在显著差异，需要采用新的技术和业务模式来满足。如果这些新兴市场得到持续的投入和改进，最终可能会替代原有市场。因此，企业需要不断地寻找和发掘新的市场机会，并投入足够的资源来满足这些市场的需求。然而，由于互联网信息传递效率过高，市场的红利很快就会被发现，导致原有市场被细分或分食。同时，用户的注意力总是被不断涌现的热点和新东西吸引，很难保持对原有观念和习惯的坚守。这些因素都增加了互联网企业守业的困难程度。如果企业按照传统行业稳扎稳打的方式运营，很快就会被超越。因此，互联网竞争的关键在于时刻保持灵活、灵敏的行动力。许多互联网大厂已经意识到了这一点，并开始精简组织，以保持自身的灵活性。

然而，注重效率并保持灵活的经营方式对管理水平提出了更高的要求。过于追求速度在运营过程中容易造成更多"事故"。举例来说，2019年某公司发现搭建微信私域是当下重要的竞争战略，于是高薪招聘人才寻找解决方案。它招募了一位优秀的专业人才，并与一家出色的代运营公司签订了合作协议。然而，招募的专业人才和代运营公司在微信私域方面具有不同的规划和执行方式，导致工作推进时两者的策略无法一致，经常产生冲突和矛盾。这种情况持续一段时间后，最终一方选择离开才解决了问题。在面对快速变化的互联网环境时，企业要想守住阵地，不仅需要保持灵活和机敏，还需要分清主次，避免同时进行多个单位的重复职能或同时瞄准多个方向。

增长12G模型可以在全局视角下关注关键问题，并灵活创新解决方案。然而，许多企业将运营按职能进行分割，划分为产品运营、内容运营、用户运营、私域运营、短视频运营、直播运营、活动运营等许多细分职能岗位，并雇用符合这些单一维度的运营人员。这种方式导致单个问题无法在分割过的模块中得到解决。例如，只从事私域运营、只懂私域运营的人可能会在多渠道拉新和多业务转化方面受限，无法理解电商、自媒体和投放等如何帮助私域导流和赋能，可能也无法通过私域运营为电商、自媒体和投放提供更多维度的支持。因此，将运营体系分割开来无法使从业者形成完整的问题意识，既发现不了问题，也解决不了问题，只是重复着低效的工作，并将这些工作视为运营。然而，在互联网领域，创造力才是第一生产力。创造力意味着连接，在多个维度、跨领域和跨空间进行连接，像磁铁一样围绕一个想法或需求构建引力条件，吸引两个以上的元素进行整合，从而产生新的思路、方法或产品。这才是创造力的本质。单一领域和单一模块养成的思维习惯如何能够具备这种创新能力呢？

因此，运营体系需要全局视角，而非简单地划分为碎片化模块。为了实现这一目标，我们需要在整个运营体系中引入新的运营理念和策略，以更好地满足不断变化的市场需求。

三、未来每个人都要会运营

运营是通过各种手段勾勒出一个完整的商业闭环，以实现商业目标的过程。运营的核心在于增长商业循环，通过各种手段不断增加商业活动的循环次数，从而实现商业目标。要实现这一目标，就需要对商业的各个环节进行深入理解，并具备一定的技能和经验。

运营的重要性体现在以下几个方面：

1）**运营是现代企业的核心竞争力之一**。随着经济的发展和全球化的加速，企业之间的竞争日趋激烈。在这种情况下，运营的作用显得尤为重要。运营可以帮助企业把握市场机遇，提高市场占有率，同时提高效率和效益，减少浪费和降低成本，增强企业的核心竞争力。

2）**运营是企业转型的重要手段**。随着时代和市场的变化，企业需要不断转型和升级，以适应市场需求和变化。在这个过程中，运营成为重要的手段之一。通过运营，企业可以深入了解市场需求，了解竞争对手的优势和劣势，从而制订更科学、更有效的转型计划。

3）**运营是个人职业发展的重要途径**。随着经济和特定职业的变化，个人需要不断提升技能，以适应市场需求和变化。在这个过程中，运营成为重要的途径之一。通过运营，个人可以深入了解市场需求，了解自身的优势和劣势，从而制订更科学、更有效的职业发展计划。

4）运营是未来商业发展的重要趋势。随着社会的进步和科技的发展，商业的未来发展趋势将越来越明显。在这个过程中，运营不仅成为商业发展的重要趋势之一，还成为商业发展的重要动力之一。通过运营，企业可以深入了解市场需求，了解自身的优势和劣势，从而制订更科学、更有效的商业发展计划。

目前，行业衰退导致失业的人经常询问如何找到高薪工作。随着互联网行业进入下半场，企业更加注重自身的灵活性和灵敏性，对扩张持谨慎态度。同时，全球经济进入下行周期，许多行业和市场受到严重打击，人们很难找到好的工作。在这样的情况下，运营的价值显得尤为突出，善于运营的人能够更好地应对危机，为自己创造更有利的发展环境。

本书系统地介绍了运营的整体思路，可以更好地指导个人成长。一旦掌握了运营闭环的方法，不仅可以从整体层面提升自身的综合能力，还能够判断自己应该成长和学习的方向，弥补不足，成为一个完整、独立的自我运营的人才。这样的人不必再完全依赖于公司，即使离开公司也能够独立发展。

综上所述，运营是一个非常重要的概念，它可以帮助企业和个人更好地把握市场机遇，提高工作效率和经济效益，增强核心竞争力。因此，每个人都应该学会运营，以抓住未来的机遇。

后记　对增长的探索和理解

笔者最初接触互联网增长是在 2014 年。当时笔者作为在校大学生，没有推广预算，但在有效方法的加持下，成功地在女鞋网店竞争中实现了增长突破——采用差异化竞争方法，即利用阿里巴巴一件代发的零风险方式每月平均卖出 500 单左右。

当时，女鞋市场同质化严重，若没有资金和货源优势，要想卖出产品就需要一些创新的方法。笔者的朋友喜欢玩 Cosplay（角色扮演），网上很难找到适合搭配的女鞋，这让笔者发现了 Cosplay 女鞋这个商机。于是笔者在阿里巴巴上甄选适合 Cosplay 活动的女鞋，专门做 Cosplay 女鞋店。再结合笔者的设计专业，开展了"买鞋赠送 Cosplay 修图"活动。这一活动在贴吧上获得了大量用户的支持。随着口碑传播，慕名前来购鞋的用户逐渐增加。这就是典型的差异化竞争，即在毫无优势的情况下找到空白或薄弱市场并将其作为增长的突破口。

2016 年微信公众号火热，笔者在一次讲座上听到"罗辑思维"的自媒体案例分享，讲师建议大家去注册微信公众号，学做自媒体运营。笔者受到这次讲座的启发，在大三时注册了第一个公众号——狼人杀俱乐部。《狼人杀》是一款通过发言获得大多数人支持，最终取得胜利的游戏，这是笔者当时非常喜欢的游戏之一。在兴趣的激发下，笔者的游戏水平迅速提高，经常会有新玩家来向笔者请教，而不同的玩家经常请教同一个问题。为了节省时间和精力，同时更好地帮助新玩家，笔者开始写公众号推文。每一篇推文都是为了解决用户的一个问题。通过积累，公众号粉丝由 0 增长到 100，再到 1000、10000，最终突破了 100000。随着粉丝数量的增加，笔者开通了流量主，每天能获得 100 多元的收入。

随着《狼人杀》游戏的火热，许多公司加入其中，开发出游戏工具，注册"狼人杀"商标，做专业的 SEO（搜索引擎优化）服务，这些策略都十分有效。这让笔者深刻体会到市场竞争是一种没有硝烟的无形战争。因此，笔者意识到应该学习一些竞争方法，站在全局的视角抓住机会、规避风险。

于是，笔者加入了第一家公司，这家公司做本地的生活电商平台。在这里笔者接触到了社群和电商组合运营的策略。为了占领某地宝妈团购市场，公司通过采购当地知名儿童乐园的门票，以极低价格打造成热销爆款，并采用分销及时返现的营销方法，在短短一个月的时间内迅速聚拢了 10 万多名用户。当时笔者有幸主导了这场活动，从选品、定价、培训分销员、设置激励、爆款预热、爆品返场、销冠打榜到战报口碑等环节逐步完成了整个项目的落地工作。

通过这一经历，笔者对于差异化竞争、网络营销、自媒体运营、电商运营和社群运营等有了更深入的了解。

在加入 58 到家之后，笔者同时面临蓝领劳动者和终端家政消费者两个不同方向的增长问题。这使笔者意识到不同用户群体之间存在巨大差异，需要不断挖掘用户的共性，并从中找到突破口。例如，月嫂/保姆人群的共性是她们的朋友圈中大部分人也都是月嫂/保姆，这为活动裂变提供了良好的基础，可以专门激发这类用户进行分享、转发和转介绍，从而实现增长。基于这一共性，笔者构建了三层裂变模型：

1）利用月嫂/保姆课程作为激励，吸引用户转介绍朋友进入社群。

2）利用"月嫂/保姆水平测试 H5 答题领证"活动引导用户将证书分享到朋友圈。

3）利用人群共性（一般月嫂/保姆有许多找工作的社群），加入相关社群进行活动推广。

通过这个三层裂变模型，在一个季度内实现了 10 万+ 的增长，赢得了团队和领导的认可，因而被调到客户侧带团队。笔者满怀自信地将月嫂/保姆的增长策略应用到客户身上，却没有获得任何成效。通过深入思考笔者发现，与之前的月嫂/保姆类用户不同，客户人群结构复杂，裂变基础不精准。

面对这种情况，笔者不得不放弃原来的方法，以归零的心态重新研究客户。经过深入调研，发现这类客户的共性是想了解当地月嫂/保姆的价格以及服务质量。基于这种共性，笔者策划并输出了一套"本地月嫂/保姆机构价目表和服务评价大全"，将其作为吸引客户的利益点，让客户通过填写线索来获取这份资料。

　　同时，笔者也意识到仅仅在社群和电商领域进行用户增长过于乏力，需要开拓更多渠道，将已有的成功内容和产品作为资源，复用在更多的流量平台上。因此，笔者跟随公司中负责百度搜索引擎的同事学习了网络推广的方法，并采用这些方法成功解决了几个增长难题。

　　通过这些项目的锻炼，笔者深刻认识到解决增长问题的关键在于**不断研究用户，然后对增长策略进行组合**。这个方法适用于互联网领域中的所有行业。每当加入一家新公司或复制一个产品的增长模式时，都必须花费大量时间去调研客户，与客户进行沟通，直至找到解决方案。同时，需要学习互联网各个领域的运营方法，站在互联网全域运营的视角制定最佳策略。

　　为了达到这个目标，笔者先后入职了京东拍拍和58同城，解决了很多不同产品、不同项目的增长问题。通过一系列实践的积累，笔者最终形成了互联网全域增长的理论体系，并通过本书分享出来。**希望每个从事运营工作的人都能站在全局视角，抓住机遇，少走弯路，实现有效的创新。**

推荐阅读

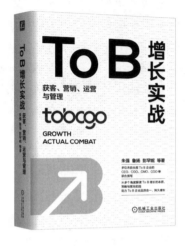 

To B增长实战：获客、营销、运营与管理
ISBN：978-7-111-71013-4

这是一本指导To B企业实现客户、销售、业绩等高效、持久增长的实操手册，是多位To B企业一线从业者的多年实战经验总结。本书涵盖获客、营销、销售、客户成功、生态建设、企业管理等影响To B企业增长的所有节点，其中既有对一线增长工作的落地指导（比如内容营销、ABM、数字营销、活动营销等），也有对顶层策略的深入解读（比如年度市场计划、生态建设、组织构建等），还有作者在实践过程中遇到过的各种问题及其解决办法（比如内容营销的误区、SEO常见问题等）。

To B增长实战：高阶思维与实战技能全解
ISBN：978-7-111-74427-6

这是一本从实战角度切入，深度解读To B企业如何实现业绩快速、持续增长的专业指导书。作为《To B增长实战：获客、营销、运营与管理》（主要面向初中级To B从业者）的进阶，本书针对的是To B领域中高级读者，站在企业甚至整个To B领域的高度对所有内容进行解读。本书延续了上一本书只讲干货不讲理论的优点，无论是战略、计划、品牌、生态，还是官网、社群等营销工具，甚至包括人才、团队等营销执行主体，都以落地执行为目的，以真正帮助企业产生业绩为原则进行介绍。

推荐阅读

引爆社群：移动互联网时代的新4C法则 第3版
ISBN：978-7-111-73771-1

畅销书，累计印刷近30次。本书提出的"新4C法则"为社群时代的商业践行提供了一套科学的、有效的、闭环的方法论，前两版上市后获得了大量企业和读者的追捧，"新4C法则"在各行各业被大量解读和应用，累积了越来越多的成功案例，被公认为社群时代通用的方法论。正因如此，前两版上市后，获得CCTV、京东、《清华管理评论》、得到、溪山读书会等大量知名媒体和机构的推荐，还成为多家商学院的教材。

品牌营销100讲：基础强化与认知颠覆
ISBN：978-7-111-62273-4

畅销书，累计印刷近20次。这是一部能帮助品牌新人肃清错误认知、强化科学认知、构建品牌知识框架的著作，也是一部可供品牌从业者随时查阅的工作手册，是国内知名品牌咨询专家15年工作经验的结晶。本书从核心概念、高效执行法则和技巧、必备实操技能、高频和流行词汇4个维度精心打造了100门课程，涵盖品牌、营销、公关、广告、新媒体5个领域，线上同款课程已经有超过50000名学员付费。

推荐阅读